SHIHAIGOUCHEN

BEIFANG MINZU DAXUE
WENSHI XUEYUAN XUESHENG SHIJIAN ZUOPINJI

北方民族大学文史学院 编

北方民族大学文史学院学生实践作品集

史海钩沉

黄河出版传媒集团

宁夏人民出版社

图书在版编目(CIP)数据

史海钩沉/北方民族大学文史学院编.—银川：
宁夏人民出版社,2016.9(2023.8 重印)
（北方民族大学文史学院学生实践作品集）
ISBN 978-7-227-06428-2

Ⅰ.①史…　Ⅱ.①北…　Ⅲ.①世界史—文集　Ⅳ.
①K107-53

中国版本图书馆 CIP 数据核字(2016)第 224805 号

北方民族大学文史学院学生实践作品集
史海钩沉　　　　　　　　　　　　北方民族大学文史学院　编

责任编辑　管世献
封面设计　张　宁
责任印制　侯　俊

黄河出版传媒集团
宁夏人民出版社　出版发行

出 版 人　薛文斌
地　　址　宁夏银川市北京东路 139 号出版大厦（750001）
网　　址　http://www.yrpubm.com
网上书店　http://www.hh-book.com
电子信箱　nxrmcbs@126.com
邮购电话　0951-5052104　5052106
经　　销　全国新华书店
印刷装订　三河市嵩川印刷有限公司
印刷委托书号　（宁)0027097

开本　710 mm×980 mm　1/16
印张　18
字数　250 千字
版次　2016 年 9 月第 1 版
印次　2023 年 8 月第 2 次印刷
书号　ISBN 978-7-227-06428-2
定价　55.00 元

序言

　　大学的功能内涵是随着大学的发展而不断发展变化的。公元 11 世纪，在博洛尼亚大学等世界最早的大学建立之初，大学没有今天的科学研究、服务社会等诸多功能，它似乎仅仅是一个谈天说地、海阔天空的地方，人才培养的目的很微弱。直到 19 世纪初德国人洪堡先生创办了洪堡大学后才赋予大学科学研究的功能，大学才真正有了科学精神的内涵。1862 年，美国国会颁布了《莫雷尔法案》，授权政府通过赠地资助各州建立农业、机械等实用专业，培养实用人才，并最早在威斯康星州实施了这一法案，大学服务社会的功能由此诞生。这是高等教育发展演变的过程。2011 年，胡锦涛总书记在庆祝清华大学建校 100 周年大会上的讲话中指出，高等教育是优秀文化传承的重要载体和思想文化创新的重要源泉。文化传承因此成为大学的第四个功能，并业已成为中国高等教育界接受认可的观点。这是继欧洲人和美国人之后，中国人对大学功能的理论的进一步发展。当然，这一观点还需要我们的教育家们进行深层次地理论阐释，争取成为全世界普遍认可接受的观点。

　　虽然经过近千年的发展，人们对"大学要干什么"这个问题有了越来越清晰和丰富的认识，但具体到某个时段、某个国家、某个学校，在大学的功能定位上仍然存在着忽左忽右的现象。就拿新中国成立以来的高等教育来讲，我们会发现，60 余年来有两种理念在其中交织而行：一种是要恪守"大学就是学术殿堂""大学是学术共同体"诸如此类的理念，认为大学就是探索未知、钻研学问的地方，大学就是象牙塔，大学生就应该"两耳不闻窗外事，一心只读圣贤书"；另一种则是大学必须与社会紧密地结合，为社会服务，满足社会多种需求才是大学存在的根本价值。

大学的这两种观念不仅表现在个体认识上，而且还体现在国家政策层面。记得我在复旦大学上学时，有位很有名气的教授，曾说他所研究的关于中国古代历史的诸多问题与当下的"四化"建设没有多少关系。虽然我们明白先生此言有些"赌气"的味道，其实是说给那些今天识了几个字、明天就想暴富的功利之徒听的。因为我们都知道，大学教授的研究不可能与"四化"完全没有关系，至少也应算作是文化建设的内容或成果，但从中反映出两种观念在认识上的不同。新中国成立初期，著名哲学家金岳霖先生与毛主席畅谈学问，临别时毛主席送了金先生一句话，就是让他多接触接触社会。20世纪50年代，山东大学有位文史大家叫童书业，这位先生在给学生上完课后竟然找不到自己的家在哪里，跑到派出所求助，让民警送他回家。这样的例子比比皆是。这些学者大概就是第一种理念的忠实践行者。

在国家政策层面，这两条线索的交织也是清晰可见的。从20世纪50年代开始，国家强化了高等教育应该为社会主义服务的理念，一度把这种理念推向极致，曾经在江西省成立了江西共产主义劳动大学，教学方式以半工半读为主，坚持面向农业、面向生产、面向基层的理念，直到1980年才更名为江西农业大学。"文化大革命"时期，中国出现了一大批这样的"早稻田大学"，农林口的大学基本上从城市搬往农村办学，直接融入农业生产。1964年，面对日益增长的人口压力，刘少奇同志曾明确提出了"两种教育制度"的观点，实际上就是上述的两种教育理念。由于在深入社会、服务社会的这条道路上走得太猛，似乎又偏离了大学应有的轨道。"文化大革命"时期，周总理曾指示一些高校可以招一些研究生，单纯从事学术研究，也培养出了不少人才。清华大学原校长顾秉林先生就是这一政策的受惠者，这一做法应该是对第一种理念的回归。改革开放以后，高校基本上恢复了正常的生态，同时也在不断地调试、调整，以适应经济和社会状况的变化。20 世纪 80 年代，赵紫阳同志提出了"高等院校要同生产单位建立科研、教学、设计、生产联合体"的观点，与今天我们所强调的产学研联合的内涵基本一致。20 世纪末，国家决策层接受了经济学家汤敏等人的主张，进行暴风骤雨般的扩招，似乎与刘少奇同志当年提出的"两条路线"的观点和理念具有异曲同工之妙。

梳理中国高等教育走过的历程和办学理念的发展演变，今天我们难以用对与错来评析两种理念的交织运行。从学理上分析，上述现象可归结为两点：一是"适应论"，若失去社会服务的功能，大学也就没有存在的意义，大学与社会之间的关系犹如舞池中一对翩翩起舞的恋人，相依相爱，一刻不能分开；二是"回归论"，大学就是大学，大学就是研究学问、探究未知、求索知识的殿堂，就像一只独自觅食的白鹤，优雅的动作之间保持着自己的一份高贵与淡泊。看来，我们真需要回到原点，重新认识"什么是高等教育"这个问题了。

只要高等教育存在，上述争论也许会一直存在下去。今天，重视实践教学业已成为中国高等教育界的共识，这种认识倒不是来自对上述教育理念甄别、讨论、辨析的结果，也不是对新瓶装旧酒的质疑，因为一种新思想的出现是何等的不易，我们可以梳理出从孔子开始至今到底产生了多少新的教育理念、新的教学方法。事实上也没有多少。前些日子翻阅了一本 20 世纪 50 年代出版的《毛泽东同志论教育工作》，感触颇多，其中一些理念正是我们今天所提倡和践行的。比如，毛主席在视察天津大学时提出高等学校应抓住三个东西：一是党委领导，二是群众路线，三是把教育同生产劳结合起来。除了群众路线外，其他两点也是今天举办高等教育最主要的东西。现在的情况是"不是理论创新急，而是形势逼人紧！"我们必须承认，中国每年庞大的大学毕业生涌向就业市场成为悬在高等学校头顶上的一把利剑。通过实践教学提高学生的动手能力，从而使学生容易找到工作。事实证明这是行之有效的办法。这些年来，北方民族大学文史学院正是秉承这样的理念，争取为每一个孩子搭建实践锻炼的平台，例如，学院每个专业都创办了提供学生练笔、练手的刊物，并坚持了十几年的时间，在校园中产生了一定影响。这套丛书即是从这些刊物中遴选的学生作品结集而成，既是对学生成果的展示，也是对这项工作的总结。

最后需要指出的是，中国的家长送孩子来大学念书，基本上是冲着孩子未来就业而来的，每年新生报到时，总能看到家长们提箱携眷、忙前忙后的身影，一些家长为了省钱，舍不得买瓶矿泉水而爬在洗手间自来水管上饮水，令人有一种难以说出的滋味！此情此景，我们这些大学里的园丁能做的，也是唯一能做的就是对待学生好一些，再好一些。

是为序。

杨 蕤

丙申惊蛰于国家教育行政学院

目录 CONTENTS

史海纵横

史论探微

文史漫谈

书目推荐

史海纵横

浅谈上古声调研究的两种方法
——传统文献研究与汉藏语比较研究

◎王建伟　文史学院05级历史班

汉藏语比较研究对上古声调的探索不同于传统文献研究。传统文献研究注重文献典籍的押韵研究，主要借助上古韵文材料、古代注音材料、古代韵书和韵图、异文材料、声训材料进行研究；汉藏语比较研究则注重亲属语言间的历史比较研究，主要借助对音材料、方言材料、亲属语言材料，利用历史比较法进行研究。虽然前者和后者的研究方法毫不相同，但在上古声调探索方面却有异曲同工之妙，如辅音韵尾消失导致了去声声调的产生等。这些研究成果证明在上古声调研究方面，传统文献研究与汉藏语比较研究同时存在很强的生命力，既可互相补充研究中的不足，又可互相印证。

在上古声调研究方面，传统文献研究的集大成者首推王力先生，王先生一方面支持段玉裁提出的"古无去声说"，另一方面认为上古存在四个声调分为舒、促两大类，巧妙解决了上古存在四声和"古无去声"的矛盾。在去声来源方面，王先生认为人们在交际中为了追求发音的省力，上古长入声韵尾 –t、–k 受同一韵母中长元音的影响，逐渐脱落，长入声变为了去声。这里我们需明确去声字的固定并非一蹴而就，而是在语音历史发展的长河中逐渐衍生的。就是说，长入声韵尾脱落，第一批去声字出现。与此同时，短入声韵尾 –p、–t、–k 逐渐消失，其中次浊短入声字多变为去声字。这是上古到中古，中古至现代，去声字由入声演变来的两种形式（还有其他形式，这里不再讲述，上文已提到。）列表如下：

上古	中古	现代
长入	（–t、–k 脱落）	去
短入	（–p、–t、–k 脱落）	去

汉藏语比较研究的结果表明，现代汉语普通话平仄四声最初表现为韵尾的对立，仄声字在上古时期带有塞音韵味（–p、–t、–k、–m、–n、–ng）或擦音韵尾（–s）。伴随着辅音韵尾的丢失，作为伴随特征，音高在音节系统中的作用日益提高，逐渐具有了辨义功能。取代了辅音韵尾的辨义功能。"依据 –s 尾情况来推测，这一系统约于晋时形成，南北朝时才为文人所知，依调型排序，被分称平、上、去、入四声"。在平、上、去、入四声产生的年代、产生的形式、声调的种类等问题上，传统文献研究结果与汉藏语比较研究结果很相似，这两种结果的相互佐证，大大增强了上古声调探索的科学性、准确性。在此基础上，声调起源探索具有了更强的说服力。不可否认的是，这两种研究的结论在具体问题上还存在偏差，如传统文献研究认为去声最初起源于 –t、–k 尾的丢失，其证据是中古"一大部分的去声字在上古属于入声（长入），到中古丧失了尾音 –t、–k，变为去声"；而汉藏语比较研究则认为去声源于 –s 尾的丢失，其证据是后缀 *–s 发音时摩擦过程使得整个发音过程的音高逐渐降低，从调类角度分析属于降调，即去声调。但当时的声调仅作为伴随特征出现，不具有辨义功能，出于发音省力、交际方便的需要，后缀 *–s 逐渐脱落，去声产生。这两种结论的提出，我们很难找出反例把它们推翻。之所以

会出现这种矛盾，并不是两种研究方法本身的问题，而是因为我们的研究还不够深入，对声调起源的认识还不够清晰。这一矛盾的解决，有待进一步的深入研究。

史海纵横

浅析万历援朝战争对当时东亚政治格局的影响

◎李晓明　宁夏大学西夏学研究院

万历援朝战争，日本史书上分别叫作文禄之役和庆长之役，朝鲜史书则称之为壬辰卫国战争。万历朝鲜之役使明朝国力消耗严重，专注朝鲜而无暇干涉女真的统一和崛起。朝鲜因明朝而复国，从而巩固了中朝宗藩关系。日本由于此战而影响了关原大战，从此进入德川幕府时代。从长远来看，万历朝鲜之役实际上起到了重新整合东亚各国政治军事力量与改变东北亚政治格局的作用。

一、万历援朝战争背景与主要过程

万历二十年（朝鲜李朝宣祖二十五年，1592 年），掌握日本大权的丰臣秀吉命加藤清正、小西行长率军从对马攻朝鲜釜山，又渡临津江。朝鲜军队望风而溃，朝鲜国王李昖逃奔平壤后又奔义州（今新义州东北）。日军进占王京，又攻入开城、平壤。朝鲜八道几乎全部沦陷。在这种形势下，明朝应朝鲜之请，出兵援朝。当年以宋应昌为经略、李如松为东征提督，集四万兵马赴朝。次年正月进攻平壤，击败小西行长部，获平壤大捷，此后又复开城，扭转战局。后又进逼王京，但在距王京三十里的碧蹄馆因轻敌中伏，损失惨重。但是日军由于缺粮，放弃王京，退缩至釜山等地，开始与明军谈判。万历二十五年（1597年）谈判破裂，日军再次发动进攻，明神宗以邢玠为蓟辽总督，麻贵为备倭大将军，再次出兵援朝。在南原战役与蔚山战役失败后，次年二月，明军兵分四路，分道南下向南部沿海挺进，明军水师将领陈璘与朝鲜水军将领李舜臣紧密配合，在海上打败敌人最精锐的小西行长与岛津义弘所部。八月，丰臣秀吉死，日军撤兵，中朝联军乘势进击，日军大败。但李舜臣和明军老将邓子龙也在与日军的露梁海上会战中牺牲。十一月，战争基本结束。

在这场战争中，明朝"几举海内之全力"[1]，前后用兵数十万，费银近八百万两，历经战与和的反复，最终异常艰苦地赢得了这场战争的胜利。

二、战争过程中彼此的政治军事较量

16世纪末，丰臣秀吉统一日本全国，结束日本战国割据时代。为了迅速发展商业资本谋求海外市场和满足膨胀的扩张野心，日本企图通过征服朝鲜，从而打开进入大明的大门。日本天正十八年（1590年）在致朝鲜国书中傲慢地说：吾将率军"直入大明国，易吾朝之风俗于四百余州"，"贵国先驱入朝"，是远见之举。"予入大明之日，将士卒临军营"，听候调遣。"予原无他，只显佳名于三国而已"[2]。朝鲜国王看到丰臣秀吉的国书，感到事态严重，于是迅速向明政府做了报告。

然而战争开始后，朝鲜李朝由于内部党争不断，政权昏庸，在日军进攻面前束手无策，三千里大好江山多半沦于敌手，朝将李谥战败之后，对凶恶的入侵者评价竟是："今日之敌，似如神兵！"国王李昖被逼无奈，

———————————

① 张延玉：《明史》，中华书局，1962年。

② 吴晗：《朝鲜李朝实录中的中国史料》，中华书局，1980年。

仓皇北逃义州，遣使向明朝求援。明朝有识之士也指出"盖朝鲜与中国势同唇齿，非若琉球诸国，泛泛之可比也，唇亡齿寒，自古言之，休戚与共，是为朝鲜为我中国必不可失之藩篱也"，认为"关白（指丰臣秀吉）之图朝鲜，其意实在中国！我救朝鲜，非止为属国也。朝鲜固，则东保辽东，京师巩于泰山矣"①。主张破倭于朝鲜境内，制定了"援朝鲜，存属国，以固门庭"的战略方针，决心派出重兵抗倭援朝。

明朝最终决定出援。表面上看，朝鲜是与明朝关系最为亲密的藩属国，因此"廷议以朝鲜属国，为我藩篱，必争之地"。事实上，正如大学士王锡爵所言："倭奴本情实欲占朝鲜以窥中国，中国兵之救朝鲜，实所以自救，非得已也。"②明朝出兵，是清楚地了解日本意图"谋犯中国"的结果。由于朝鲜通中国的道路，陆上只有辽东一路，而海上则有七路可达天津、山东等处，日军"可以旦夕渡鸭绿，内窥畿辅，外扞山东，皆举手之易"③。所以明朝出兵的直接目的，不仅具有道义上援助的意义，而且是为了本身安全势在必行。进一步考察，明朝对传统关系的质疑，实际构成了争议的关节点，援与不援，包含有维护还是放弃朝贡体制的问题，即直接关系到明朝外交体系的存亡，也正因为如此，明朝出援成为必然的选择。

万历二十年（1592年）六月二日，明廷令辽东发兵两支为先遣队，后续大军随后跟进。七月十七日，辽东副总兵祖承训率军五千至平壤，因不谙地形，轻敌冒进，在攻平壤时遭重创，全军伤亡大半。八月十八日，明廷命兵部右侍郎宋应昌经略备倭军务，加紧入朝战备。十月十六日，以李如松提督蓟辽、保定、山东军务，任防海御倭总兵官，率师援朝。十二月二十五日，援朝明军四万人设左、中、右三军，由副将李如柏、张世爵、

① 《明援朝经略宋应昌语》，《明史纪事本末》卷六十二。
② 王锡爵：《王文肃公文集》卷二，明经世文编，卷三九四。
③ 谈迁：《国榷》卷七七，中华书局，1958年。

杨元分统,东渡鸭绿江向平壤挺进。二十一年正月八日,中朝联军以五万对三万的优势兵力,一举收复平壤,十九日明军占领开城。小西行长再退汉城。沿朝鲜东海岸北上深入的加藤清正闻平壤、开城失守,从咸镜道南撤,亦向汉城退却。平壤会战,中朝联军共歼灭日军一万余人,收复平壤、开城等朝鲜北部大片领土,从根本上扭转了朝鲜战局。正月二十六日,明军南渡临津江,兵锋直指王京。二十七日,李如松听信误传,督军疾进,在王京北三十里碧蹄馆,陷入日军重围,精锐损失大半。遂退回开城布防:李宁驻开城,杨元驻平壤,扼守大同江,掩护明军饷道;李如柏扎宝山等地为声援;查大受驻临津,李如松率精兵来往策应。二月,李如松督奇兵突袭日军龙山一带粮仓,焚毁粮食数十万石。四月十九日,日军因平壤之败及军粮不继,被迫放弃王京,退守釜山。同月,宋应昌遣使与日军议和,以图早日结束战争。日军为迟缓明军进攻,重新集结力量反攻,遂进行议和。

在这场战争中,和谈时期远过于战争状态是一大特点。主和派以石星为首、以沈惟敬为中心的和谈活动,实际贯穿了援朝之战的前两个阶段,即初战与和谈阶段。碧蹄馆之役以后,和议成为主流。此后,由于明朝在和谈中不辨真相,不能知己知彼,决策失当在所难免,根本达不到和平的目的。经过激烈的争议,明朝决定册封丰臣秀吉。万历二十三年二月,万历帝以临淮侯勋卫署都督佥事李宗城、五军营右副将署都督佥事杨方亨为正副使,前往日本,对丰臣秀吉"封以日本国王,赐以冠服、金印、诰命"。但是明朝对己情也不明,在重大外交活动中,不仅任人不当,而且偏听偏信,以致误国。万历二十四年(1596年)九月,谈判破裂。

万历二十五年六月,日军战船数千艘渡海增援,七月,攻夺梁山(当今釜山北)、三浪(釜山西北)、庆州、恭山岛(疑今珍岛)及闲山要塞。邢玠急令明军严守汉江、大同江,以阻日军北上。八月十九日,加藤清正围攻南原,守将杨元只身败逃。十一月,明军毕集,分兵三协,由李如梅、高策、李芳春分统,拟集中兵力攻击盘踞蔚山的加藤清正部。在蔚山日军防线即将被突破之时，由于明军统帅杨镐不谙军事而收兵，致失战机。二十五日，李如梅督师再攻，伤亡惨重，遂改变策略，围困日军达十昼夜。二十六年正月二日，杨镐误以小西行长东上增援，策马先逃。明军大溃，遭加藤清正追击，死亡两万余人，被迫退守王京。杨镐以战败免职。二月，陈璘、刘铤、邓子龙率江南水兵相继开赴朝鲜。九月初，援朝明军增至九万人（一说七万）。二十日，明军发兵四路，向屯据东南各地的日军发动了大规模的东南会战。二十日至十月三日，明军四路多有挫败，伤亡惨重，被迫撤军；日军也遭重创，无力反攻，只困守釜山、顺天、南海等据点。十一月初，丰臣秀吉死讯传到朝鲜，日军全线退却。十七日夜，加藤清正弃蔚山退回日本。明军闻讯，迅速派出水军陈璘部与朝鲜水军李舜臣部发动露梁海战，截击撤退中其他日军，重创西上增援小西行长的岛津义弘部。岛津义弘仅以几十只战船逃脱。明将陈璘乘胜挥师西进，与陆路刘铤夹攻顺天，焚毁日军船只百余。小西行长困守顺天孤城，求援不得，乘混战之际，率亲信逃脱。未及逃走之余部逃匿乙山。十二月初，陈璘率队围剿乙山，遍搜崖洞丛林，歼灭日军千余名。[1]至十二月中旬，日军余部全部肃清，朝鲜战争至此结束。

综观战争的始末，尽管明朝和朝鲜联军曾经出现过许多战略和战术的错误，一些战役出现挫败，但综观全局联军一方始终掌握战争主动权，拥有源源不断的大陆后勤补充。而日本是离开本土异国作战，海路补充一直被朝鲜水军李舜臣部与明朝水军截击。如果不是丰臣秀吉死亡这一契机来结束战争的持续，设想最后也必定是明朝胜利。而不是《剑桥中国明代史》认为的那样"顺天之战——最后的挫折将北京朝廷（它还不知道丰臣秀吉之死）置于困境。提出了停止攻击和采取守势的建议。皇帝已经召集了主要大臣的会议商议这个问题。就在这时福建巡抚向朝廷报告了丰臣秀

① 张廷玉：《明史·陈璘传》，中华书局，1962年。

吉之死。这个消息作为谁也不想继续的七年战争（日本认为这次战争是"龙头蛇尾"）事实上的结束而受到了欢迎"①。其实当时在东征军入朝作战的同时，由广东总兵童元镇率领一支庞大的舰队，集结在浙闽沿海。打算如果朝鲜战事吃紧，即直接跨海东征，进攻日本本土。当然，随着日军后期在朝鲜的迅速溃败，这个战略设想并没有真正地付诸实施②。并且当时明朝开放海禁以后，葡萄牙、西班牙等国与中国的贸易，构筑了前所未有的跨越印度洋、太平洋、大西洋的全球性的海上丝绸之路，中国的生丝、丝织品、棉布、瓷器等商品，几乎遍及全球，中国长期处在外贸出超的高水平线上，源源不断的白银货币流入中国，其总量约占全球白银产量的三分之一乃至二分之一。③有鉴于此，美国学者弗兰克认为，"整个世界经济秩序当时名副其实地是以中国为中心的"，"外国人，包括欧洲人为了与中国人做生意，不得不向中国人支付白银，这也确实表现为商业上的'纳贡'"，所以他说当时的经济中心不在欧洲，而在亚洲特别是在中国④。当时日本的国力根本无法与中国相抗衡，丰臣秀吉企图先霸占朝鲜，然后"假道入明"，甚至想把日本天皇的首都搬到北京。

因此，这场战争的结果是由战前东亚列国国力格局决定的。但是历时七年的朝鲜之役也大大影响了东亚的未来政治格局与各国国内政治演变。

三、万历援朝之役对当事三国的政治影响

在明朝方面，万历朝鲜之役对当时东亚的政治军事格局有着深远的影

---

① 〔英〕崔瑞德、〔美〕牟复礼：《剑桥中国明代史（下卷）》，杨品泉等译，中国社会科学出版社，2006年。

② 张廷玉：《明史·童元镇传》，中华书局，1962年。

③ 樊树志：《"全球化"视野下的晚明》，《复旦学报（社会科学版）》2003年第1期。

④ 〔德〕贡德·弗兰克：《白银资本——重视经济全球化中的东方》，刘北城译，中译本，中央编译出版社，2000年。

响。朝鲜之役虽然是"东洋之捷，万世大功"①。但是明朝也损失严重，《明史》中称："秀吉死，诸倭扬帆尽归，朝鲜患亦平。然自关白侵东国，前后七载，丧师数十万靡饷数百万，中朝与朝鲜迄无胜算。至关白死，兵祸始休，诸倭亦皆退守岛巢，东南稍有安枕之日矣。"②战争虽然胜利了，但是却拖垮了财政，国力消耗严重。另一方面在二十年内无力进剿后金力量，使得女真部落日益强大，最后对明朝形成了致命的威胁。

一般来说，明亡于万历，亡于党争，大抵已成为一种定论，但论明朝党争，历来主要集中于国本、三案等内部事务，往往忽略从当时重大对外事务反映出的明朝实态进行考察。实际上，外交是重要组成部分，只有将内政和外交结合起来考察，才能对万历朝有一个较为完整的认识。援朝之战，在万历朝是作为军事三大功绩之一而载入史册的。迄今为止，关于这场战争，中国、日本、韩国学者已有大量研究成果。然而，主要聚焦于战争过程及其性质意义的考察，不同程度上忽视了与战争密切相关的明朝因素，没有将这一重大事件与明后期态势结合分析，对这场战争作为明后期的一个转折关键，鲜有揭示，也影响了对这场战争深入的剖析。本文的目的，是着意于党争以外的一个特定视角，从战争发展过程考察明朝实态，剖析其中明朝的诸多问题和明后期颓废态势，进而探讨这场对外战争在明朝以至社会所具有的特殊意蕴。黄仁宇在《中国大历史》中说，"明代之覆亡由于财政之破产。迄至崇祯十七年（1644年）明军欠饷达白银数百万两，很多士兵已经连年累月领不到饷。"③这种说法给人以言犹未尽之感。到底是政治、军事上的高消耗拖垮了财政，还是财政弊端导致了战争失利？如果能足食足饷，是否就一定能解决明军战斗力疲弱的问题，黄先生并没有指明。但是万历朝的积弊也应当是其中原因之一。

---

①② 张延玉：《明史·日本传》，中华书局，1962年。
③ 黄仁宇：《中国大历史》，三联书店，2002年。

明朝首先由于朝鲜战争致使财政困难。神宗前期可以算是明朝比较富有的时代，倭寇与海盗的逐渐剿灭，与西班牙人、葡萄牙人、倭人的贸易，为神宗时代前期带来庞大的贸易利益，加上气候的稳定与政治的安定，神宗前期可以算是明朝后期的中兴之治。唯自神宗三大战之后，消耗了之前累积的财富，后期政府财用就再也无法平衡，而出现入不敷出的窘况。如谈迁所云："越国救邻，自昔所难，况海外乎？东征之役，仓皇七载，尽力殚竭。"[1]明朝为了这场战争转饷半天下，其间国家财政日绌，为此除加重赋税以外，令官吏捐俸，大臣出钱助工以救缓急。万历二十四年（1596年），"吏部以东事告急，鬻爵开事例"[2]。同年，万历帝派遣中官开矿于畿内，榷税于通州。从此矿监税使四出，多方搜刮，民穷财尽，激化了社会矛盾。为了榨取更多钱财，税监不但征收苛捐杂税，还向百姓敲诈勒索，这使得人心汹汹，民变纷起，社会越发动荡不安。在全国范围内造成了混乱状态。援朝之战结束不到半年，就出现了民变，导致了王朝的统治危机。

其次，由于明朝政治军事专注于朝鲜却忽视边疆致命大患"满洲兴起"。在援朝之战中，明朝将辽东兵力都抽调到朝鲜，投入援朝之战，辽东出现"军事真空地带"，明军对辽东女真势力控制弱化，在时间上是二十年，在空间上是辽东地区，这给努尔哈赤的兴起提供了历史的机遇。建州女真努尔哈赤趁机发展，由于辽东明军无暇干涉建州女真的活动，努尔哈赤遂于万历二十一年（1293年）九月打败叶赫九部，即著名的古勒山之战，这是明代女真各部统一战争史上的转折点。它打败了女真九部军事联盟——叶赫纠合哈达、乌拉、辉发、赫朱舍里、讷殷、蒙古科尔沁、锡伯、卦尔察的九部联军，改变了建州女真和海西女真的力量对比，表明女

① 谈迁：《国榷》卷七十八，中华书局，1958年。

② 〔德〕贡德·弗兰克：《白银资本——重视经济全球化中的东方》，刘北城译，中译本，中央编译出版社，2000年。

真力量核心由海西转为建州。努尔哈赤自此"军威大振，远迩慑服"，万历二十三年他被晋封为龙虎将军。援朝之战后，被战争胜利冲昏头脑的明朝统治者认为辽东已安，因此更放松了警惕。明朝君臣深深陷入内部纠纷，对努尔哈赤的蚕食坐大毫不注意，看不到努尔哈赤的日益强大将成为于明朝抗衡的力量。正是在这种疏于防范的情况下，努尔哈赤逐渐控制了东北的大部分地区，势力发展迅速，以致尾大不掉，无法控制，最终在万历四十四年（1616年）建立了后金政权，成为明朝统治的重要威胁。

明亡于万历的说法由来已久，由此可见一斑。

对于日本来说，丰臣秀吉发动的侵朝战争不仅彻底失败，而且更间接决定了日本在丰臣秀吉死后的政局发展，埋下爆发关原之战的诱因，影响了庆长五年（1600年）关原大战的结果。参加关原大战的军队分为由德川家康所率领的东军及由石田三成所率领的西军，参加东军有福岛正则、藤堂高虎、黑田长政、池田辉政、细川忠兴、浅野幸长、京极高次、加藤清正、织田有乐等大名，而西军则有毛利辉元、上杉景胜、大谷吉继、宇多喜秀家、小西行长、安国寺惠琼、岛津义弘、小早川秀秋等大名崛起。在丰臣秀吉两次对朝鲜的战争中，严重削弱了西军主要大名的军力和资金，但是因为东军领袖德川家康没有参加两次战役，家康的影响力逐渐增大。而且在战役中，武勇派加藤清正、福岛正则等与文治派小西行长、石田三成等不和，三成与加藤清正、小早川秀秋的矛盾应该也是在侵朝战争中激化的。负责统计众人在朝鲜战功的是石田三成。三成把小西行长的军功据实以报，却减低加藤清正等人的战功。因为三成认为加藤清正等人在朝鲜战场杀人放火、无恶不作的残暴表现，在一定程度上激起了朝鲜军民更强烈的反抗。而且三成一心想着在占领朝鲜后，能够取代腐朽无能的李朝实行心目中的善政，加藤清正等人的行为无疑是残暴无道的，与三成理解的侵朝目标大相径庭。至于小早川秀秋，在蔚山战役中身为总大将却披甲上阵追杀已经溃逃的明军士兵，行为不当也被三成参了一本。结果秀吉将其召回国进行训斥，并且减少了他的领地。三成的作为应该是据实以报，但也因此加深了与"武勇派"的矛盾。

战争间隙，出现关白秀次的反叛事件。秀吉下令秀次自裁，家属一律处死，很多与秀次有关系的大名都受到牵连，幸长由于其妻妹乃秀次之姿的关系也受到波及，再加上石田三成等文治派从中向秀吉进谗，令幸长一度被流放至能登，其父长政也因此失去秀吉的信任，后经前田利家及德川家康的斡旋及帮助下，幸长得到赦免，回到甲斐。此事之后，幸长与三成等文治派的关系正式决裂，成为使幸长于日后的关原大战积极加入东军的主要原因。《丰臣家的人们》里司马辽太郎还写道："（蔚山战役后）丰臣秀吉大为震怒，罢免了秀秋的指挥官一职，以毛利辉元代之。"①打了胜仗，丰臣秀吉为什么还要震怒呢？当时，冠冕堂皇的借口是小早川秀秋在战斗中公然斩杀妇孺，行为极为不当，任何人都看得出来，这只是一个借口。（小西行长在进攻忠清道时，下达凡着白衣者尽杀之的命令。着白衣者，即泛指朝鲜人。加藤作战时，曾四次屠城，秀吉反而大为赞扬。）真实原因是秀秋在这场战役中展现出了高明的战术，过人的眼光和忍耐力，完全是久经沙场的名将手段。而当时秀秋只是二十出头的年轻人。老迈的秀吉深恐他利用战胜的机会建立起自己的班底和体系，威信太高，在他死后会动摇其亲生儿子丰臣秀赖的地位，所以他才会在胜利的情况下强行换帅。或许他没有想到此后作为丰臣秀吉的养子，小早川秀秋竟然充当了丰臣家毁灭者的角色。

由于这些原因，在丰臣秀吉死后，其部下分为东西二军互相攻击，西军的精兵大多送命在朝鲜。表现为：平壤之战、顺天之战损失的是小西行长的部队。泗州之战与露梁海之战岛津义弘部也损失严重，日军第二、第五军团基本被全歼。假设岛津义弘在关原之战不是带了一千多的人，而是一万人，假设小西行长手中是从朝鲜撤回的第二军团主力，假设丰臣秀吉

---

① 〔日〕司马辽太郎：《丰臣家的人们》，外国文学出版社，1983 年。

的养子小早川秀秋没有在关原大战关键时刻倒戈加入德川家康的东军，那结果会是怎么样的呢？毕竟历史不能假设。关原大战以德川家康的东军获胜告终。德川家康获得胜利后被日本朝廷任命为"征夷大将军"，在江户开设幕府。日本从安土桃山时代进入了江户时代。

在朝鲜方面，历经壬辰卫国战争之役后朝鲜元气大伤，生灵涂炭。日本的入侵大大摧毁了朝鲜的经济政治和封建统治秩序。在战争中由于朝鲜作为三国角逐的战场而使人民流离失所，百业萧条，农产量大减，在籍人口大大减少，使得朝鲜经济在多年后仍不能恢复。这七年的战争，由于侵略者对朝鲜国土的蹂躏，使朝鲜受到了莫大的损失。日本侵略者到处大肆掠夺和屠杀，烧毁了很多都市和村庄。日军所到之处，烧杀掳掠，晋州一地"军民被屠者六万"[①]，"日军所到之处，庐舍皆焚烧，人民被杀戮，凡得我国人，悉割其鼻以示威"。柳成龙《惩毖录》中记载："人民离散，虽大家世族，举皆失业行乞……积尸遍野……父而卖子，夫而当妻……自有东方变乱之祸，惨酷之甚，未有如今日者也。"[②]首都汉城的户数从站前的八九万户减到战末三四万户。这些都致使朝鲜国力削弱，最终三十多年后在后金（清）进攻下，无力抵抗而最终投降。

另一方面，由于明朝全力抗倭援朝，功成身退。战争结束后明神宗谕朝鲜国王李昖："吾将士思归，挽输非便，行当尽撤，尔可亟图。务令倭闻声不敢复来，即来亦无复足虑。"[③]朝鲜重整河山，视大明为再生父母。朝鲜宣祖李昖说："中国父母也，我国与日本同是外国也，如子也。以言其父母之于子，则我国孝子也，日本贼子也。"秉持以春秋义理为核心的中华正统观的朝鲜以"小中华"自居，从朝号到领土，从仪章制度到衣着服饰全是明朝所赐之物。而明朝壬辰战争出兵拯救之恩，更是朝鲜永世不

①② 朝鲜社会科学院历史所：《朝鲜通史》，中译本，吉林人民出版社，1973年，第781页。

③ 张惟贤：《明神宗实录》，上海书店，1990年，第334页。

能忘之恩。"天子再兴师救属国，竭登莱之粟，疲江浙之士，屏逐倭寇，奠吾民于衽席之上。而崇祯丙、丁之际，内乱频盈，局势不稳，仍然指令登莱巡抚颜继祖率水师救援朝鲜，此天下之至恩。明朝对朝鲜有此至恩，朝鲜却不能报答万一，反而为清朝所驱，入皮岛，入锦州，助清人攻明朝，此又天下之至痛"。后来朝鲜朝野在满清高压之下依然"潜通明朝"，"奉明正朔"等等，平倭之恩为其主因之一。《李朝实录》所载朝鲜仁祖李倧上皇太极书说得再明白不过："曾在壬辰之难，小邦朝夕且亡。"神宗皇帝动天下之兵，拯救生灵于水火之中。小邦之人，至今铭镂心骨。宁获过于大国，不忍负皇明。此无他，其树恩厚而入人深也。"因此在壬辰卫国战争之役以后直到崇祯九年（1636 年）皇太极征服朝鲜以前的几十年间，朝鲜一直是大明帝国最可信赖的盟友，在明与后金战争中始终坚定不移地站在大明朝一边。

四、结束语

通过中朝军民在这场战争中所付出的极大代价与极其艰辛的条件下浴血奋战的经过，我们对这场战争的伟大历史意义有了更深刻的理解；对我们的祖先艰苦卓绝的抗击外来侵略的精神，会油然而生深深的敬意。时至今日，中朝两国人民的友谊长存，侵略者多行不义必自毙的历史规律长存，援朝之战体现出的历史价值，正在于此。然而，这场战争表明的明朝后期的颓废态势，反映出明朝内外关系的变化，其重要意义还在于对晚明国运以及社会变迁的影响和作用。因此，如果说党争亡国，还不如说以这场战争为分水岭，标志着明朝政治、军事、财政等全面危机，揭开了明朝走向灭亡的帷幕更为确切。从中可得出重要启示：明亡于万历，万历朝是重要转折时期。

通过这次卫国战争，朝鲜人民虽然经历了空前的浩劫，但是却维护了国家的独立、民族的尊严，粉碎了日本侵略者侵吞朝鲜、染指中国的侵略企图。而日本在丰臣秀吉死后，其子丰臣秀赖继承冥府大将军位，不久经过关原大战诸派大名的混乱，便被家臣德川家康所取代，建立了德川幕府。日本势力退出朝鲜半岛，在此后三百年间再也未敢践踏朝鲜国土，从而保证了朝鲜长期的对外安全与和平。

因此，从长远和全局来看待这场战争的话，万历朝鲜之役实际上起到了重新整合东亚各国政治军事力量格局的作用。

风雨飘摇的中世纪晚期

——饥饿、瘟疫、复苏和信仰

◎杨　燕　文史学院07级历史班

　　关于中世纪史的研究，目前来说国外的研究成果较大，国内研究甚少。由美国作家朱迪斯·M.本内特和C.沃伦·霍利斯特合著的《欧洲中世纪史》是中世纪史方面较好的著作，其将中世纪分为早、中、晚三个部分来写。而目前为止对中世纪晚期历史的研究也不多，《中世纪晚期欧洲经济社会史》是关于中世纪晚期研究的一本很不错的书，此书则是由美国的詹姆斯·W.汤普逊所著。其他关于中世纪晚期研究较多的是与欧洲黑死病相关的课题，当然中世纪的基督教研究也颇丰。而关于饥荒的研究和中世纪如何从多灾多难的困境中复苏，以及中世纪晚期这一过渡期的研究也较少，可考证的资料也不多。

　　中世纪的研究其实很有趣，同时也是重要的。中世纪晚期已经到了近代的门槛上，这一时期的社会变化颇大，尤其是接连的饥荒和瘟疫，加上之前早已开始衰退的经济，到了中世纪晚期欧洲已经千疮百孔。基于目前关于中世纪晚期的研究较少，笔者也对此部分比较感兴趣，因此笔者写了此篇论文，以作为对中世纪研究的补充。本文主要分五个部分来写，文中涉及中世纪晚期之前的欧洲状况、欧洲中世纪的灾难、灾难后如何走向复苏以及复苏对社会各方面的影响，文中最后对中世纪晚期做了总体评价。整个文章可参考的资料有限，存在的问题也不少，因所学知识有限，还望前辈和老师、同学指正。

"中世纪"一词是从 15 世纪初期的人文主义者开始使用的。中世纪是专指欧洲封建社会，关于中世纪的时间界限，一般指 500 年至 1500 年之间，而中世纪晚期从相关资料看则是指 1300 年至 1500 年之间。这一时期发生的事情，使欧洲的经济和社会等都发生了很大的变化。

1300 年时，欧洲内部的森林和沼泽有些被改造成田地和牧场，外部边境也向南、向东扩张了很多。欧洲人成功地进入并统治了一些富饶的大都市。约 1100 年到 1300 年，十字军进行了四次大规模的宗教性东征。民族迫害进一步加深，教权与君权进行了残酷而长期的斗争，各国之间也为争夺各自利益而彼此兵戎相见。所有这些，正是为一个天翻地覆的世纪拉开了帷幕。

因为就在半个世纪之后的 1347 年，史上最为戏剧化的一次危机降临了，这就是那场很快在西欧蔓延开来的大瘟疫，加上之前史无前例的大饥荒，更加剧了灾难的可怕性与悲剧性。瘟疫虽然是造成中世纪欧洲苦难的罪魁祸首，但深受大瘟疫之害的欧洲，其实早已被经济、政治、宗教等方面的问题所困扰，这是社会矛盾长期积累的结果。但也有人指出，那场浩劫也是有其正面作用的。因为它也为那些从传染病肆虐的年月中存活下来的人们提供更多的土地、粮食以及其他资源。如大瘟疫之后的工资上涨，有历史学家将其称为"劳工的黄金时代"[1]。与此类似，尽管基督教会在中世纪晚期罹受了巨大的打击，但基督教精神还是获得了不少新的发展方向，前景大好。

---

[1] 引自《欧洲中世纪史》第 357 页年表 13.1，〔美〕朱迪斯·M. 本内特、C. 沃伦·霍利斯特著，杨宁、李韵译，上海社会科学院出版社，2007 年。

一、中世纪晚期之前的欧洲社会

（一）经济情况

西欧的由盛转衰是一个逐渐展开的过程，早在 13 世纪中期，衰退的征兆就已经出现在部分地区的繁华荣光之中了。生产力下降，情况十分糟糕，但地主和国王们还在雪上加霜，不知道为老百姓排忧解难。在他们的统治之下，官僚风气和连年战争导致了沉重的赋税和徭役，到头来受苦的仍是黎民百姓。老百姓面临的是这样的处境：有更多的人需要养活；有更高的地租、有新的赋税、有更稀缺的资源——他们根本就没有出路。生活水平急剧下降，农民的财产一再减少，工资水平一落千丈，食物紧缺不断加剧，每个人都显得筋疲力尽、面黄肌瘦、垂头丧气，物质和精神上的需要都得不到满足。经济灾难和人口危机引起了社会的一连串反应，从而使中世纪的欧洲一蹶不振。

到了 14 世纪初期，市场缩减、货币贬值、可耕地不足，悲观失望的情绪四处蔓延——这些都直接导致了经济衰退。但这种现象并非普遍，就法国布尔日城市而言，在中世纪晚期的大部分时间里，它都是处于蒸蒸日上的状态之中①。而对于那些将宝压在中世纪晚期危如累卵的欧洲经济之上的商人和金融家来说，衰退几乎就是他们共同的结局。

（二）人口危机

14 世纪初期，之前数个世纪以来的人口剧增终于达到了顶点，欧洲面临人口过剩的局面。试举英格兰为例，定居那里的人口数达到 3600 万左右，这一数目几乎是 1066 年人口数的三倍②。我想实际上数字也许比这还大，如此数量的人口，已经超过了当时英格兰所能承受的负荷。直到 18

---

① 引自《欧洲中世纪史》第 356 页，〔美〕朱迪斯·M. 本内特 、 C. 沃伦·霍利斯特著，杨宁、李韵译，上海社会科学院出版社，2007 年。

② 引自《欧洲中世纪史》第 357 页，〔美〕朱迪斯·M. 本内特、C. 沃伦·霍利斯特著，杨宁、李韵译，上海社会科学院出版社，2007 年。

世纪的工业革命改变，且提升了生产力水平之后，英格兰才具备了承受如此数量人口的能力。

简单地说，在 1300 年，欧洲的人口数量使得它的土地紧缺已经达到了非常严重的程度，以至于部分农民甚至饥不择食地把求生的希望寄托到了那种极端贫瘠的土地上，而那种地，即便是在今天，在被大规模机械和化学肥料武装起来的农民看来，也是无法耕种的。人口的庞大压力使得社会面临严重的动荡。

二、灾难濒袭的中世纪

中世纪是欧洲社会的大动荡与大变革时期，而中世纪晚期更是灾难多发的时期。灾难以瘟疫与饥荒的表现形式出现，瘟疫与饥荒在欧洲大陆尽情地肆虐，其波及范围之广、持续时间之长都是欧洲历史上前所未有的，对欧洲的社会经济和生活造成了毁灭性的破坏，加之之前欧洲早有的创伤，无疑是向已有的伤口上撒盐。那么，灾难的具体情况是怎样的呢？

（一）饥荒

饥荒曾经遍布世界很多地区，它的影响是巨大的，在几个世纪里，饥荒的出现是那么频繁，几乎成为人类生态体系的组成部分和人们日常生活的一种结构，接连歉收便导致灾难。例如莫斯科和印度曾因饥荒则立即出现了一场浩劫，其震动空前强烈。在这里我们重点来谈一下欧洲中世纪晚期的饥荒。

给中世纪的欧洲带来沉重灾难的饥荒为什么频频降临呢？从相关资料来看，1314 年秋雨连绵，为异常湿冷的冬天拉开了序幕，加之之前的经济危机与人口灾难的双重因素，其必然结果就是接踵而来的坏收成，现实的条件已无法供应太多人的吃饭问题，进而饥荒也来临了。

饥荒不断光顾欧洲大陆，大施淫威，生灵涂炭。1309 年至 1318 年，饥荒频繁，造成了空前的惨剧，并预示了 14 世纪中叶的灾难（黑死病）。饥荒最初从德意志北部、中部和东部开始，逐渐扩散到整个欧洲，各国的损失都极大。即使在得天独厚的法国，10世纪也曾发生多次饥荒，这种情况适用于欧洲任何一个国家，饥荒经常袭击德意志的城市与乡村。

市民惯于怨天尤人。按理说，乡村因有粮仓，有一套储粮备荒的政策，说来也奇怪，有时乡村却比城市更缺乏粮食，依赖商人、领主和城市为生的农民很少有储备粮食，一旦发生饥荒，除了流落城市，沿街为乞，沦为饿殍之外，他们别无良策。1573年，许多街头和乡村突然出现一些面黄肌瘦、衣着褴褛、长满虱子和跳蚤的外国乞丐，市民和当局担心其"滋事作乱"，将其驱逐出城，这一做法是相当残酷的。当然，饥荒亦是造成社会动荡不安的因素之一，政府理所应当地要予以镇压。

在后来的伊丽莎白统治末期①，则出台了专门的法律予以镇压，整个西欧出现了许多"苦力所""囚禁所"或"劳役所"，被收容的贫民和不受欢迎的人在那里从事强迫劳动，而乞丐被一律驱逐。后来，甚至加以鞭挞。最后的镇压办法就是让乞丐充当苦力。

饥荒规模之大犹如世界末日来临，每一次打击都引起很大反响。饥荒使欧洲陷入一片荒凉的饥馑，似乎比以往任何时候所造成的灾害都更大。那些老幼穷苦之辈率先死去，因为虚弱的身体更容易遭到疾病的侵袭，又有很多人倒在了疾病而非饥饿的面前。这是一个人人自危的时期，到它结束的时候，这场大饥荒——欧洲历史上最严重的饥荒，已经造成了至少十分之一的欧洲人死亡。

与此同时，欧洲许多动物也出现了大面积的死亡现象，牛羊牧群中同样又流行疾且病蔓延开来，人口骤减、国库空虚，土地也不再如以前般富饶——早在14世纪中期的大瘟疫到来之前，欧洲就已经举步维艰了，人民生活困苦不堪。

---

① 即伊丽莎白二世，英国温莎王朝第四代君主、英王乔治六世的长女。

（二）大瘟疫

欧洲遭受了周期性的大饥荒，饥荒是由于接连的旱灾和严冬等坏天气而导致的坏收成及人口庞大引起的。饥荒造成人们身体素质的下降，健康也成为大问题，这为疾病的滋生创造了温床。大瘟疫的迅速爆发，在很大程度上是因为那些中世纪城堡、市镇、村舍等为鼠类提供了舒适的生存环境，而那些活跃在欧洲频繁的粮食贸易中的商船，也在瘟疫的传播过程中起到了推波助澜的作用。

1348—1349 年，一种传染病从东方横扫欧洲，造成了历史上最严重的人口死亡，这种传染病因其使患者身上出现紫黑色的斑点而被称为"黑死病"。而疾病与饥荒在欧洲肆虐的脚步是同行的，鼠疫、梅毒等疾病的侵袭是可怕的，黑死病活跃的时期确是中世纪欧洲最黑暗的时候。"黑死病"一词对今天的人们来说，是毫不陌生的，在历史上有记载的瘟疫中，黑死病无疑是最可怕的一种。中世纪的人们把以之为名的这场浩劫称作"大瘟疫"、"大死难"或者"大灾难"，可见当时人们对此病有多么的恐惧。

据中世纪巴黎的医护人员说，黑死病起源于印度，也有研究者将这一疾病研究的线索定在其他地方。比如有研究者认为，1333 年中国江淮一带农村遭受特大旱灾，田地荒芜，所有的植物枯死，动物大批死亡。这场旱灾立即引起严重饥荒，而第二年又有特大水灾，广东省附近尤为严重。在这水灾和饥荒接连发生的时刻，疾病以某种方式发生就是自然而然的事情了。接踵而来的就是一场大瘟疫，使 500 万人死亡，数目之大，令人难以置信。因此他们认为这种瘟疫沿着商路从中国传入西方，而当时，远东与欧洲实行开明的商业政策。有资料这样描述："在阿维尼翁，黑死病的传染如此严重。以至于不仅与病人在一起，即使看他们一眼似乎也会被传染。死亡的人如此之多，以至于死者无人料理，埋葬时找不到祭司在他们坟前祷告。父子之间不相往来，博爱之情消逝了，死亡率如此之高，幸存者几乎不到 1/4。甚至医生也害怕传染而不敢对病人进行治疗。至于我，为了不背上恶名，不敢不到场，但仍然始终处于恐惧之中"。

关于大瘟疫来临之前的征兆大体有两个方面：（1）黑死病以前20多年来欧洲遭受了周期性的饥荒，饥荒是普遍而严重的；（2）在黑死病之前鼠疫蔓延了整个欧洲，从远古以来，老鼠就是鼠疫的征兆。鼠疫主要有三种：（1）淋巴腺鼠疫；（2）败血性鼠疫；（3）肺鼠疫。大瘟疫发源于亚洲，在1347年至1348年的冬天，淋巴腺鼠疫率先在西西里和撒丁岛登陆，这种病毒迅速地在营养不良而变得孱弱的人群中传播开来，而肺鼠疫和败血性鼠疫也在短时间内接踵而来。在中世纪的欧洲，鼠疫是无所不在的。1348—1349年，鼠疫以惊人的速度扩散到整个欧洲。在这场灾难中，死亡人数是无法确定的，人口密集的城镇、修道院都是重灾区。欧洲人被瘟疫的到来惊呆了，有些人把瘟疫的爆发归因于星宿的力量，有一些人归罪于地震与烟雾，另有人认为是犹太人在水井里下了毒。所有人都认为，大瘟疫造成的恐怖，正是上帝愤怒的象征，由此出现了大型的宗教游行队伍，游行人员穿着苦行衣或涂着灰。他们面目悲哀、涕泪纵横、披头散发地行走，并残酷地鞭打自己直到流血如注，从而向上帝赎罪。人们一味麻木地将希望寄托于上帝，却不将寻找疾病根源的苗头指向别处，而更多地是归罪于犹太人。当时的人们，被灾难冲昏了头脑，无法冷静地认识和分析问题。他们将矛头转向了犹太人。故犹太人在此时遭到了基督教的攻击，因为他们以那种方式取悦上帝，那些在瘟疫威胁之下苦苦支撑的犹太人，还必须同时面对因恐惧而暴怒的基督教众。犹太人遭到了大面积的杀害，蒙冤而死，这无疑为以后的宗教矛盾埋下了祸根。

这次瘟疫中流行的疾病发病迅速，且伴随着令人厌恶的症状。因此，由它带来的恐惧，也进一步扩大了，"这瘟疫的威力实在太大了，健康人一跟病人接触，就会被传染上，那情形很像干柴靠近烈火，只要一接近就会燃烧起来，甚至只要接触病人穿过的衣服、摸过的东西，也会立即染上这种疾病。令人伤心的和难以置信的是，连父母都不肯照顾自己的子女，好像这子女不是他们所养过的似的"。在瘟疫来临之际，父亲抛弃了子女，妻子抛弃了丈夫，兄弟抛弃了兄弟。只要看上一眼，或呼吸一下空气都会染上瘟疫。人们纷纷死去，当时死亡的人数是如此之大，以至于根本无法以适当的形式加以掩埋，棺材随处可见，这更加剧了疾病的传播。钱财不再管用，往日的友谊也被抛诸脑后。由于死去的人太多，人们都认为世界末日来临了。有幸活下来的人都陷入深深的绝望，变得麻木不仁。

（三）瘟疫反弹的威胁

然而，一波未平一波又起。瘟疫反弹的威胁也是巨大的。1349 年，大瘟疫的第一波攻势已经过去。据调查，婚姻率与生育率在 1349 年后立即空前高涨，这其实是很有可能的，因为此时人们的当务之急，正是保存家族血脉，并使荒芜的田野村舍重新焕发生机。但是瘟疫其实尚未结束——远远没有结束。1361—1362 年，瘟疫重回到欧洲，那些出生于大瘟疫之后的人受害尤其严重。这场"孩子们的瘟疫"还只是大瘟疫的一系列反弹的前奏而已。在此后的每隔几年中，都有瘟疫复发的现象出现。瘟疫发生的频率虽有降低，但始终还是流传了下来，这种似乎是永无止境的周而复始的现象，在欧洲人心中绷紧了一根弦，使他们保持着高度的焦虑，欧洲人口也在很长一段时间内都保持在一个相当低的水平上。

大瘟疫带给人们的不幸是无法衡量的，而这种不幸带来的影响也是显而易见的：欧洲的羊绒和粮食市场遭遇急剧的衰退；劳动力严重缺乏；某些城墙遗址环绕着无主的荒地；大量村庄被废弃，直到今天的考古中还可以发现许多村舍废墟。但灾害的复苏也是相当迅速的。

三、调整与复苏

灾难过后，人们的生活得以发展，这时欧洲开始了灾后的调整与复苏，农业的发展和经济的恢复是最基础也是最需迫切解决的问题。人们积极寻求出路，力求实现乡村、市镇与城邦的繁荣。

（一）乡村的复苏

以一种冷酷无情的效率，大瘟疫迅速地从根本上解决了欧洲农村的人口过剩问题。到 1350 年，那些幸存的人们终于有了充裕的耕地。同样的，劳力短缺的现象也很严重，和需要做的工作相比，工人数量严重不足。到了 14 世纪晚期，许多租赁条件放松。有比较合适的条件租到土地的人，许多农民通过购买田产开始发家致富。这些人的成功慢慢地改变了农村社会的构成，加深了存在于富农与贫农之间的鸿沟，并为此后富农阶级的形成打下了基础，现代历史早期的英国自由民阶层就是代表。

其他的农民则获益于劳力，而非土地。因为对于这些在大瘟疫中幸存下来的劳动力的需求极大，所以相应的工资水平获得了显著的提高，进而劳动者的生活水平也有了明显的改善，这一时期为"劳工的黄金时代"，但它并没有长时期持续下去。到了 15 世纪晚期，工资水平开始下跌，与那些有土地积累的农民相比，以雇佣劳动力为生的人们重又成为穷人。

不管是对富农还是贫农来说，后瘟疫时期的经济都还有另一重要的收益：农奴制的衰亡。这一变化，部分的也是农民的怨愤与反抗的结果。另一些人，则通过起义来争取自己的自由。因为早在大瘟疫时期，农民的反抗就已经开始动摇欧洲的农村体制了。诸多农民起义中，只有一次大型起义获得了成功，尽管大多数起义都在短时间内以失败告终，但他们的精神却得以传扬开来。英国的起义者们明确地提出了结束农奴制的要求，并对构成贵族特权制度之核心的不平等现象提出了质疑，这些风起云涌的起义运动，为地主精英阶层敲响了警钟，让他们开始醒悟到：不能再以那种严酷剥削的方式管理他们的领地了。经济的发展也在为这种转变推波助澜。工资水平的上涨和粮食价格的下跌，就像两把架在地主脖子上的利刃，当时威胁着他们的这两大元素被形象地称为"价格剪刀"。面对着农耕成本的上涨和农业利润滑坡的困难，欧洲西北部的地主们放开了对其私有土地的直接控制，并转而开始把这些土地出租给农民。由此农民获得了一定的人身自由。到了 1500 年，农奴制在欧洲西北部地区彻底退出了历史舞台，这并不是完全因为起义，而是农奴制的经济与意识形态基础都已经衰败。

（二）市镇与城邦的复苏

在大瘟疫中，西欧的市镇与城邦失去了大量的人口，不过它们的复苏也相当迅速。尽管有不少村庄在瘟疫中整个地被毁灭或者荒弃，但那些重要的城市在大瘟疫中都保存了下来。在农村，大片荒芜的土地杂草丛生；与之相比，城市经济的回升要迅速得多。总的来说，在 1500 年，城镇在整个欧洲的生活中已经占据了相当突出的地位，影响力巨大。

大瘟疫给欧洲的贸易带来了极大的破坏，供求关系彻底改变，市场全面崩溃，大量的商业合同被终止。于是在此后的时间里，商人们必须寻找新的合作伙伴，建立新的合作关系。生产和贸易都经历了滑坡，基于这种原因，部分历史学家将中世纪晚期看作是城市发展的低峰期。

在这种环境下，城市上流人士为了保住他们的优越地位而使出了浑身解数。他们不顾行会势力的阻挠，甚至富有的商人及行会与当地贵族发生冲突，他们还要顾及到城镇劳工们高涨的敌对情绪，因为工资和物价让这些劳工处在提心吊胆的状态里。1350 年之后，大批农民涌入城邦与市镇，其规模之大是前所未有的。昂贵的食品价格，低水平的工资，工作短缺，这三者历来就是危险的征兆。这一时期，既得利益者与未得利益者之间的矛盾，也因此而处于白热化状态，许多城市出现了战争和农民起义，但富有的商业家庭还是保住了他们在经济上的特权地位。

置身 14 世纪末到 15 世纪新兴的经济大环境中，城镇在历经聚缩的同时，也获得了发展的活力。纺织工业、采矿业都兴旺发展起来了，生产商也打开了广阔的市场，以应对中世纪晚期生活水平和消费能力的持续提升。某些城市在造船和航海方面取得了进展，建立起涌往非洲西岸的贸易航道。面对中世纪晚期的经济挑战，某些商人的应对方式保守，一味着眼于既有特权的保护，而另有一些人，则依凭着更为广阔的眼光，积极地寻找新的市场、新的商品，以及新的贸易路线。

（三）复苏中的新现象

随着市镇和城邦的逐渐复苏，新兴的经济大环境中出现了三种大变化，对欧洲的未来影响尤其深远。一是发现了诸海相连。传教热诚、好奇心和贪婪，共同构成了一系列航海探险活动的动机，这些探索航行在1492年哥伦布远航之前就已经开始了。商业利润成了那些不惜生命到海上追逐财富的人们的首要推动力。到后来的16世纪，欧洲的商业经济将会因这些航海活动而被彻底改变。由于新航路缩短了旧有的贸易路线，贸易中心也由地中海沿岸转移到了大西洋与印度洋上。二是部分企业家开始将工业生产尤其是成衣生产放到他们城镇的周围乡村，解决了农村富余劳动力。这些乡村工业为农民带来了额外的收入，尤其是在冬季农闲的时候。到后来的现代欧洲初期，乡村工业将会在工业生产与乡村经济中担当起中流砥柱的作用。甚至到了今天，他们也还在欧洲的某些地区保持着重要的作用。三是技术上的创新驱动了15世纪大多数的经济腾飞。采矿业和航海技术方面的进步，火药、印刷术的传播等对欧洲未来的影响也是广泛而深远的，推动了欧洲经济的复兴和快速腾飞。那么，政府在经济复苏中的作用变化又是怎样的呢？

自从13世纪以来，政府经济政策的范围已经急剧扩大，此时的政府能够在某一领域有非常大的决断权。自从11—12世纪商业复兴以来，政府就开始制定经济政策，通过推动经济活动使其财政资源实现了利润最大化；通过充当商业的庇护人，政府使得货物的品种变得多样化，而且成倍地增加了本土产品的销路；通过建立和控制市场，政府为所有购买商品的大买主的利益服务。

一直到中世纪末期，这些政策——或许可以称作"大多数人的政策"——都是政府政策的一个组成部分。但是，他们并非唯一的组成部分，获得经济管理权力是"建立国家"——这是10—16世纪的一大特点。因此，政府政策中"国家精神和王朝精神"的注入，努力"刺激和调节经济活动，发展普遍财富"都是中世纪晚期的特征。同时，这一时期详细的历史表明，由于持续的动荡，边疆急剧的变化，政府所颁布的法令实行得并不彻底。他们做得不够好，政府所支配的机构的组成，仍然在很大程度上阻碍了综合性经济调节政策的彻底实施。但是政府干预的范围正在扩大，经济思想体系正在形成——它为经济工作提供了方向和目标。

瘟疫造成的严重后果还促使政府开始关注公共卫生和改善医疗低保，先后有许多措施实施：健全医疗机构，建立专门的传染病医院和对病人采取隔离措施，任命公共医生，设立专门的公共卫生管理机构。其中有些措施至今在医学中采用，其贡献作用是相当大的。

四、中世纪复苏的影响

中世纪经过长时期的复苏，使社会逐步走向正轨，经济发展开始回暖，生产力开始恢复，人民生活水平有所提升，但社会各方面的恢复对信仰、文艺复兴、宗教改革的影响却是值得关注的，尤其是对欧洲近代社会的发展影响颇深，甚至引起了一系列的社会变革。

（一）对信仰的影响

不管是哪一种疾病，只要它能造成三人必死其一的局面，这种疾病就难免会对宗教活动产生影响。就大瘟疫来说，这一点是毫无疑问的。尽管教会人士在大瘟疫中竭尽全力地试图通过忏悔游行与祈祷活动来控制局势，但还是发生了很多宗教方面的事变让教会感到无能为力，比如天主教徒对犹太人歇斯底里的攻击。不仅如此，那些紧急时刻来临之时，惊慌失措的人民那些愤怒的目光，常常都是投向了教会，因为教会连临终仪式和像样的葬礼都不能为人民办到，反教权主义势力发展起来，教会的诚信和权力遭到了质疑。

不过，对于基督教来说，中世纪晚期亦是一个机遇与挑战并存的时期。这一时期，基督教的虔诚表现得空前激烈，对圣餐、圣饼的崇拜更达到了新的高度。中世纪晚期的基督教信徒发展出了很多崭新的信仰形式，这些既为教会在精神上的重组打下了基础，也为在精神领域对教会的反抗埋下了伏笔。

这一时期，国君对教皇的权力大加限制，力图控制教会。更严重的是，教皇在精神领域的权威也全面崩溃，横亘在虔诚的基督教与教会之间的裂痕正变得越来越宽。教皇的国际影响力逐步降低，其重要性也江河日下，因此后期的反教权主义与反教皇主义势力迅速崛起。

然而禁欲主义，在中世纪晚期的多种精神追求方式中，始终是一个重要组成部分，但它也会导向某些为教会所谴责的极端，如在突然爆发的大瘟疫中，男男女女们开始用鞭打自己的方式进行忏悔，如此这般的鞭身派教徒们四下游行。当他们大规模展示鞭身行为，并且宣称，他们靠着这种方式洗净了过去所有的罪恶，鞭身派作为一大难题，一直困扰教会直到15世纪。同样的，鼓吹使徒式贫穷的教徒也很让教会头疼，其后来坚持主张所有的神职人员必须保持贫穷。到了14世纪早期，他们成为坚定的反教权主义者与反教皇主义者，在1323年，他们有关使徒式贫穷的学说被宣布为异端，部分领袖也被烧死在火刑柱上，他们将自己推向了无底深渊。

许多传统的基督教神秘主义者，在他们接近上帝的过程中，都会表现出明显的个人主义倾向，个人主义也被认为是异端的。著名牛津大学教授，约翰·威克里夫轻视基督教的整个圣礼体系，并激烈地反对教会财富，被判为异端，获准得到平静的死亡，其教徒被冷酷的捕杀，其继任者杨·胡斯将宗教主义与民族主义结合起来，反教权主义在他手中成为对教会的强有力的批判武器，杨·胡斯最终被烧死在火刑柱上。他的死，同时满足了教会与神圣罗马帝国的愿望。不过，他的追随者们仍旧保持着不同的政见，保持着他们的民族团体，并一直延续到宗教改革时代。简·胡斯将欧洲的基督教信仰与民族主义的萌芽融合起来，如此的融合正如16世纪初的马丁·路德所认识到的那样，是蕴含着强大力量的，人们在灾难中的信仰，部分起到了精神安慰的作用，而部分却是引火自焚。

（二）对文艺复兴的影响

14—16世纪，西方发生的一系列变化，不可避免地改变了中世纪的社会环境。从此以后，"现代时期"开始了，人们的思想开始活跃，眼界也趋于开阔。随着中世纪乡村，城市经济的复苏，无疑为思想领域的变化奠定了基础。14—15世纪以来，在欧洲封建社会的母体内孕育了资本主义的萌芽。初生的资本主义关系需要新思想、新文化和新观念，于是欧洲的思想文化领域出现了一场反封建、反神学的新文化运动；另一方面，随着经济的进步和发展而出现的思想文化的世俗化，也为文艺复兴的发生奠定了重要基础。

一场发源于14世纪的意大利的思想解放运动逐渐扩大到西欧各国，一直持续到17世纪中期。文艺复兴运动的思想内核是人文主义思想，其基本思想是提倡以人为中心，研究与人有关的世俗学问，主张与正统神学根本不同的人本主义，反对天主教会的蒙昧主义、禁欲主义和来世主义。文艺复兴运动促成了很多大家及优秀作品的诞生，文艺复兴运动对后来欧洲思想等各个领域的影响是重大而深远的。

（三）对宗教改革的影响

中世纪是欧洲封建社会的重要特征，到了中世纪末期，反封建神权的思想日益突出。随着生产力的提高和商品货币经济的发展，开始出现了资本主义的生产，产生了最初的资产阶级，教会的改革势在必行。对于基督教而言，中世纪晚期的基督教信徒发展出了很多崭新的信仰形式，这些既为教会在精神上的重组打下了基础，也为在精神领域对教会的反抗埋下了伏笔。文艺复兴时期倡导以人为中心，反对宗教神权的思想主张，也为宗教改革运动起了启迪作用。

宗教改革运动在欧洲国家相继开始了，德国是最先实行宗教改革的国家，宗教改革中的"因信称义"的观点主要出自马丁·路德。中世纪末期，路德对教会的前途日益担忧，让路德深感忧虑的是，教会坚持认为只能通过教会的帮助和圣礼才能进天堂。路德却满腔热情地提出，上帝只对个人的信仰感兴趣，个人的信仰能使个人获得上帝的"释罪"。路德及继承者的一系列宗教改革，对欧洲的宗教神权和封建专制思想给予了沉重的打击。

历史在前进，时代在前进，教会的倒行逆施最后以失败而告终。西欧和北欧许多国家先后建立独立的民族教会，其形式因地而异。经过反复斗争，终于摧毁封建制度，首先在西欧建立资本主义制度，揭开了人类历史上新的一页。

（四）对现代社会的影响

"中世纪"虽然被人们称为"黑暗时代"，但中世纪晚期文化中的多样性与创造性，对现代社会的影响是深远的。欧洲中世纪的人们关于饥荒和瘟疫的知识是贫乏的，他们认识不到瘟疫来临的征兆，不能预先采取措施进行预防。并且在灾后应对灾难的能力是低下的，经过灾难的洗礼，人们认识到知识对自己生存的重要性，开始积极探索求知。另一面，欧洲中世纪经过从乡村到城市的大规模复苏，社会生产力有所提高，农业取得很大成就，农业技术大大提高，逐渐解决了人民的温饱问题。行会、商会等相继出现，商业的发展走向正规。随着人们思想丰富及知识面的扩大，人们开创新技术的愿望更大，开始向未知的领域进发。中世纪的复苏，使得人们对现代信息技术越来越重要，如今信息化和现代化的世界，正是在前些世纪落后的技术及思想领域等基础上发展而来的。正是有了前车之鉴，以后的道路才可以推陈出新。

五、对中世纪晚期的评价

对于一些现代人来说，这个时期作为一个分崩离析、遍布邪恶和自私自利的时代声名狼藉。但在任何时代里，新生力量若要为之前的束缚开辟自己的道路，都必然会造成这种印象。中世纪晚期虽然多灾多难，是个"黑暗时代"，但从它们的废墟下也萌生出了崭新的事物，它不是历史的倒退，而是一种进步。我们知道，事物的发展都是曲折向上的，中世纪晚期经过低谷期，则必然会向着高峰的顶点徐徐上升。

中世纪晚期已经立足于近代社会的门槛上，当此之时，尽管强大而保守的机构，特别是教会，依然顽固地墨守种种陈规陋习，但那些新的伟大的力量却在发生作用，已经或正在改变着旧的社会基本条件。总之，1500年的欧洲正处于转变之中，且是一场迅速的转变。旧事物日趋衰亡，万物皆在更新，社会状况正在变化。

中世纪晚期的饥荒和瘟疫为后人提供了宝贵的经验。人们从天灾和人祸中总结经验，普及知识，加强预防措施以及灾后预防的措施，人们开始注重卫生，能够将灾难和疾病控制在一定范围内，使得人类受天灾的威胁性降至最低。

中世纪晚期的文化是多样性与创造性的并存期。中世纪晚期的欧洲文化充满了对立——生命与死亡、反教权与虔诚的信仰、古老的风格与新颖的实验——而由这些对立与统一的结果，则是充满了创造性的、激动人心的。这时期的文化，正对未来产生着无与伦比的影响。

1500年前的欧洲，为近代欧洲的商业发展提供了可靠的经验和教训。经过了诸多的灾难和打击，在欧洲全境内，商业再度兴旺起来，城市繁荣、人口增长。有更多的人接受教育，他们的生活比以往任何时代都好，而他们的眼界也比以往任何时代都宽，而这些人又为由新兴的印刷术生产的廉价书籍提供了广阔的市场，商业开始走出国门，走向世界。

其他的新的文明和进步，如火药、水泵、眼镜、机械钟表等也正在改变着人们的生活。一度梦想在整个天主教世界建立统治的教皇，此时的势力范围只剩下罗马附近的一个小小公园而已。英格兰等各国正大步走在通往主权国家的道路上。

1500年左右，从饥荒和瘟疫中幸存下来的中世纪人已经努力地在完成欧洲的重建工作，一个崭新的世界，正走在与世界其他部分相聚会的途中。

六、结语

饥荒与疾病的阴影笼罩着中世纪晚期的欧洲大地，在14世纪的头两个个十年中，有十分之一的人死于饥荒；在第五个十年里，则有三分之一的人因瘟疫而死亡；而在此之后的一百五十年中，瘟疫持续降临，一再牵走人们的生命。祸不单行，这些恐怖时期还伴随着其他的困境，如农民起义、贸易萧条、新式战争、阿维尼翁的教皇，由此看，当时的欧洲是一个非常让人讨厌的地方。但若从这段历史的内部进行观察，则会发现中世纪晚期其实也并不是那般不堪。大量的农民获得了更多的土地与自由，雇佣工人的工资水平获得了改善，吃上了好的食物——尤其是肉和啤酒，这是以前不可想象的，富有的城镇居民开始投资于新的工业、新的技术，以及新的探索。而基督徒们——同时包括普通的信众与有异常人的幻想家们也开始以崭新的，并且是富有挑战性的方式，实践他们对上帝的崇拜。在经历了风雨飘摇之后，随之而来的应是让人比较满意的发展前景。

参考文献

[1] 王挺之，刘耀春. 欧洲文艺复兴史：城市与社会生活卷[M]. 北京：人民出版社，2008.

[2]〔美〕朱迪斯·M. 本内特，C. 沃伦·霍利斯特. 欧洲中世纪史[M]. 上海：上海社会科学院出版社，2007.

[3]〔比〕亨利·皮朗. 中世纪欧洲经济社会史[M]. 上海：上海人民出版社，2001.

[4]〔法〕费尔南·布罗代尔. 15 至 18 世纪的物质文明、经济和资本主义[M]. 上海：三联书店，2002.

[5]〔美〕雅各布·布克哈特. 历史讲稿[M]. 刘北成、刘研，译. 上海：三联书店，2009.

[6] 柯尊文. 欧洲史[M]. 北京：九州出版社，2005.

[7]〔英〕G. R. 埃文斯. 中世纪的信仰[M]. 茆卫彤，译. 北京：北京大学出版社，2005.

[8] M. M. 波斯坦，E. E. 里奇，爱德华·米勒. 剑桥欧洲经济史：第三卷[M]. 周国荣，张金秀，译. 北京：经济科学出版社，2002.

[9]〔美〕詹姆斯·W. 汤普逊. 中世纪晚期欧洲经济社会史[M]. 徐家玲等，译. 北京：商务印书馆，2009.

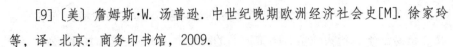

辽代科举

◎刘　冲　首都师范大学中国古代史研究生

一、辽代科举的年限与规模

辽代全国性质的科举，首见于辽圣宗耶律隆绪统和六年（988年）。"是岁，诏开贡举，放高举一人及第。"①此后，科举制度屡有变迁，不仅年限不定，放进士人数变化也很大，程式也有一些变化。

为更直观地反映前两方面的内容，特依据相关材料制订下表：

公元纪年	皇帝年号纪年	录取进士代表	录取人数	材料出处
988	圣宗统和六年	高　举	1	《辽史》卷十二《圣宗》三
989	统和七年	高　正	2	同上
990	统和八年	郑云从	2	《辽史》卷十三《圣宗》四
991	统和九年	石用中	1	同上
993	统和十一年	王熙载	2	同上
994	统和十二年	吕德懋	2	同上
995	统和十三年	王用极	2	同上
996	统和十四年	张　俭	3	同上

---

① 脱脱：《辽史》卷十二《圣宗》三，中华书局，1974年，第133页。

公元纪年	皇帝年号纪年	录取进士代表	录取人数	材料出处
997	统和十五年	陈 鼎	2	同上
998	统和十六年	杨又玄	2	《辽史》卷十四《圣宗》五
999	统和十七年	初 锡	4	同上
1000	统和十八年	南承保	3	同上
1002	统和二十年	邢 祥	6	同上
1004	统和二十二年	李可封	3	同上
1006	通和二十四年	杨 佶	23	同上
1008	统和二十六年	史克忠	13	同上
1009	统和二十七年	刘二宜	3	同上
1011	统和二十九年	高承颜	2	《辽史》卷十五《圣宗》六
1012	圣宗开泰元年	史 简	19	同上
1013	开泰二年	鲜于茂昭	6	同上
1014	开泰三年	孙用行	31	同上
1016	开泰五年	孙 杰	48	同上
1018	开泰七年	孙克恭	37	《辽史》卷十六《圣宗》七
1020	开泰九年	孙仲举	45	同上
1022	圣宗太平二年	张 渐	47	同上
1024	太平四年	李 炯	47	同上
1025	太平五年	张 昱、韩 栾	72	《辽史》卷十七《圣宗》八
1028	太平八年	张 宥	57	同上
1029	太平九年	张人纪①、赵 睦	22	同上
1031	兴宗太平十一②	刘 贞③	57	《辽史》卷十八《兴宗》一
1032	兴宗重熙元年	刘师贞	57	同上

---

① 张人纪等因守沈州抗拒大延琳而被赐予进士及第，并非此年开科举录取，见《辽史》卷十七《圣宗》八校勘记一七，第 208 页。

② 圣宗于此年六月崩，兴宗即位，第二年改元重熙。

③ 罗继祖以为是次年放进士刘师贞等五十七人复出，甚是，见脱脱：《辽史》卷十八《兴宗》一校勘记一，中华书局，1974 年，第 223 页。

公元纪年	皇帝年号纪年	录取进士代表	录取人数	材料出处
1036	重熙五年	冯 立、赵 徽	49	同上
1038	重熙七年	邢彭年	55	同上
1042	重熙十一年	王 寔	64	《辽史》卷十九《兴宗》二
1046	重熙十五年	王 棠	68	同上
1050	重熙十九年	杨遵勖	①	《辽史》卷一百五《能吏》之《杨遵勖传》
1055	道宗清宁元年	张孝杰	44	《辽史》卷二十一《道宗》一
1056	清宁二年	梁 援	115	同上
1062	清宁八年	王 鼎	93	《辽史》卷二十二《道宗》二
1066	道宗咸雍二年	张 臻	110	同上
1070	咸雍六年	赵廷睦	138	同上
1074	咸雍十年	大公鼎	②	《辽史》卷一百五《能吏》之《大公鼎传》
1079	道宗大康五年	刘 瓘	113	《辽史》卷二十四《道宗》四
1083	大康九年	李君裕	51	同上
1086	道宗大安二年	张 毂	26	同上
1090	大安六年	文 充	72	《辽史》卷二十五《道宗》五
1092	大安八年	冠尊文	53	同上
1095	道宗寿隆元年	陈衡甫	130	《辽史》卷二十六《道宗》六
1100	寿隆六年	康秉俭	87	同上
1103	天祚皇帝乾统三年	马恭回	103	《辽史》卷二十七《天祚皇帝》一
1107	乾统七年	李 石	100	同上
1109	天祚皇帝天庆二年	刘 桢	90	同上
1112	天庆五年	耶律大石	未言该年录取人数	《辽史》卷三十《天祚皇帝》所附耶律大石纪四
1118	天庆八年	王 翚	103	《辽史》卷三十《天祚皇帝》四

* 另耶律淳称帝，萧德妃称制时也有放进士的记录，但是未能列入此表格，具体原因见本文最后总结部分。

---

① 该年并未提到录取人物及人数，见脱脱：《辽史》，中华书局，1974年，第241、1464页。

② 该年并未提到录取人物及人数，见脱脱：《辽史》，第275、1460页。

由上表可以看出圣宗初开科举时，一般为一年一次，每次录取人数为一至四人，而到了统和十八年（1000年），科举年限有了变化，一般为两年一次，录取人数也有增加，最多一次达23人。但此时两年一次的制度还不稳定，时有反复，如统和二十九年（1011年）至开泰三年（1014年）便为一年一次，到开泰三年后，便基本固定在两年一次，录取人数也大致固定在30至50人。圣宗晚年，尤其是太平五年（1025年）后，科举年限再次出现短暂的混乱，或三年一次，或一年一次。

此时的不稳定，可能是科举初建立，一切制度都处于调适之中，故时有变化。从辽朝一代或短时期来看也许稍显混乱，未形成固定制度。但是与中原王朝的科举制度相比就可以理解这种变化。从隋炀帝创立科举经过唐代，一直到宋英宗治平"三年（1060年）十月六日诏曰：'俾从更定之令，今后宜每三年一开科场'"①。后才固定下来，并沿袭至科举废除。由此看来，辽代科举的调整过程并不为长。

当然在变化之中也存在着渐趋稳定的因素，圣宗太平十年（1030年）"秋七月壬午，诏来岁行贡举法"②。此贡举法内容史无明文，但从兴宗朝四年举行一次科举的情况来看，似可确定这就是贡举法的内容之一。

在此贡举法颁布之后的礼部试多在某座宫殿举行，如兴宗朝在宣政殿③、元和殿④、清凉殿⑤、含凉殿⑥和金銮殿⑦，没有一次例外，在此之前

①徐松：《宋会要辑稿·选举》三至三八，中华书局，影印本，1957年，第4280页。
②脱脱：《辽史》卷十七《圣宗》八，中华书局，1974年，第205页。
③脱脱：《辽史》卷十八《兴宗》，中华书局，1974年，第211页。
④脱脱：《辽史》卷十八《兴宗》，中华书局，1974年，第217~218页。
⑤脱脱：《辽史》卷十八《兴宗》，中华书局，1974年，第221、227、233页。
⑥脱脱：《辽史》卷十九《兴宗》，中华书局，1974年，第227页。
⑦脱脱：《辽史》卷十二《兴宗》，中华书局，1974年，第241页。

则没有这样的记载。而在道宗朝，则在清凉殿①、百福殿②、永安殿③，直到咸雍六年后才没有这样的事例。考虑到道宗后期政治混乱，对于某些制度不能很好地执行，似可以认定这是贡举法的一项内容，表现了皇帝对于科举的重视。

至于道宗朝科举无一定年限，从一年到六年不等，可能与政治变动剧烈有关。天祚一朝科举基本固定为三年一次，与宋朝相同，可以认为是借鉴宋朝制度的结果。至于录取人数，从圣宗太平五年（1025 年）起开始超过 50 人，此后以录取 50 人以上为常态，有不少年份达到一百人以上，最多时为道宗咸雍六年（1070 年）录取 138 人。

由以上分析可以看出，辽代的科举从正式施行以后一直处于变动之中，不过有时变动剧烈，有时稳定一些，这都是调整过程中的表现。而到了天祚帝时的三年一次已与宋朝合拍，但此时辽的政治已极不稳定，不久便被女真人覆灭。

二、考试的科目

辽代科举考试的科目，则特重诗赋，尤其是赋。兴宗重熙五年（1036 年）"九月癸巳，猎黄花山，获熊三十六，赏猎人有差…（冬十月）壬子，御元和殿，以《日射三十六熊赋》《幸燕诗》试于廷"④。并且随着汉化的加深，辽的正统观念形成，开始拿传国玺大做文章。"兴宗重熙七年（1038 年），以《有传国宝者为正统赋》试进士"⑤。由此可见赋的重要性。除了诗赋外，据武玉环研究还考经义和律学⑥，至于其所认为的贤良

① 脱脱：《辽史》卷二十一《道宗》一，中华书局，1974 年，第 253、261 页。
② 脱脱：《辽史》卷二十一《道宗》一，中华书局，1974 年，第 258 页。
③ 脱脱：《辽史》卷二十二《道宗》二，中华书局，1974 年，第 266 页。
④ 脱脱：《辽史》卷十八《兴宗》一，中华书局，1974 年，第 217~218 页。
⑤ 脱脱：《辽史》卷五十七《仪卫志》三，中华书局，1974 年，第 914 页。
⑥ 武玉环：《辽制研究》，吉林大学出版社，2001 年，第 202 页。

一科，则更类似于科举中的制举。如道宗咸雍十年（1074年）"六月戊辰，亲出题试进士……丙子，御永安殿，策贤良"①。二者之间相距八天，已经显然一次殿试不可能举行这么久，举行完殿试不太可能紧接着再举行，则贤良不大可能是科举的一个科目。且道宗咸雍六年（1070年）五月"甲寅，设贤良科，诏应是科者，先以所业十万言进"②。若是科举考试的一个科目，显然这么高的要求不合情理。该年九月"甲寅，以马希白诗才敏秒，十吏书不能给，诏试之"③，这应该就是招贤良应试。再有在《刘辉传》中以明言他于"大康五年，第进士"。而在之后又"诏以贤良对策，辉言多中时病"④。显然这里的贤良不是科举的常科，而是类似于博学鸿词类的制科。又因为贤良是要考试的，采用的是招考的方式，而不是由地方长官推荐的，所以不能算作察举制⑤。

三、进士的民族成份及应举限制

辽代中进士者，汉人占绝大多数，但也有其他民族的，如契丹人蒲鲁和耶律大石，蒲鲁因为中进士而被"主文以国制无契丹试进士之条，闻于上。以庶箴擅令子就科目，鞭之二百"，因为他中进士而导致他的父亲被打二百鞭，可见这时制度上还没有允许契丹人考进士，习俗上更不允许这样做。到了耶律大石"登天庆五年进士第"⑥时，就没有受到处罚，且被授予官职，可见此时在习俗上已接受契丹人参加科举的事件。此外还有渤海人也参加科举的情况，"是时有杨仆者，辽东铁州人也，本渤海大族，登进士第，累官校书郎"⑦。大公鼎"咸雍十年，登进

① 脱脱：《辽史》卷二十三《道宗》三，中华书局，1974年，第275页。

②③ 脱脱：《辽史》卷二十二《道宗》二，中华书局，1974年，第269页。

④ 脱脱：《辽史》卷一百四《文学》下，中华书局，1974年，第1455~1456页。

⑤ 阎步克：《察举制度变迁史稿》，辽宁大学出版社，1997年，引言第2页。

⑥ 脱脱：《辽史》卷三十《天祚皇帝》四，中华书局，1974年，第355页。

⑦ 叶隆礼：《契丹国志》上，上海古籍出版社，1985年，第112页。

士第"①，杨若薇还举证有白霄人郑恪在清宁八年（1062 年）中进士，他的儿子也中进士，并且说白霄人和契丹人都是以"国制"来治理的，从而得出"至少到了道宗朝，包括契丹族在内的北方民族人可以参加科举考试了"②。

除了民族限制外，辽代并非任何人都有资格参加科举考试，在职业身份和品行方面也有规定，如兴宗重熙十九年（1050 年）六月"壬申，诏医卜、屠贩、奴隶及倍父母或犯罪逃亡者，不得举进士"③，道宗乾统五年（1105 年）"冬十一月戊戌，禁商贾之家应进士举"④，前一条是对于罪犯和贱民的限制，后一条则是汉化了的辽朝重农抑商政策的体现。

四 、科举考试的程序，地点及进士分等

"辽代科举考试的程序，要经过乡、府、省、殿试四级"⑤，《全辽文》卷十二中《窦景庸女赐紫比丘尼造经记》中有"乡贡律学张吉贞施手书"⑥一条，王棠"重熙十五年擢进士。乡贡、礼部、廷试对皆第一"⑦。由此可见乡试的存在。至于府试，道宗大安五年（1089 年）"三月癸酉，诏析津大定二府精选举人以闻，仍诏谕学者，当穷经明道"⑧。朱子方认为这是临时诏举。并非为固定的制度，他还"认为一般所谓'放进士'，是指礼部试进士的放榜，为了表示重视，皇帝有时亦参加礼部的放榜仪式，故称'御'某某殿'放进士'。其实这仍是礼部放进士的一种形式，不过皇帝亲自参加

---

① 脱脱：《辽史》卷一百五《能吏》，中华书局，1974 年，第 1460 页。

② 杨若薇：《辽朝科举制度的几个问题》，《史学月刊》1989 年第 2 期，第 35～36 页。

③ 脱脱：《辽史》卷十二《兴宗》三，241 页。

④ 朱子方：《辽代进士题名录》，《北方文物》1983 年第 4 期，第 24～25 页。

⑤ 武玉环：《辽制研究》，吉林大学出版社，2001 年，第 199 页。

⑥ 陈述：《辽全文》卷二十六，中华书局，1982 年，第 350 页。

⑦ 脱脱：《辽史》卷一百五《能吏》，中华书局，1974 年，第 1464 页。

⑧ 脱脱：《辽史》卷二十五《道宗》五，中华书局，1974 年，第 298 页。

罢了。其明确记为'御试'、'试前引试'和'亲自出题试进士'的，才是高于礼部一级的'殿试'，也称作'廷试'。重熙五年十月记载：'御试进士自此始'，其实御试进士并不始于是年，早在统和二十七年、二十九年已经'殿前引试'和'御试'进士了。当然，御试可由皇帝亲自出题，也可不由皇帝出题，所谓'御试进士自此始'应是指皇帝亲自出题试进士说的"①。分析辽代科举的资料，未有殿试之时，放进士者皆为礼部试，而当该年举行殿试时，则不见有礼部试的记载，我们可以认为殿试只是礼部试的一种特殊形式，皇帝若亲试进士，则为殿试；若未亲试，则由知贡举主持，为礼部试。

至于知贡举，则有圣宗"开泰元年五月戊辰朔，诏裴玄感、邢祥知礼部贡举，放进士史简等十九人及第"②。太平七年（1027年）十一月"辛亥，以杨又玄、邢祥知贡举"③。兴宗重熙五年（1036年）壬子殿试进士，"甲子，宰相张俭等请幸礼部贡院，欢饮至暮而罢，赐物有差"④。由此可见，礼部试由知贡举主持，地点是在礼部贡院。

辽代科举出身的进士虽然笼统统计人数，并列具有代表人物，具体如上表所列。实际上这些进士也有分等级，所列的代表人物并非都是第一名。《礼志》中规定的进士赐敕牒及章服礼都是按等甲顺序排列的⑤，又张俭"统和十四年，举进士第一"⑥。兴宗重熙七年（1038年）"六月乙亥，御清凉殿试进士，赐邢彭年以下五十五人及第"⑦，邢彭年无疑是这次考试的第一名。圣宗太平五年（1025年）十一月"求进士得七十二人，

① 朱子方：《辽代进士题名录》，《北方文物》1983年第4期，第24~25页。

② 脱脱：《辽史》卷十五《圣宗》六，中华书局，1974年，第171页。

③ 脱脱：《辽史》卷十七《圣宗》八，中华书局，1974年，第201页。

④ 脱脱：《辽史》卷十八《兴宗》一，中华书局，1974年，第218页。

⑤ 脱脱：《辽史》卷五十三《礼志》六嘉仪下，中华书局，1974年，第871页。

⑥ 脱脱：《辽史》卷八十《列传》第十《张俭本传》，中华书局，1974年，第1277页。

⑦ 脱脱：《辽史》卷十八《兴宗》一，中华书局，1974年，第220页。

命赋诗，第其工拙，以张昱等一十四人为太子校书郎，韩栾等五十八人为崇文馆校书郎"①，显然前者的级别要高于后者，名次也高于后者，这点说明进士至少分成两个等级，杨佶"统和二十四年举进士第一"②，也为第一名；王棠"重熙十五年擢进士。乡贡、礼部、廷试对皆第一"③，张孝杰"重熙二十四年，擢进士第一"④。这是一种分等级的办法，分为第一名和其他，一般第一名是一个人，至于圣宗年间的那个事例，可能是科举制还不够完善的结果，到兴宗朝，进士第一名都是一个人。

这是一种分等方法，还有一种是分为甲乙丙三等。赵徽于兴宗"重熙五年，擢甲科"⑤，杨皙"太平十一年，擢进士乙科，为著作佐郎"⑥，王观"重熙七年，中进士乙科"⑦，姚景行"重熙五年，擢进士乙科"⑧，《全辽文》卷十中有《王师儒墓志铭》记载他"年二十六，举进士。屈于丙科"⑨。由此可见，进士也可以分为甲乙丙三科。

综合以上材料看，重熙七年（1038年）邢彭年为进士第一名，王观为乙科，不知甲乙丙科分别录取多少人，如果可以确定甲科只录取一人的话那这两种分法实际上就是一种，但是现在还没有发现这样的材料。

---

① 脱脱：《辽史》卷十七《圣宗》八，中华书局，1974年，第198页。

② 脱脱：《辽史》卷八十九《列传》第十《杨佶本传》，中华书局，1974年，第1352页。

③ 脱脱：《辽史》卷一百五《列传》第三十五《王棠木本传》，中华书局，1974年，第1464页。

④ 《辽史》卷一百十《奸臣》上《张孝杰本传》，中华书局，1974年，第1486页。

⑤ 脱脱：《辽史》卷九十七《列传》第二十七《赵徽本传》，中华书局，1974年，第1410页。

⑥ 脱脱：《辽史》卷八十九《列传》第十九《杨皙本传》，中华书局，1974年，第1351页。

⑦ 脱脱：《辽史》卷九十七《列传》第二十七《王观本传》，中华书局，1974年，第1411页。

⑧ 脱脱：《辽史》卷八十九《列传》第二十六《姚景行本传》，中华书局，1974年，第1403页。

⑨ 陈述：《辽全文》卷十，中华书局，1974年，第291页。

五、《试士科制》辨正

《契丹国志》卷二十三之《试士科制》为现存辽代科举制度比较集中的记载，但是其中颇有不符合辽代情况者，试析如下：

"太祖龙兴朔漠之区，倥偬干戈，未有科目。数世后，承平日久，始由开辟。"①此句属实，辽代正式开科举始于圣宗统和六年（988年），已如上述。"制限以三岁，有乡、府、省三试之设。乡中曰乡荐，府中曰府解，省中曰及第"，"制限以三岁"不确，辽代的科举年限比较复杂，上文已经辨析，此不赘述。三年一次是宋英宗治平三年（1066年）诏书颁布以后的情况，《契丹国志》是以宋代制度比附辽代。"有乡、府、省三试之设"上文也已解释，乡试可以确定有；府试据朱子方说只是临时诏举，并非固定制度；省试即礼部试，其特殊形式是殿试。"乡中曰乡荐，府中曰府解，省中曰及第。"此说《辽史》中并未出现，只有王棠本传提到"重熙十五年擢进士。乡贡、礼部、廷试对皆第一"②。《全辽文》卷十二中《窦景庸女赐紫比丘尼造经记》中"乡贡律学张吉贞施手书"也说"乡贡"，可见乡试考中叫作乡贡；由于府试如上说是临时诏举，故"府中曰府解"此说似不成立。《辽史》中提到进士及第多用"举进士第""中第进士""进士及第""登进士第""第进士"的说法，"省中曰及第"可以成立。

"时有秀才未愿起者，州县必根刷遣之"，此说《辽史》中无证，只有《卓行传》中提到萧蒲离不"乾统中，以兀古匿之故召之，不应"，"累征，皆以疾辞"③。不过列之于《卓行传》中，就不能以一般人的情况

①叶隆礼：《契丹国志》卷二十三《试士科制》，全国图书馆文献缩微中心，1986年，第226～227页。

②脱脱：《辽史》卷一百五《列传》第三十五《王棠本传》，中华书局，1974年，第1464页。

③脱脱：《辽史》卷一百六，中华书局，1974年，第1468页。

看待。但是《契丹国志》这种说法应当存疑。

"程文分两科。曰诗歌，曰经义，魁各分焉"。上文论述辽代科举特重诗赋，尤其是赋，据武玉环研究还有经义和律学。但是"魁各分焉"就不正确了，上文讲到的第一名进士只有一名，甲科也没有出现两名的例子，说头名分开不符合辽代情况。"三岁以试进士，贡院以二寸纸书及第者姓名给之，号'喜帖'。明日举按而出，乐作，及门，击鼓十二面，以法雷震"。"三岁以试进士"不正确。"贡院"后一系列制度《辽史》中未提到，似乎是宋代风俗。《辽史》中只是发给敕牒，赐给章服，并"赞谢恩，舞蹈，五拜"，"声喏，坐。赐宴，簪花。……欢饮终日。礼毕"①，这种礼仪颇具游牧民族粗犷的特色，并非如《契丹国志》描述的那样文雅和热闹。

"殿试，临朝取旨，又将第一人特赠以官，授奉直大夫，翰林应奉文字。第二人、第三人止授从事郎，余并授从事部。"辽代殿试有第一名的记载，但是没有提到有第二人、第三人的。第一名只有杨桔有初授官职，为校书郎②，并且所授是职而非官。《契丹国志》所记载的第一名授官奉直大夫为寄禄官名，是宋"徽宗大观二年六月增创新阶名，换右朝议大夫阶。为文臣京朝官寄禄官三十阶之第十六阶"③。翰林应奉文字则为授予的职。第二、第三名及其所授从事郎为"选人阶官名。北宋徽宗崇宁二年九月二十五日，由选人第四阶防御、团练、军事推官，军、监判官改名。从八品"④。这只是获得了当官的资格，并未给以职，也就是实缺。大观二年为1109年，崇宁二年为1104年，这时辽朝已到末年，似不可能建立这样的制度，且辽代进士不多，都是直接授官，未有授予阶官、寄禄官者。此则为《契丹国志》比附宋朝无疑。

---

① 脱脱：《辽史》卷五十三《礼志》六嘉仪下，中华书局，1974年，第871页。

② 脱脱：《辽史》卷八十九《列传》第十《杨佶本传》，中华书局，1974年，第1352页。

③④ 龚延明：《宋代官制辞典》，中华书局，1997年，第571、576页。

"圣宗时，只以诗赋、法律取士，词赋为正科，法律为杂科。"辽代科举主要考诗赋，但是据武玉环研究道宗时仍有律学，此外还有经义，但是时间不明，至于孰为正科孰为杂科未有定论。

"若夫任子之令，不论文武并奏，萌亦有员数。"辽代任官制度中未见有任子。只是世选制度比较重要。

由以上辩证可知，《契丹国志》中所反映的科举制度多比附宋朝制度，作者对于辽代科举制度了解未详，应谨慎使用。

六、总结

辽代科举制建立后，并非完全按照考试结果来授予进士名号，如张俭受到兴宗信任，"俭弟五人，上欲俱赐进士第，固辞"[1]。虽然没有赐予，但说明有这样的惯例。到了辽代末年，"辽国屡年用兵，应有诸州富民子弟，自愿进军马，人献钱三千贯，特补进士出身"。这等于开了出卖进士头衔的成例，科举制度逐步崩坏。耶律淳被拥立为皇帝时，"李爽，陈秘十余人曾与大计，并赐进士及第，授官有差"[2]，这是换取这些人的政治支持，在其改元时又"放进士李宝信等十九人"[3]。耶律淳死去萧德妃称制也"放进士李球等百八人"[4]，这时是为了换取燕地士人的支持，增加与天祚皇帝、金太祖竞争的资本，再加之战火纷飞之际不太可能开科取士，应是直接授进士及第，有进士之名而无科举之实。辽代灭亡，科举制也就随之烟消云散了。

① 脱脱：《辽史》卷八十《列传》第十六《张俭本传》，中华书局，1974年，第1278页。

② 脱脱：《辽史》卷二十九《天祚皇帝》三，中华书局，1974年，第344页。

③ 脱脱：《辽史》卷三十《天祚皇帝》四，中华书局，1974年，第352页。

④ 脱脱：《辽史》卷三十《天祚皇帝》四，中华书局，1974年，第353页。

试论牺盟会影响下的
阎共关系之演变

◎王宇飞　文史学院07级历史班

　　阎锡山（1883—1960年），在中华民国史上是一位极其重要的人物。他统治山西长达38年（1911—1949年）之久，与中华民国相始终，对近现代山西乃至中国都产生了十分深远的影响。尤其是在抗战时期运用其"中的哲学"纵横捭阖于蒋、共、日之间，对当时山西和华北的抗战都产生了重要影响，所以对这一时期阎锡山与各方关系的研究也一直是史学界的一个热点话题。

　　目前对这一时期阎锡山的研究主要有三部分。第一为相关史料，主要有：山西省政协文史资料研究委员会编《阎锡山统治山西史实》（山西人民出版社，1984年版）；山西文史资料编辑部编《山西文史资料》（山西人民出版社，1981年版）；《阎伯川先生言论辑要》（山西农业大学图书馆藏）；《阎锡山传记资料》（台湾天一出版社，1986年版）。第二为相关论著，主要有：中共中央党校编写组编《阎锡山评传》（中共中央党校出版社，1991年版）；将顺兴、李良玉著《山西王阎锡山》（河南出版社，1987年版）；山西省史志研究院编《山西通史》《辛亥革命至第二次国内革命战争卷》《抗日战争卷》（山西人民出版社，2001 年版）；景占魁著《阎锡山传》（中国社会出版社，2008 年版）；黄启昌著《乱世之狐——晋系军阀全传》（团结出版社，2002 年版）；王生甫、任惠媛著《牺盟会史》（山西人民出版社，1987 年版）；薄一波著《七十年奋斗与思考（上）》（中共党史出版社，1996 年版）。第三部分为相关论文，主要有：刘信君著《浅析抗战爆发前后阎锡山与蒋、共、日的关系》（《社会科学战线》，1992 年第 2 期）；李彩花著《"在三颗鸡蛋上跳舞"——阎锡山与蒋、共、日的关系（1935—1945）》（2009 年湖南师范大学硕士研究生毕业论文）。关于抗战时期阎共关系的研究在以上著作中都有介绍，但只是将其作为论述的一部分，并没有单独讨论。而牺盟会作为抗战初期阎锡山与中国共产党建立的一种特殊形式的统一战线，它的存在与发展可以说集中体现了这一时期的阎共关系。但就目前对牺盟会的研究来看，多集中于牺盟会对抗战所做贡献的考察，而以这一组织为中心来论述阎共之间关系演变的文章与专著还不是很多。本文欲以牺盟会为中心分析抗战初期阎共关系的演变。

一、牺盟会成立时期的阎共关系

（一）"华北事变"前的山西

1."华北事变"前山西经济的飞速发展

1916 年袁世凯死后，阎锡山便开始独掌山西军政大权，经过四次扩军，使晋军发展到了 20 万人，成为当时中国一支举足轻重的军阀势力。除去护法战争以及中原大战之外，阎锡山一直致力于山西省内以及自身实力的发展。尤其是中原大战返晋之后不久，阎锡山更是制定并实施了《山西省政十年建设计划案》。交通方面修建了贯穿山西南北的同蒲铁路；金融方面先后成立了"绥西垦土银号""晋绥地方铁路银号"及"晋北盐业银号"，并自行发行货币；最为突出的是工业方面建立的"西北实业公司"，在阎锡山的努力之下，使之在几年之内发展成为一个包括钢铁、化工、兵工、卷烟、火柴、面粉等在内的大型综合性企业。而且阎锡山还为公司规定了"自产，自用，自足"的"三自"原则①，使山西在日本入侵前形成了自成一体的工业体系。总之，在1935年"华北事变"之前，在阎锡山主持下，山西在经济发展方面取得了令人瞩目的成绩。据统计，从1932年到1937年五年当中，仅山西公营事业的资产就达到了一亿零五百余万元。②所以，对以山西为根本的阎锡山来说，怎样维持自己这丰厚"家产"便成为其各种政策的根本出发点。

2. 阎锡山的政治思想

由于年幼时受过近十年的中国传统文化教育，阎锡山结合儒家的中庸之道和自己几十年的官场经验形成了一套"中的哲学"。其方法论就是讲求实际，主张"自存自顾"，"存在就是一切"。用阎锡山自己的话来说就是"能自存自固，联日好，联俄也好；不能自存自固，联日无益，联俄也无益。只有了解了周围才能站在中间"③。阎锡山的这种"中的哲学"在很大程度上决定了抗战时期阎锡山与中国共产党关系的走向。

（二）阎共关系的转变和牺盟会的成立

阎锡山对共产党，一直是十分敌视的。而且对于反共，阎锡山可谓是一把老手。他曾主张"剿共是三分军事，七分政治，防共是要九分政治，一分军事"④。在思想上阎锡山提出了"公道主义"来反对共产党，在组织上则建立了"主张公道团"。阎锡山的反共可以说是全方位的，何应钦都曾说阎锡山"反共认识至清，理论至精，有方案，有对策，有行动，有经验，尤为人所佩服"⑤。但是到1936年时，形势风云突变，身处蒋、共、日三

---

① 山西省史志研究院：《山西通史（八卷）》，山西人民出版社，2001年，第266页。

② 中共中央党校编写组：《阎锡山评传》，中共中央党校出版社，1991年，第227页。

③ 薄一波：《七十年奋斗与思考（上卷）》，中共党史出版社，1996年，第203页。

④ 王生甫、任慧媛：《牺盟会史》，山西人民出版社，1987年，第259页。

⑤ 景占魁：《阎锡山传》，中国社会出版社，2008年，第402页。

方夹缝中的阎锡山不得不由"反共"走向"联共"。

1. 日本方面的压力

"九一八事变"之后，日本占领东三省，继而开始了对华北的入侵。而山西地处华北腹地，地势险要，表里山河，素有"华北屋脊"之称。因此，山西战略地位十分重要，历来都为兵家必争之地，加之山西省境内各种矿产资源都十分丰富，山西便成为了日本入侵华北的一个重要战略目标。日本在其"侵略华北计划"中就曾提出"拟由正太线之石家庄与津浦线之沧州相接，再由沧州接至大沽港，目的在将山西之煤炭输出至津沽，再将日本之货物输送至山西"①。与此同时，日本为能更好地控制华北正准备筹划所谓的"华北五省联合自治政府"。而阎锡山早年曾留学日本，并且与土肥、岗村等高级人员关系也十分密切，加之其雄厚的实力以及卓越的领导能力，日本方面便向阎锡山抛出了橄榄枝，欲拉拢阎锡山为其伪政府挂帅。面对着日本人的诱惑，阎锡山出于国家和个人利益的考虑，委婉拒绝了日方的邀请。虽然没有投靠日本，但很明显日本的种种行为已经开始威胁到阎锡山的利益。

2. 中共和蒋介石的压力

1935 年 10 月，中共领导的红军在经过长征后到达陕北。当时日本正在筹划其"华北五省自治"，而蒋介石方面还继续推行其"剿共"政策，加之陕北地区经济落后，交通堵塞，苏区的巩固和发展受到了很大的限制。所以中共于 1935 年 12 月在瓦窑堡召开了政治局会议，在制定抗日民族统一战线方针和政策的同时还确定了红军的军事战略的基本原则：把国内战争同民族战争结合起来，准备对日作战、扩大红军。红军的军事部署和作战行动应确定地放在"打通抗日路线"与"巩固、扩大现有苏区"这个基本点上。具体步骤是：把红军行动与苏区发展的主要方向，放在东边

---

① 中共中央党校编写组：《阎锡山评传》，中共中央党校出版社，1991 年，第 255 页。

的山西和北边的绥远等省，提出了"抗日反蒋，渡河东征"的口号。①随后红军进行了长达两个多月的东征行动。面对红军的东征，阎锡山的晋绥军节节败退，溃不成军。无奈之下，阎锡山只好向蒋介石求援，蒋介石应阎锡山要求从各地调集7个师的兵力，入晋增援。面对严峻的形势，毛泽东随即发表了《停战议和一致抗日》的通电，表示愿与所有一切与红军敌对的武装队伍实行停战议和，共同抗日，东征就此结束。

虽然红军停止了东征，但敏锐的阎锡山察觉到形势并不乐观。第一，蒋介石派往山西"助剿"红军的几十万部队在红军停止东征后依然盘踞在山西，并无撤退迹象。老谋深算的阎锡山立即知道了蒋介石的意图，曾发出"我不亡于共，也要亡于蒋"②的哀叹。第二，日本先是占领了察哈尔，这意味着阎锡山旗下的"西北实业公司"失去了一个重要原料基地，而之后日本又于1936年5月正式成立了伪"蒙古军政府"和伪军性质的"大汉义军"，不久，即发动了对绥东晋绥军傅作义部的战争，开始了与阎锡山的直接军事冲突。第三，中共的实力阎锡山已亲身体验过，而其一直坚持北上抗日，这就意味着红军随时有可能再次东征。此时的阎锡山可谓身处蒋、共、日三方夹缝之中，当时阎锡山还作过一个形象的比喻，说："在三个鸡蛋上跳舞，踩破了哪一颗也不行啊。"③

面对如此复杂的形势，阎锡山曾致函蒋介石要求支援，但蒋介石不但没有援助山西的意思，反而令阎锡山再次入陕"剿共"，目的便是使阎共双方两败俱伤。而相对于蒋介石，中共此时的态度却发生了转变，在中共方面看来，不管是出于抗日还是自身考虑，向东发展是必需的。但经过东征，

---

① 山西文史资料编辑部：《山西文史资料（15辑）》，山西人民出版社，1981年，第5页。

② 中国共产党编年史编辑委员会：《中国共产党编年史（二卷）》，山西人民出版社，2002年，第825页。

③ 陕西省政协文史资料研究委员会：《阎锡山统治山西史实》，山西人民出版社，1984年，第196页。

中共方面也看到，在阎锡山与蒋介石的联手之下，自己终究是势单力孤，而且与阎、蒋开战很可能导致大规模的内战，这对抵抗日本侵略是不利的。加之阎锡山作为地方军阀，与国民党中央的关系可以说是素来不和，所以"联阎反蒋"便成为此时最好的选择。1936 年 5 月 25 日，毛泽东便给阎锡山写了一封亲笔信，信中毛泽东向阎锡山指出"侧闻蒋氏迫先生日盛，强制晋军二度入陕，而以其中央军监视其后，是蒋氏迄无悔过之心，汉奸卖国贼无以匹，三晋军民必有同慨。先生如能与敌方联合一致，抗日反蒋，则敌方同志甚愿与晋军立于共同战线，除此中国人民之公敌"①。而此时的阎锡山也认识到对自己最大的威胁来自于日本，而要对抗日本，自己不行，蒋介石更加靠不住。这时毛泽东的这一封亲笔信无疑对阎锡山产生了很大影响，经过再三考虑之后阎锡山认为只有"联共抗日"一条路可以走，所以阎锡山对中共的态度由原先的"防""剿"变成了"联合"。与此同时，傅作义率部于 1936 年 8 月取得了绥东抗战的胜利，阎锡山也在这次抗战中认识到了组织民众抗日的重要性。为了进一步发动社会力量，阎锡山便同意了宋邵文、杜任之等左派青年倡议的组建一个"抗日救国同盟会"的主张，但毕竟阎锡山对于中共还是十分敌对的，而"抗日救国"又是共产党的主张，加之以阎锡山的"中的哲学"看来，"抗日救国"这一口号还有可能对日本人造成太大的刺激。为了能够让这一组织体现自己的特色，阎锡山想到自己曾在留学日本期间与李烈钧等人一同参加过"铁血丈夫团"，所以便将这一团体定名为"山西牺牲救国同盟会"（简称"牺盟会"），并于1936 年 9 月 18 日，"九一八"纪念日上在太原海子边（现儿童公园）正式成立。牺盟会的成立也为其后阎共建立起来的特殊形式的统一战线奠定了基础。

---

① 毛泽东：《毛泽东书信选集》，人民出版社，1983 年，第 34 页。

二、牺盟会的发展与阎共关系的破裂

（一）薄一波加入和对牺盟会的改组（阎共特殊统一战线的建立和扩大）

1. 薄一波回晋

建立之初的牺盟会由阎锡山兼任会长，其表侄梁化之兼任总干事，宋邵文、戎子和等左派青年为委员，此时的牺盟会还是阎锡山领导下的一个官方组织。但随着日本的日益逼近，蒋介石一方又依然执行着"攘外必先安内"的政策，而对山西并无援助意愿，阎锡山意识到牺盟会的原班人马显然无法达到自己动员群众、扩大实力来抵抗日本侵略的目的。这时，阎锡山想到了中共在组织动员方面所具有的优势，那么如何才能借助中共的这一优势来发展和壮大自己呢？同样是运用自己"中的哲学"，阎锡山想出来一个自认为能够左右逢源的策略，那就是请一位坚决抗战又有号召力的共产党人，但是又不以共产党的面貌出现，而是以山西抗敌救亡活动家、组织家的面貌出现；采取共产党的主张，但在提法上要换成"山西话"，组织上戴上阎锡山的"帽子"，即官办团体的"帽子"。借助共产党的政治影响、做法，但又打着山西的旗号。①而年轻有为，同时又是山西人的薄一波无疑便成为阎锡山的最佳人选，因为中国自古以来便有极其浓烈的"乡土情结"，而作为军阀这一思想要来得更为严重，从"湘军""淮军"到后来的"北洋军阀"，我们便可以清楚地看到这一思想在军阀界中的影响。阎锡山作为军阀，加上从小又受过近十年的传统教育，自然也会有严重的"乡土观念"。所以，在阎锡山看来，薄一波和自己一样，首先是一个山西人，与自己"共谋保晋大业"便是理所当然；另一方面，阎锡山自认为自己在几十年政治生涯中积累了相当丰富的政治手段，也并不怕中共会挖自己的墙脚。

面对日军的逼近以及蒋介石的围剿，中共方面此时也正积极地寻求与

---

① 薄一波：《七十年奋斗与思考（上卷）》，中共党史出版社，1996年，第204页。

阎锡山建立统一战线。1936 年 10 月 20 日，毛泽东在给刘少奇的信中便写道："北方统一战线非常重要，着重于二十九军，晋绥应在第一位。"①所以，在中共看来，阎锡山的邀请无疑是实现自己的抗日主张，发展自身实力的一个绝佳机会。所以薄一波经中共中央北方局的同意之后便接受了阎锡山的邀请，同时又向阎锡山提出了"约法三章"：第一，抗日救国主张上不能受到限制；第二，只做抗日救亡工作，对抗日有利的事情都做，对抗日不利的事情都不做；第三，要对所用之人给予安全保障。②对于薄一波的要求，阎锡山全部接受。这样，牺盟会名义上仍由阎锡山担任会长，但实际上工作却由薄一波等中共党员开始负责，中共和阎锡山之间特殊形式的统一战线便正式建立起来。

从牺盟会的成立到阎共之间特殊统一战线的正式建立我们可以看到，牺盟会是在当时纷繁复杂的形势下建立和发展起来的。而且无论是阎锡山还是中共，他们除了把牺盟会这一组织当作抗日的组织外，还有一个重要的目的就是希望能通过这一组织来借助对方的力量以增强自身的实力。在阎锡山看来成立牺盟会既可以把群众发动和组织起来，抵抗日本的侵略，赢得爱国的名誉，又可以为将来与日本谈判增加筹码；既可以顶住蒋介石并吞他的意图，又可以保存和发展自己的实力；既可以同共产党搞好关系，又可以在合作中交一些共产党的朋友，借以提高自己的身价。③但在中共看来，牺盟会是自己和阎锡山建立的一种特殊形式的上层统一战线，它戴的是"阎锡山的帽子"，说的是"山西话"，但贯彻的却是中共的主张。这种形式的合作方式刚开始还能符合双方的利益而存在，但随着抗战的进行，当合作的双方在牺盟会中的力量发生变化时，矛盾自然而然就显

---

① 中共中央文献研究室：《毛泽东年谱（上卷）》，中央文献出版社，2002 年，第 600 页。

② 王生甫、任慧媛：《牺盟会史》，山西人民出版社，1987 年，第 68 页。

③ 薄一波：《七十年奋斗与思考（上卷）》，中共党史出版社，199 年，第 20 页。

现出来。阎锡山自然要为自身的利益出发而打压中共，而当中共力量壮大了的时候自然也要打破阎锡山的框框，来掌握领导权，当双方的矛盾不可化解时，这种特殊的合作方式自然就会终止。所以说这种形式的统一战线从建立之初就决定了其不可能长期地存在。

2. 改组牺盟会

薄一波在加入牺盟会之后便立即着手于对牺盟会的改造。第一，将牺盟会的领导班底加以改组，改组后牺盟会总会中的七个常委除梁化之外，其余的全部换成了共产党员，而下设的各种机构如抗日先锋队、训练委员会等的负责人也大多变为共产党员。第二，在阎锡山 1936 年成立的军政训练委员会的名义下，举办了军政训练班、民训干部班、村政协助员训练班、县牺盟特派员训练班、国民兵军士及军官教导团等各种不同类型的训练班。①这些训练班不仅使牺盟会员发展到 60 万，还为山西培养了大量基层干部，尤其是"国民兵军士及军官教导团"，从 1937 年建立开始分别在崞县、祁县、太谷等处组成了 10 个团进行训练，这为后来山西青年决死队的成立奠定了基础。第三，在思想上通过广泛宣传抗敌救亡、牺牲救国来发动和组织群众，在组织上建立起了太原市委以及各县牺盟会，并自上而下建立起了区、村各级委员会。第四，说服阎锡山将在太原关押的 300 多名"政治犯"放出来并使其中很多人加入了牺盟会。

以上我们可以看到，薄一波等共产党员在加入牺盟会后便利用合法的身份对牺盟会进行了较大的改造，而薄一波等的工作之所以进展得如此顺利，自然少不了阎锡山的帮助。当时以王靖国为首的一批高级将领就曾反对说："薄一波是共产党员，叫薄一波这些人搞下去，山西就完了，我们这些人就死无葬身之地了。"但阎锡山却说："现

---

① 景占魁：《阎锡山传》，中国社会出版社，2008 年，第 236 页。

在我们能拉上（共产党），将来想拉都拉不上。你们知道什么？蒋介石周围也有共产党，他能用，我为什么不能用？"①在阎锡山看来，在日本人日益逼近的时候，薄一波这一批共产党人既能为其组织群众，又能为其扩大影响，何乐而不为呢？所以这一时期阎锡山对薄一波等共产党员的工作给予了很大帮助，而中共在牺盟会中的影响也迅速扩大，并迅速掌握了这一特殊统一战线的领导权。

（二）抗战爆发到临汾失守前牺盟会和中共实力的急速发展（阎共通力合作下的利用和反利用）

1937年7月7日，日本发动全面侵华战争，在占领平津之后，继而来犯山西。面对日军的优势兵力，阎锡山自知单凭自己并不足以抵抗日本，所以阎锡山便想利用中共来实现自己的"复兴"山西的计划，而如何利用共产党？在阎锡山看来通过牺盟会无疑是最好的方法，因为此时的阎锡山依旧认为牺盟会是自己领导下的组织，所以在这一时期阎锡山对牺盟会所提出的各项要求基本上全部予以支持，而中共方面在日军开始全面侵华之后便在陕北召开了洛川会议，会议通过了著名的《抗日救国十大纲领》。其中着重指出："共产党员及其领导的民众和武装力量，应最积极的站在斗争的最前线，应使自己成为抗战的核心，应该以极大的力量发展群众运动。"同时，洛川会议还确立了实行游击战，建立敌后抗日根据地的方针，中共方面正好抓住这个机会，通过牺盟会获取了阎锡山的支持，来实现洛川会议所制订的既定目标。所以，在抗战开始到临汾失守的这一段时间里，在日军的大举进攻和阎共双方在合作抗日的共同目标下，还隐藏着利用和反利用的一层关系。

1. 新军的建立

早在日本发动侵华战争之前，阎锡山便认识到依靠自己旧军是无法抵抗

---

① 薄一波：《七十年奋斗与思考（上卷）》，中共党史出版社，1996年，第230页。

日军侵略的，那时阎锡山便有建立 30 万国民军的打算。日本在全面侵华开始后很快攻陷平津，继而来犯山西，直到太原失守前，阎锡山领导的晋绥军面对日军的侵略虽然进行了英勇的抵抗，但依旧节节败退。导致这一局面出现的原因是中日双方的差距大，中方兵力也不足。日军在发动对山西侵略的同时也对上海发动了进攻，虽然此时蒋介石也意识到了山西的战略地位，但是此时的蒋介石实已是心有余而力不足。这从卫立煌向蒋介石致电的"增加部队三四师，先歼此（忻口）敌，再行转击晋东之敌"①一语中便能看得出。另一方面是晋绥军指挥系统的紊乱，宋思一再致何应钦的电话中便提到："晋省军事并非兵力不足，实因指挥系统太乱，兵力不能转用，作战不分重点。"②抗战中自身存在着种种软肋，阎锡山可以说是心知肚明。面对如此严峻的形势，阎锡山只能把希望全部寄托于编练新军，而要建立新军，又只能依靠牺盟会组织等方面的优势，所以薄一波见机便向阎锡山提出了组建新军的建议，阎锡山当即采纳了他的建议，并为新军配备了齐全的武器。与牺盟会一样，新军也是在阎锡山的支持下发展了起来，虽然戴着"阎锡山的帽子"，但新军从建立时便实行了政治委员制，虽然从总队长到排长都由旧军官担任，但各级政委则由共产党员担任，并且对一切命令政治委员具有最后的决定权。很明显，新军从建立伊始，共产党便注重对其领导权的掌握。所以，新军的建立可以说是在中共和阎锡山合作的情况下，依靠阎锡山手中的权、钱以及武器而组建的一支中共领导下的武装力量。

2. 深入敌后，利用阎锡山的支持协助八路军开展民主政权和开辟敌后抗日根据地

抗战开始后，由于晋省大片国土迅速沦陷于敌手，所以为了战时需要，阎锡山采纳了牺盟会的建议，实行游击县长制，同时将全省 105 个

---

①② 中国第二历史档案馆：《抗日战争正面战场（上）》，凤凰出版社，2005 年，第 575、580 页。

县按地理形势划为7个行政区，这些行政区的主任有直接委任县长的权力。7个主任中，有5个掌握在了中共的手中，而政权一旦被中共掌握，则在所属区域内实行中共政策，发展敌后抗日根据地，为八路军提供兵源和粮食，使阎共之间的特殊形式的统一战线逐步转化为中共领导下的统一战线形式。其中最典型的就是薄一波领导下的太岳根据地的建设。

　　根据洛川会议制订的战略目标，抗战开始后八路军三大主力一部分协助国民党军队抗击日军侵略，一部分则深入敌后开展敌后抗日根据地的建设。但由于抗战初期八路军集中于北方，而按照既定目标抗战开始后八路军分别要在山西省的四面同时建立根据地，以形成对日军的包围。所以薄一波便按照朱德的指示向阎锡山提出在上党地区建立一个抗日立脚点，而阎锡山也意识到了游击战的重要性，早在全面抗战一开始时阎锡山就在与何应钦的谈话中提出了对抗日战争的设想：在战略上"实行持久战，放弃土地无关紧要。持久战中，应研究减少敌人三种力量，即飞机、战车、火炮"；战术上"最好在敌傲慢之下，第一次会战需求得胜利，正世界视听，尔后再将军队疏散，实行持久战"；战斗上"我宜在有利之地形与在之作战，使其飞机、战车、火炮皆失作用"。①阎锡山的这些战略设想与中共提出的游击战方针基本上是一致的。所以，早在薄一波之前阎锡山就委派张慕陶为上党地区专员兼游击司令，但此时的阎锡山正疲于应付忻口会战，对牺盟会和新军也很是依赖，所以对薄一波的要求也是无不应允。加上阎锡山也并不知道薄一波的真正意图，便任薄一波为第三行政区政治主任，薄一波到任后便立即展开了对根据地的建设工作。第一，扫除各种反共势力，比如更换各县的旧县长，改由共产党员担任。第二，继续发展新军。第三，利用自身第三行政区的合法地位妥善解决与国民党驻军的各种矛盾。除去太岳根据地外，其他根据地的情况也大都类

　　① 中国第二历史档案馆：《抗日战争正面战场（上）》，凤凰出版社，2005年，第277页。

似。总之，牺盟会利用阎锡山的支持在各个根据地都开展了大刀阔斧的改革，也使得共产党领导的敌后抗日根据地得以飞速发展。

建立新军以及协助中共发展敌后抗日根据地可以说是阎锡山与中共通过牺盟会这一组织合作的最突出表现。除此之外，在抗战初期阎锡山与中共的合作还很多。比如，阎锡山还在牺盟会的倡议下成立了由中共领导的"第二战区民族革命战争战地总动员委员会"（简称"战总会"），将阎锡山原来建立的反共组织"主张公道团"加以合并，为提高晋绥军的战斗力阎锡山还曾派晋绥军各部队向八路军学习战法。而反观国民党方面，从抗战爆发直到 9 月 22 日国民党宣布《中共中央为公布国共合作宣言》国共之间才正式建立统一战线，而且这个统一战线也一直没有一个统一的合作纲领。所以说，这一时期阎锡山与中共在统战方面无疑走在了全国的前列，不仅于战前就通过牺盟会与中共建立了特殊形式的统一战线，同时，在抗战开始后，受中共和牺盟会的影响，阎锡山还把在绥远抗战时提出的"守土抗战"口号改为了更为积极的"民族革命"口号。可以说，这一时期由于日军的进攻，阎锡山通过牺盟会与中共展开了全方位的合作，这不仅推动了抗日战争的发展，同时，在阎锡山的"帮助"下，牺盟会和中共的实力也得到了飞速发展。

（三）"秋林会议"和"十二月事变"（阎共关系由合作走向破裂）

从抗战开始到临汾失守期间，由于日本的侵略，阎共合作关系一度达到了最高峰，而期间又以太原失守为界，在太原失守之前阎锡山之所以大力支持牺盟会以及和共产党保持良好关系本是欲借共产党和牺盟会之力来达到自己抗击日本、"复兴"山西的目的。而到太原失守后，由于晋绥军损失惨重，阎锡山对中共以及牺盟会的态度已经由原来的利用发展成为了依靠。为了能保住自己的地位，阎锡山在这一时期延续了对牺盟会以及新军的支持，在阎锡山的支持下，牺盟会和新军在太原失守后的几个月里飞速发展，新军由刚建立时的四个总队发展为了四个独立的纵队，全省 105 个县中，已有 70 个县的县长由牺盟会成员担任，而其中大部分又为共产党员。由于在太原失守后，华北正面战场也随之结束，八路军便把主要精力放在了根据地的建设上来。1938 年初，晋察冀、晋冀豫以及晋绥根据地相继建立，八路军也由刚开始的 4.5 万人猛增到 16 万人，而反观阎锡山的晋绥军，经过大同、忻口等一系列的战役可谓是损失惨重。傅作义在忻口战役时就提到："晋军十五，现只余五万。"①最令阎锡山感到不安的是，自己一度大力支持的牺盟会和新军反而和中共十分密切，最明显的就是凡是在牺盟会员当专员和县长的区域，便成了八路军的粮食和兵源供应点。自己和共产党实力的这种此消彼长使阎锡山感觉到他想利用牺盟会来加强自身实力的计划似乎并不是正确的，如果说在太原失守到临汾失守这一段时间内阎锡山还要为其"反攻太原"的计划而依靠中共和牺盟会的话，那么临汾的失守意味着"反攻太原"计划的破产以及阎锡山"扶旧抑新"的开始。

1. 从"温泉会议"到"秋林会议"，阎锡山"扶旧抑新"的逐步深化

1938 年 2 月 10 日，在临汾失守前，阎锡山在临汾的温泉村召开了"第二战区工作检讨会议"，即"温泉会议"。会议做出了一个"抗日工作总决议案"，要求凡是山西的政治工作人员都应该有三点统一认识：一、实行由抗战到复兴的民族革命；二、巩固抗日民族统一战线；三、发挥组织责任心。同时特意给四个决死纵队发了一百万发子弹，二百挺机关枪和其他军用物资。②会议总体来说是积极的，但是会上阎锡山还以"集体领导"为名建立了一个新的组织机构"民族革命同志会"，自己兼任会长，同时指定梁化之等 13 人为高干，其中除续范亭外都为阎锡山心腹。阎锡山意图十分明显，就是要与中共争夺牺盟会和新军的领导权，由此阎锡山走上了"扶旧抑新"的道路。随后阎锡山又于临汾失守后相继召开了两次

---

① 中国第二历史档案馆：《抗日战争正面战场（上）》，凤凰出版社，2005 年，第573 页。

② 王生甫、任慧媛：《牺盟会史》，山西人民出版社，1987 年，第 360 页。

"古贤会议"以及"五龙宫会议"，延续了其自"温泉会议"以来"扶旧抑新"的策略。1938年10月，广州和武汉先后失守，抗战初期正面战场战斗基本结束。1939年1月国民党召开的五届五中全会确定了"溶共、防共、限共、反共"的方针，汪精卫则于1938年12月29日发表艳电，表示其支持对日妥协的政策。对此阎锡山于1939年3月5日在陕西宜川秋林镇召开了著名的"秋林会议"，会上阎锡山做出了"中日不议而和，中共不宣而战"的判断。①会议的中心议题就是：取消新军政治委员制度，文官不能兼任军职。此外还讨论了取消战地委员会，限制牺盟会活动，缩小专员权限等内容。②阎锡山此时的目的只有一个：那就是从中共手中夺过对新军的领导权，但由于薄一波等中共党员的反对，"秋林会议"没有取得阎锡山想要的结果，薄一波等人只是口头上答应了阎锡山取消政治委员制的主张。

2."十二月事变"，阎共关系破裂

"秋林会议"之后，阎锡山又开展了很多"扶旧抑新"的活动，比如健全"民族革命同志会"，建立"敌区工作团"等组织，日本方面则应允晋绥军提供弹药，"助剿"山西的八路军、决死队。而蒋介石一方也与之达成协议："山西新军问题解决之后，可换得中央30万法币，2万新兵。"③在得到蒋、日两方的支持之后，阎锡山认为时机成熟，便于1939年借向日本发动"冬季攻势"之际下令其旧军向新军决死2纵队发动攻击，制造了著名的"十二月事变"。事变发生后，阎锡山旧军在晋西北、晋中、晋东南等地区同时向八路军及新军发动了进攻。由于中共方面于事先早有准备，所以，除晋东南的决死3纵队损失严重外，其余各部都粉碎了阎锡山的军事进攻，可以说阎锡山发动的"十二月事变"遭到完全失败。由于自临汾失守后，阎锡山与中共以及牺盟会的关系本身就十分微

①③ 王生甫、任慧媛：《牺盟会史》，山西人民出版社，1987年，第472、603页。
② 薄一波：《七十年奋斗与思考(上卷)》，中共党史出版社，1996年，第276页。

妙，而阎锡山又在此时发动了"十二月事变"，所以事变后阎锡山这顶"帽子"也就没有了存在的必要。新军的33个团在事变后脱离阎锡山加入了八路军战斗序列，而在各个根据地中共也以公开的名义开始活动，牺盟会的活动随之也自行消失。

"十二月事变"后，不仅阎锡山在晋西北的势力被八路军驱逐，而对晋东南的进攻虽说使决死3纵队受到重创，但黄雀在后，蒋介石趁机将势力渗入了这一地区，阎锡山可谓偷鸡不成蚀把米，所能控制的区域只剩下了晋西南一隅。此时的阎锡山及其晋绥军可以说是处在崩溃的边缘，但在共产党看来，阎锡山在全民族的统一战线中是属于中间势力，如果对阎锡山赶尽杀绝，阎锡山很有可能彻底地投靠日本或者蒋介石，那样的话自己则会陷入孤立。保留阎锡山作为缓冲自己和蒋、日两方冲突的力量是很有必要的。所以中共方面在"十二月事变"之后便派王若飞及萧劲光与阎锡山进行谈判，表示愿意调停新旧矛盾。而阎锡山在认识到中共力量的强大的同时也看到抗战不会马上胜利，而蒋介石又对山西虎视眈眈，所以在经过反复思量后，阎锡山与中共达成协议：确定以汾阳经离石至军渡公路为晋西南和晋西北的分界线；以汾河为晋东南和晋西南的分界线，晋西南为旧军防区，晋西北、晋东南、晋东北为八路军决死队活动区域。①从此阎共之间的直接合作正式结束。之后，在蒋介石发动的反共高潮中，阎锡山都保持了中立。虽然与日本的关系一度十分亲密，但始终坚守住了最后的底线，没有走上汪精卫的老路。

三、结论

本文以牺盟会的成立、发展以及解散为主线，通过一些重要的事件分析了阎锡山在抗日战争时期与中国共产党关系的演变。从中我们不难

---

① 景占魁：《阎锡山传》，中国社会出版社，2008年，第282页。

看出，牺盟会这一特殊形式的统一战线存在与否，在很大程度上取决于阎锡山对中国共产党的政策。抗战爆发前，正是由于阎锡山最后做出了正确选择，才使得阎共之间建立了这种特殊形式的统一战线。牺盟会虽然存在的时间不是很长，但是却推动了全国抗日形势的向前发展，同时也为其后全民族统一战线的建立奠定了一个良好的基础。所以从这方面来说，阎锡山是有功于国家的，但同时也应该看到阎锡山毕竟还是摆脱不了军阀固有思想，当看到中共实力变强威胁到自己统治地位的时候便发动了"十二月事变"。

牺盟会的建立可以说是抗战时期中国共产党与地方实力派建立统一战线的一个突出典型，透过牺盟会我们也可以看出中国共产党的理论与实践在这一时期已经发展的相当成熟。当国家危亡之际，阎锡山摇摆不定时便主动向阎锡山发出了联合抗日的号召；当抗战初期阎锡山积极抗日时，便抓住机会对山西旧政权展开大刀阔斧的改革，同时利用阎锡山的支持发展自身实力，增强自己在统一战线中的领导地位；当阎锡山在抗战中出现倒退时，便有节制地对其展开斗争。此外，在同阎锡山建立统一战线开始，便明确了要取得领导权这一目标，这使得中国共产党不仅能够利用这一组织达到自己抗日救国的目的，同时也通过这一组织增强了自身实力。

总之，不管阎共双方对于建立这种特殊形式的统一战线是出于一种什么样的考虑，但很明显双方在民族危亡之际做出了正确选择，推动了山西乃至全国抗战的发展。

对于开拓五代史史料的看法

◎刘　冲　首都师范大学 10 级研究生

　　现在留下的关于五代的资料很多都是宋人留下的。通过这些资料研究五代历史，不可避免地会陷入宋人的"五代史观"，学界已有学者对于这种"五代史观"有所研究，但是如何在自己的研究中时刻保持警醒，努力摆脱宋人的这种影响，推进五代史研究，根本途径就在于对研究所据史料的检讨。

　　五代时期的史料留存下来的很少，但又很集中，比如《旧五代史》《资治通鉴》《新五代史》和《册府元龟》这四部书就占了五代史料的绝大部分，后者所含的五代史料更丰富、更原始。其中前三种利用已经很充分，《资治通鉴》历来为研究者所重视，《新五代史》资料性差一些。而《旧五代史》是二十四史中唯一的辑本，是修《四库全书》时四库馆臣主要是邵晋涵从《永乐大典》中辑出的，当时整理得很差，也被篡改了不少。陈垣先生有鉴于此，对于此辑本和《册府元龟》都进行了研究，拟定了周密的以册府校薛史的计划（见陈垣《旧五代史辑本发覆》《以册府校薛史计划》等，载《陈垣学术论文集》第二集，中华书局，1982 年，第146-227 页）。可惜世事变迁，陈先生没有将此计划付诸实践，此未竟之事业由其长孙陈智超先生继承，他制定了更周密的尽量复原《旧五代史》的计划，目前还在进行中。不得不提的是，民国年间张元济计划出版百衲本二十四史时，坊间曾传有人见到《旧五代史》全本传世，但千呼万唤未出来。最近辛德勇先生已撰文论证此书根本不存在（《谈传言所说晚近存世金刻本〈旧五代史〉乃绝无此事》，《中华文史论丛》2008年第3辑，第251-284页），故研究者不应对此传本抱有期望。中华书局点校本《旧五代史》问题同样很多，批评声音很大（如梁太济《薛史"辑本因避讳而改动的文字"，为什么"一般不在改回"——对〈旧五代史〉点校本的一点意见》，《内蒙古大学学报》1997年第5期，第48-50转74页；陈智超：《论重新整理〈旧五代史〉辑本的必要与可能——〈旧五代史〉辑本及其点校本》，原载《古籍整理出版情况简报》2000年第1-3期，现据作者《宋史十二讲》，清华大学出版社，2010年，第312-334页）。陈尚君先生推出的《旧五代史新辑会证》（复旦大学出版社，2005年）采用史部、子部和集部多种文献对《旧五代史》进行了重新辑佚，并采用各种材料予以补充考订，费力甚多。体例虽是传统考史补史体例，但是现代人限于学术规范，不可能直接引用这本书。最多是读此书，发现出处后再回检原书，利用的多是他的考订成果，特别是遇到《旧五代史》辑本上的史料时还是引用中华书局点校本，这样就使陈书处于一种很尴尬的地位。陈尚君此次在"二十四史暨清史稿修订计划"中负责《旧五代史》点校本修订，但据他所言，限于体例，梁太济等先生所批评的问题不会有太多改正，所以对于《旧五代史》新点校本不必期待，只能是原点校本的小修小补而已（见《陈尚君谈点校本"二十四史"的修订》，原载《东方早报》2009年07月27日）。由于《永乐大典》已经损失大半，《旧五代史》的大多数内容仅存于辑本中，复原已经不可能。陈智超先生所能做的只是尽量接近原本而已，费尽心血做出的成果最好的一种设想是取代今天点校本，内容上不会有太多的增补，不然就违背了陈垣先生和他自己所定下的体例。现实世界是复杂的，由于出版社等原因，这种设想未必就能实现，从学术感情上，我们仍然期待他多年的研究成果问世。

《旧五代史》中史料经多次转手，甚至经过篡改，在只能尽量利用今点校本的情况下，要充分发掘更原始的五代史史料，就必须而且应该主要发掘《册府元龟》。尽管大家已经意识到这点，但实际上对于该书的利用还是很不充分的，这很大程度在于利用的困难。《册府元龟》约有一千多万字，现在广泛流传的本子是中华书局影印出版的明刻本和残宋刻本，部头大又是影印。而对于《册府元龟》的研究成果也比较少，苏晋仁、萧鍊子只是对其中的吐蕃史料行了校正（苏晋仁、萧鍊子校正：《〈册府元龟〉吐蕃史料校正》，四川民族出版社，1981年），刘乃和教授主编的《〈册府元龟〉初探》（中州书画社，1983年）只是初步的介绍和研究论文集汇编，这就给研究者带来了很大的不便和困难。2006年，凤凰出版社推出了周勋初先生主持的《册府元龟校订本》，以明刻本为底本，残宋本为校本，并以《四库全书》本与经书、诸子及唐五代以前正史有关文字作参校，最后还附有人名索引。此书一出，古典文学界学者一片叫好之声，《古典文献研究》第十一辑周勋初先生八十寿辰纪念专号上还专门刊出了陈尚君、卞孝萱、傅璇宗、安平秋、程毅中、许逸民、郁贤皓、陶敏、李德辉的文章，大力称赞此书（南京大学古典文献研究所编，凤凰出版社，2008年）。但是相关领域的历史研究者对此却比较冷淡，对此批评声音多一些（刘屹老师在2010—2011学年上半学期《中国古代史史料学》课堂上所讲），整理者多为古典文学研究者，对于历史不太熟悉，校订水平值得怀疑。故而大家仍旧用中华书局影印本，对于校订本采取漠视态度。在现有的条件下，想全部点校此书显然不太现实，只能下苦功夫，各取所需，找寻自己需要的史料。如有可能，可以像苏晋仁先生那样把相关史料辑出校正，也可以像周绍良先生那样把唐史史料辑录出来方便学林（周绍良辑录：《〈册府元龟〉唐史资料辑录》，国家图书馆出版社，2011年），或者如李德山指导的硕士生那样，将相关专题史料辑出（刘玉峰：《〈册府元龟〉中契丹史料辑录》，东北师范大学硕士学位论文，2006年）。契丹、吐蕃史料较少，做起来工作量较小，相对容易一些，其他方面的史料难度就大了。当然也可以如研究《宋会要辑稿》那样，由专业历史学者编制人名索引和编年索引，方便研究者利用。对于宋初的其他三部类书《太平御览》《文苑英华》和《太平广记》中的五代史史料也应充分发掘。五代流传下来的石刻史料和近年来发现的墓志等，也含有丰富的信息，同样需要我们搜集和发掘。

只有在广泛占有史料的前提下，如裴汝城先生论述宋代史料真实性时所说："为了把我们的研究工作建立在可靠的基础之上，我们只能'合众证而质之，参众说而核之'；只能研究宋代社会政治对史家和史书的支配性影响。"（《宋代史料真实性刍议》，载邓广铭、漆侠主编：《国际宋史研讨会论文选集》，保定：河北大学出版社，1992年，第254页）从而逐渐破除宋人的五代史观，进一步发现五代历史的真实。

论湘军集团及其对晚清政局的影响

◎蒙柳晓　文史学院 07 级历史班

一

　　在中国封建社会，王朝的末期总是呈现出地方政治和军事势力集团崛起及地方与中央分离的现象。这种中央大权旁落、地方尾大不掉的趋势最终成为王朝崩溃的重要原因。在晚清也出现了大规模的农民起义并因此而崛起了以湘军集团为代表的地方政治军事势力集团，影响着晚清政局。然而与既往的朝代有所不同，晚清地方政治军事集团的崛起并没有导致地方割据、王朝大权旁落的局面。这一现象产生，既有清王朝本身的原因，更重要的则是湘军集团的影响。因此本文试图从政治角度，将湘军作为一个政治集团来研究，从而说明其对晚清政局的影响。

　　湘军既是一个军事集团，也是一种政治集团，主要表现在它的构成成分上不是历史上常见的那种以割据地方、挟持皇权为目的的军人所组成，而是由一批饱受封建文化熏陶，有着经国治邦的政治理想和政治价值理念的儒生群体组成其基本官佐，从而使湘军没有衍化为专横武人集团而是融入到封建政治结构的主体之中，成为支撑晚清政局的基石之一。

　　湘军建军的原则是"选士人，领山农"，也就是用受过封建文化教育的知识分子来统领乡野朴实的农民。在整个湘军的官佐构成中，出身士人、有各种功名的知识分子所占的比例是非常高的。根据罗尔纲先生对182名出身可考的湘军官佐的统计，出身于进士、举人、贡生、诸生、附生等士人分子的占58%①。正是这样一批士人群体决定了湘军的发展方向，与清末废科举之后大批士人因寻找出路而投入新军不同，这一批湖南士子之所以投入湘军，有着不同的特点或原因。

第一，他们有着共同的学术倾向——经世致用。经世致用是乾嘉之际学术的一大变向。鸦片战争以前，汤鹏、贺长龄以及魏源等人就以倡导经世致用的职志，编撰了《皇朝经世文编》反对汉宋之学的烦琐空疏，提出治学当为经世，以拯救日见危机的清王朝。湘军人物处在鸦片战争前后的社会大变局时代，又受湖南先贤学者的濡染，治学均具有强烈的经世致用倾向。曾国藩虽为理学大师，但其学术却颇具经世色彩，同时他还将经世之学看作是与义理考据同等重要的学问。左宗棠年轻时对科场兴趣不大，但对经世之学研究颇深，湘军的其他将领也大都以经世之学为治学方向。罗泽南入湘军前虽为乡野塾师却颇有名气，也极有经世的抱负，他"不忧门庭多故，而忧所学不能拔俗而入圣；不忧无术以资生，而忧无术以济天下"②。罗泽南弟子如曾国荃、曾国华、李续宜、王鑫、刘腾鸿等人，也都受其师影响，具有经世思想，其他如郭嵩焘、江忠源等也是如此。在传统社会中，学者的治学风格和内容，往往也是他们的政治价值选择。湘军人物这种较为一致的学术倾向，也使他们具有相同或相近的政治倾向。正因为如此，当曾国藩起而创湘军之时，这一以经世为特征的湖南士人群体，便追随曾国藩，成为湘军集团的骨干，奠定湘军作为政治集团的基础。

第二，他们具有共同的政治和思想倾向：革除弊政，重振纲纪，镇

---

① 罗尔纲：《湘军兵志》，中华书局，1984年，第66～66页附表统计。

② 钱基博：《近百年湖南学风》，岳麓书社，2012年，第44页。

压农民起义，恢复往昔的社会秩序。这一批经世派知识分子，身处清王朝和封建社会末期的双重危机之中，政治的腐败、吏治的紊乱、社会矛盾的尖锐和农民起义的四起，都使他们对政治现实颇有怨言。同时，作为中小地主阶级的代表，他们在这一时期经济和社会地位的下降，也使他们深感需要重振纲纪。当然作为统治阶级中的一员，他们要求的改革也仅仅是"匡主德、结人心、求人才"①，裁兵、节饷、减少苛捐杂税等枝节。在这批人中的大多数人投入湘军、走上仕途之前，曾国藩的政治主张可以说是代表了他们的心声。做京官的曾国藩曾先后上了《应诏陈言疏》《议汰兵疏》《备陈民间疾苦疏》等奏折。这些奏折中，曾国藩直言不讳地揭露了当时官场"琐屑""颟顸""纹饰""骄矜"的弊病，提出了改革的主张。这些奏章，颇得湖南士人的好感。实际上，作为有共同政治倾向且对社会危机有共同感受的士子，十分认同这些主张，且有希望澄清天下、实现经纬天下的志向。因此，这种相同的政治主张和"澄清天下"的愿望在际遇太平天国兴起的时机时，便使得他们投身于湘军这一学术与政治倾向相同的群体，来实现他们的经世抱负。从这种意义上来说，湖南士人相同的政治价值取向，又是湘军成为政治势力集团的潜在因素。

第三，他们对清政府的所作所为虽有不满，但在政治上始终是对清王朝忠诚的，即使在拥有权势、在长江以南占据重要地位时也是如此。曾国藩等湘军人物处于清朝衰落之时，这种社会环境使湘军人物对清政府的政治颇有微词，曾国藩就直言日益危机的社会存在着民间三大疾苦，所谓"银价太昂，钱粮难纳""盗贼太众，良民难安""怨狱太多，民气难申"②，且官场也存在"但求苟安无过，不求振作有为"的弊端。对风起云涌的农民起义，曾国藩认为是官吏的苛求所造成的。左宗棠也认为，农民起义在于"上

---

① 曾国藩：《曾文正公手书日记》，中国图书公司，1909 年影印本。

② 曾国藩：《曾文正公全集》奏稿，卷一，大达图书供应社，1936 年，第 42 页。

失教，故民惑于邪说而会匪以生；上失养，故民迫于饥寒而盗贼以起"①。但这并不表明，湘军人物同情农民起义，而是出于对清廷的"忠诚"所表现的一种忧虑。他们作为封建统治中的一员，受到朝廷的"恩泽"，自然对朝廷有感激图报的心理。同时，湘军人物都是出自书生的士人，接受的是深厚的传统文化与历史的教育，有浓厚的"忠君"思想。因此，当曾国藩终于率湘军镇压了太平天国起义，拥有可以与清政府抗衡的势力的时候，面对政敌的猜忌、民间的传闻、部将的暗示都更加小心谨慎，以裁汰湘军、自释兵权来消除朝廷的猜疑，可以说"尽忠报国"是曾国藩这样一批特起从戎的书生儒将对清政府的基本态度。

构成湘军官佐基础的湖南人士与众不同的上述三个特点，决定了湘军的崛起，不单是一个军事集团，更重要的是一种政治势力集团的兴起。正是湘军人物的这样一种士人性格与素质决定了湘军的政治集团发展的方向。

湘军之成为政治势力集团，还在于湘军官佐长期以来建立的一种在政治上的相互倚恃、互相支持的组织联系纽带。这种联系并不是指湘军的这一表面的、形式的东西，而是指在政治上同道、仕途上同命、家族上同荣的深层联系。这种联系在湘军兴起之前就已经存在，随着湘军势力的不断扩大和各种现实利益的存在，也就日益加强。

在湘军兴起之前，组成湘军官佐群体的湖南士子，就具备了一种有基本共同政治倾向的组织上的联系，以曾国藩为中心的湖南经世派士人圈子。他们包括曾国藩、刘蓉、罗泽南、郭嵩焘、江忠源、王鑫以及左宗棠等等。这批人在太平天国兴起之前，就以研究经世之学、标榜匡世济民而

---

① 左宗棠：《左宗棠全集》奏稿，卷一，岳麓书社，1987 年。

在湖南小有名气，彼此书信往来，形成了一种较为亲密的关系。他们都有在社会变乱的王朝末期澄清天下、实现经邦治国的经世之志的理想，也就是有一种强烈的建立勋业的欲望。所以，在湘军建立之前，这一士人群体就聚集在曾国藩周围，形成了一个虽不能影响朝政、却有着巨大发展潜力的政治势力集团。对湖南士人来说，身为京官的曾国藩是他们表达意见、参与政治的代言人，也是他们走上仕途的引路人；对曾国藩来说，这一批与其声类相同的家乡士人，既是他可以引以为援的政治基础，又是他在家乡赢得声名的途径和媒介。他们彼此间都有各种功利的、现实的需要。由此可见，湘军的官佐们在结军之前在政治上就有着密切的联系，正是这种联系成为了他们日后建立湘军的共同思想政治基础。从某种意义上来说，曾国藩的出山建军是在湖南士人的敦促下实现的，同时曾氏出山也为湖南士人实现经邦治国的理想提供了一个机会，为实现以湖南士人为主体的湘军形成政治性集团提供了现实的可能。

与历史上任何封建性的军事、政治集团一样，湘军的内部也是依靠各种封建家族、宗族、乡里和师生关系来维系的。湘军的将领不仅以士人为主，而且这些士人大都有着同乡、同学、师生、亲友等关系。早期湘军全部是湖南人，出省作战以后仍然以湖南人为主。除此之外，湘军将领大都有师生关系，罗泽南所统帅的湘军，其部将如李续宾、李续宜、王鑫等人，都是他的学生。有的本来没有师生关系，为着现实的需要，也认为师生。如曾国藩就认李鸿章、彭玉麟为门生，胡林翼拜罗泽南为老师。此外湘军将领间还存在联姻关系，胡林翼与罗泽南是亲家，罗又与曾国藩是亲家，这样湘军将领就形成了以书生为主体，以同乡、同学、师生、亲友为联系纽带的群体。湘军的这种封建性关系纽带是一种政治的结合，有别于那种纯粹的军事需要的军阀集团之间的关系网络，这也是湘军作为政治性集团的制约因素。

湘军建立以后，湘军将领们这种政治上同道、家族上同荣的联系纽带，更转化为一种现实政治利益紧密联系，具备了现实的政治势力集团的特征。在镇压太平天国的过程中，除了个别人以外，总的来说湘军将领们是同声共气，为着集团的利益也就是为着封建政治的利益而团结一致的。正是因为如此，湘军才战胜了太平天国，逐步成为左右晚清政局的势力集团。从这种意义上来说，湘军内部各种维系其成为势力集团的政治、家族、利益的因素，只不过是湖南经世士人实现经邦治国、澄清天下宏愿的一种媒介，这也是影响湘军成为政治性势力集团而不单纯是军事性集团的重要因素。

三

湘军成为左右晚清政局的现实势力集团，是在咸丰、同治之际，尤其是在同治年间。也就是说，它并非是因为确立了它的军事地位而形成的，而是在湘军将领纷纷授官晋升、成为地方督抚大臣之时才作为一种政治集团而存在。湘军作为政治势力集团在咸同之际形成，原因在于两方面：

一方面，湘军已逐步成为镇压太平天国、挽救清朝命运的决定性军事力量。清末八旗和绿营腐败无能，朝廷对其失去了信心。湘军在军事上却走上了鼎盛时期，而使得对汉人猜忌极深的咸丰帝不得不着意于湘军，予以笼络，给予湘军将领一些政治权力，启用胡林翼、曾国藩、左宗棠等人，加上之前授任李续宾、杨载福等人，湘军将领已经取得了一些地方政治权力，具有了政治势力集团的雏形。

另一方面，同治更元，西太后主政，对汉族大臣采取了更为倚重的方针。在她上台十八天后，便命曾国藩为钦差大臣、两江总督，统辖江、皖、赣、浙四省军务。此外，曾国荃也以记名按察使"赏给头品顶戴"。从此以后，曾国藩与湘军才走出一条较为通达的仕途，其部将也纷纷督抚各省，成为镇抚一方的封疆大吏。据统计，从湘军中产生的总督、巡抚先后达27人，他们大都是咸丰末年和同治时期为官的，说湘军集团在咸同之际形成，确为实情。这样一种占据全国诸多督抚位置的情况，在清一代是没有哪一个势力集团可以与之相比的。

湘军集团的形成对晚清社会、政治、经济、军事和文化等各种方面产生了较为深远的影响。

第一，在政治上使清王朝摆脱了覆灭的命运，避免了像历史上大的农民起义之后经常出现的那种地方势力割据、政治分裂的局面，至少在它继续存在的近五十年间，政治上是统一的，虽然地方势力对中央政权存在制约的趋势，但还没有演化为公开的对抗。这一局势的出现，在于曾国藩及其湘军集团是以一种政治势力而存在的，不是作为一种军事集团而存在。同时，更为重要的是，湘军势力集团所有的存在都是自觉地纳入了清朝的政治轨道，因而不构成对中央政权的离心力量。如前所述，曾国藩及其湘军将领在本质上是一批深受封建儒家正统思想影响的学子，他们恪守儒家的君臣道义和政治伦理，他们投身于营伍，所追求的不是行伍出身的武夫所追求的权势，也不是官场投机者与生俱有的权力，他们所追求的是建立封建的政治秩序，使清王朝从危机中解脱出来，并在这一过程中实现他们经邦治国的经世之学的价值。这样一批儒生掌握的巨大权力，并不会形成对封建王朝的威胁，相反还会有利于王朝的巩固。正如曾国藩一样，官位愈高，权势愈大，并没有促使其野心的膨胀，相反为人处世更加谨慎，对清王朝也愈加忠诚。金陵克复后，曾国藩的权势可谓达到了顶点，面对清朝有意无意的防范和猜忌，曾国藩仍然克己谨慎，主动释去了兵权，解除当局和世人的猜疑。

第二，使晚清近五十年中出现了一些新的现象。湘军集团存在的时期，是晚清中国受到西方侵略、社会发生深刻变革的时代。湘军人物因为活跃在社会政治、军事的前列，故而对时局的认识也更加清晰。在经济上，湘军人物通过在镇压太平天国过程中对西方人、西方器物的认识，成为同治年间自强运动的主体。曾国藩、左宗棠、李鸿章等人，在与西方侵略势力的接触中，逐渐认识到世界格局的变化趋势，也认识到西方坚船利炮、声光电化所代表的物质文明的优越性，因而冲破顽固势力的重重阻力，相继在中国建立起一批新式的军事企业和民用企业，创办了新式学校，派遣了第一批出国留学生。通过这些活动，促使了社会观念的渐次转变，为现代事业的推进奠定了基础。因此，又可以说湘军集团推动了中国现代事业的发展。在军事上，湘军集团成为晚清军制变革的中介，与绿营、八旗时期相比，在一定程度上振兴了国家的军事力量。八旗曾经是满族摧毁明朝、入主中原的剽悍之师，然而经过两百年的承平时期，它早已腐败不堪，在太平军面前彻底崩溃。湘军以全新的军制组成，在镇压太平天国的过程中充分证明了它的实力。这样，它便成为同治时期清廷改革军制的参照。从此时起至清末新军编练止，影响中国军制数十年的是湘军制度。依据湘军军制建立起来的练军、防军等武装，成为同治、光绪年间清政府对内、对外战争的主要军事力量。这不能不说是湘军集团对晚清政局的另一重大的影响。在文化领域，湘军集团以培育大批人才而成为晚清人才的摇篮。曾国藩练湘军的目的之一是"引出一班正人，转移意识风气"，即培育出一批为中兴清朝服务的经邦治国的人才。从某程度上来说，湘军是达到了这个目的的。晚清时期，无论在政治、经济，还是军事、外交领域，活跃的大批人才，有相当的比例是与湘军有联系的，或为营伍出身，或曾为曾国藩幕宾。李鸿章、左宗棠、沈葆桢等封疆大吏，郭嵩焘、薛福成、容闳等外交大臣，李善兰、华蘅芳等科学家，俞樾、王凯运等文人学士，都是晚清社会的栋梁之才，均与湘军有着密切的关系。

第三，造成了晚清汉族地主阶级势力的崛起，从而打破清代开国以来满族贵族控制大权、猜忌汉人的"祖制"，奠定了晚清政局中汉族地主政治势力位居中枢、左右政局的新格局。这一过程的实现，是湘军集团在镇压太平天国的过程中逐步实现的，是以湘军的将领被授予各种地方督抚大权为标志的，开始于咸丰末年，奠基于西太后控权的同治年间。晚清政治格局的这种变化，既取决于八旗贵族的昏聩无能、不堪大任的政治现实，也取决于西太后的开明纳士，然而更重要的是取决于湘军集团所造就的一批有才干而又忠于清王朝的汉族官员队伍。从湘军开始到清末，汉族地主政治势力占据要津的政治格局一直未能改变。这不能不说是湘军集团对晚清政局的深刻影响。

　　总之，湘军作为一个政治集团，是晚清社会中引人注目的政治现象，对晚清政治、经济和社会有着深刻的影响。清朝统治在经历了二百年的风雨以后，已经向着衰败的趋势发展，而世界大势又将中国卷入了一个全新的格局之中，曾国藩这样一批"忠臣"，即使有远大的抱负，也已是回天乏术，无法挽救清廷的败落。因为这是历史发展的大趋势，作为王朝中变时期的人物，湘军人物所能做的似乎都做了，而湘军集团对晚清政局的影响，似乎已经达到了历史所能要求的程度。

从罗马共和时期下的平民保民官制看民主问题

◎甘　甜　文史学院09级历史班

　　保民官作为人民直接选举任命的官吏，是罗马王政时代后期的一项创举，尤其是平民保民官职充当代表平民合法权益的保护者，将罗马政体上的民主和法制文明于历史进程中更推进一步。它产生于前494年，是在罗马共和时期下平民与罗马贵族的相互斗争中所出现的妥协产物，围绕着平民争取合法的政治权利、分得土地、取消债务为主要内容而展开。随着民主呼声和自由权利意识高涨，为了反抗贵族阶级的压迫，平民阶层开始了艰难的抗争。平民保民官为了实现国家权力的再分配及保障百姓的生存利益也在奋斗着。

一、共和国早期罗马平民的不公平待遇

　　平民保民官，顾名思义就是"保护平民的官员"。在这里要特别强调几个概念，即罗马的"平民""公民""人民"定义，一般认为在罗马的早期社会中只有"贵族"才是所谓的"罗马公民"，即"罗马人民"，而平

民处于公民集团之外，不能享有公民的权利。

大体来说，罗马平民的产生经历了从无到有的漫长过程，最初的平民属于战争移民身份，罗马在其长期的对外征服和掠夺战争中，不仅掠夺了大量的土地和财富，也俘获了大量的战争俘虏。因罗马本国氏族组织对奴隶的容纳有限，则数量巨大的战俘一时间无法转换为奴隶，唯一的方式就是将这些人变成罗马的依附民但又要保持他们一定的人身自由。这样的情况下，被征服区的人民和外来移民及依附于罗马氏族的"被保护人"相互融合形成罗马社会中的一个新的社会阶层，即"平民阶层"，古郎治曾指出罗马人口逐渐膨胀的秘密在于："罗马是唯一懂得如何利用战争扩充人口的城邦。罗马人采取了一种不为其余希腊—意大利人所知的政策：他们兼并被征服地区，把占领城邦的居民带回罗马，并逐步把他们变成罗马人。"[1]需要注意的是，这个平民阶层的社会地位是游离于奴隶和自由人之间的，在奴隶制社会中他们依然是被压迫和被剥削的阶级，罗马公民权无法完全获得。原因在于罗马氏族是相当注重血缘关系的，非本氏族一律被看成是"他者"并具有外来性，处于王政时代的罗马平民也毫无例外，他们享有城邦保护下的人身自由，却仍被当作是限制的对象。无法进入真正的罗马公民集团，在不平等的身份生在同样的土地上，罗马平民与贵族两阶级的对立冲突始终贯穿在整个罗马共和国历史。

政治上，罗马平民虽然拥有自由人的身份，也被允许编入军籍，可却是无法获得选举权和被选举权，不能担任高级官吏，也不能出庭作证，甚至不能和贵族通婚。经济上，平民不能占有包括土地的生活资料，马克思说："财产是魁里特的财产，是罗马人的财产；土地私有者只是作为罗马人才是土地私有者。"[2]国王曾经从公地中划出部分土地平分给平民，但实

---

① 引自胡玉娟：《古罗马早期平民问题研究》，北京师范大学出版社，2002年，第31页。

② 马克思、恩格斯：《德意志意识形态》，载《马克思恩格斯选集》卷一，人民出版社，1995年，第26页。

质上平民与土地的关系是一种间接的所属关系，城邦可以分配给他们土地，也可以不分配给他们土地，他们只能被动地去接受，而不是具备土地的拥有权。与此同时，在工作生活上，平民大多数人主要从事个体的农业劳动，也有少部分人经营手工业和小商业，他们都对国家负有纳税、徭役和服兵役的义务，但由于生活生产资料的不稳定性往往容易造成平民在经济上的困难，而解决的途径多为选择向贵族借高利贷或者租赁高额的土地，这不免使得大量的罗马平民因为无法偿还债务而被迫沦为奴隶。罗马平民身份很特殊，既服兵役、享有一定家奴和财产，这表明他们与罗马城有着共同的利益关系，但在不能完全享有同其他罗马公民一样权利时就会造成他们对公民权和土地、债务等问题尤为敏感。也正是在这样的环境中，迫切要求改变不平等待遇成为罗马平民所渴望的目标。

值得一提的是，"平民"是一个历史性范畴的概念。随着历史的变迁、发展，它所被赋予的含义也在发生变化。王政末期由于内部等级冲突和外部军事斗争的关系需要更多平民充当公民兵，罗马公民权逐渐对平民开放，亦如军事民主制时期第六王塞尔维乌斯·图里乌斯的著名改革创立以地域和财产为基础的政治社会，等级社会的界定不再以血缘氏族为固定标准，凡是有一定富裕财富的罗马平民都能上升等级，这一方面为平民能融入到公民集团的可能性扩大，另一方面也为后来共和国时期平民在长期与贵族斗争获取自由与民主的公民权提供了有利条件。

二、 等级冲突下平民阶层的民主获得

（一）罗马平民保民官的诞生

在罗马共和国初期平民与贵族的矛盾就是社会的焦点，这两大对立阶级不断发生的激烈冲突现象在历史上称之为"等级冲突"。传统上把前494年罗马平民举行的第一次撤离运动视为等级冲突的开端，而罗马平民保民官最早就是在这里诞生的。

王政时期的塞尔维乌斯·图里乌斯改革，对全国范围内的人口和财产

普查后按居民财产多寡来划分社会六等级，并创立百人团，无疑打破了罗马旧氏族的血缘关系，部分平民有产者得以上升到高一层的社会等级，由此实现对公民权的获得；部分债务奴隶被释放使得平民可以获得部分公地，同时有越来越多的罗马平民因进入百人团也被给予政治、司法等权力，这一切都使罗马平民阶层较过去而言获得了更多的发言空间。客观上说改革是具有一定的划时代意义，但实际上罗马平民阶层还是不能完全获得同其他罗马公民一样的权利，不可否认等级歧视和自由民主的缺失一直都存在着，例如百人团的投票方式基本是按财产等级划分的顺序进行，表面上看似乎很民主，因为每个团中的成年男子都被征询过意见，但投票时每等级所占人数却不是相等的，往往第一等级多为贵族或富裕的人，票数的多少实际掌握在上层手中，平民能表达的意见还是很少，因而罗马平民还在不停追寻获得公平与民主的道路，只是在特殊的时期下他们采取的手段不一样罢了。这里有一个明显而典型的例证就是，从前5世纪开始罗马共和国初期的平民为争取权利采取第三次大规模的"撤离运动"，非暴力形式同贵族开展了长达两个世纪的斗争，并取得一系列重大的成就：提出平民保民官的创立，并在此官职的领导下争取更多利于平民阶层的权利，诸如公民政治话语权、相关法律保障、土地数量的占有与分配和债务税收减免等。这一切都促进平民的势力在罗马森严的等级制度中逐步渗透。

　　尽管当时的政治权利始终掌握在少数贵族阶层手中，但我们又该看到平民力量的不断壮大，从前494年平民大撤退争取到了平民保民官设立并获取否决权就是很好的开始，保民官人身不受侵犯，其职责就是保护平民不受贵族官员的横征暴敛，他们由平民公开投票产生，这是贵族必须要承认的官职。相继地平民保民官又在经济、法律等方面为平民争取更多权益，持续到前287年平民首领霍腾西乌斯被任命为独裁官后颁布法律承认罗马平民的决定对全体罗马公民都具有法律效力，这无疑使贵族为首的统治阶层必须接受平民议会的决策，至此标志着两大等级冲突以平民胜利告终。平民保民官的权职在不断扩大，渗透的平民势力冲击着贵族的垄断政权局面，平民在政治和社会上的地位得到提高，低层民众也开始享受部分政治职权和国家利益的成果。

（二）保民官官制下带来的平民民主利益

处于共和国末期的古罗马著名史学家和哲学家西塞罗在分析罗马共和国国家性质时曾经下过定义，即认为共和国实际就是人民的财产，并强调人民是"基于法权的一致性和利益的共同体而结合起来的人们的集合体"，继承希腊早期的自由民主思想和混合政体他支持将一定的公共权力让给公民集体，不论是政治还是经济上人民都有权分享。平民与贵族的等级冲突不仅是这种共和意识的遵从，也是推进民主的一大建设。

首先，民主在古罗马的政治思想中是以一种制度的形式出现，而民主政体最简单的形式就是实现多数人的统治，公民可以平等参与国家治理，这对共和国家稳定性也是至关重要的。以王政时期的军事首领、贵族元老会、人民大会的"三权制衡"为开端，保民官的设立是共和国时期平民与贵族斗争中妥协产物，严格意义上它不是正式政府官职，但它的出现扩大了国家部分政权对低层民众的开放渠道，更多的民众获得参政的机会，保民官代表广泛的民意说话就是民主进程的一大进步。从公元前494年初设平民保民官仅有2名后增至10名，任期1年，由平民大会选举产生，它获得以下权利：保民官的人身不可侵犯，充分享有和使用否决权以制止和否定对平民不利的高层决策；可以派选平民市政官为保民官的助手，负责分配平民实务，维护平民在债务问题上的合理诉讼，同时争取释放当时被拘禁抵债的平民。[1]但是这些都还只是基本的职权。在前445年平民在斗争中又争取到了同贵族通婚的合法通婚和担任军政官的职权及前421年国家财务官对平民开放，可以说前5世纪后

---

① 李雅书、杨共乐：《古代罗马史》，北京师范大学出版社，1994年，第7页。

期平民得到担任国家职权都在扩大，保民官的作用越来远明显，他们站在平民立场争取更多的政治话语权。前367年保民官李锡尼乌斯和绥克斯图斯法案中提出了两个执政官中其中一位须有平民担任，而绥克斯图斯就任次年的第一位平民出生的执政官。不仅如此，国家中的审判权、市政官、独裁官、监察官等也开始对平民开放，前339年平民独裁官批罗推行法律改变元老院批准平民大会的决议程序，使得平民更有效地使用投票权和审理侵犯自身利益的案件，实际上削弱了元老院的独权，重申了平民决定具有法律效力。在前300年通过的保民官欧古尔尼乌斯兄弟法案打破了贵族垄断祭祀的局面，平民也能任职祭祀和占卜的官职，不得不说平民的参政权领域在扩大，甚至可以制约贵族的专政。其中的否决权是平民保民官的有效武器。前400年保民官李钦纽司和赛克斯久司就采取这样的手段驳回贵族对平民的高额利息压榨和过分占有土地等独裁法案，"不让任何贵族的牙座官选出"[1]是保民官站在大众利益上的根本。元老院作为公共事物的主要的决策人虽然握有大权，但只要保民官中有一人提出异议，元老院的决定便会受到来自民众的民主牵制，权力制衡于此可见。

其次，罗马的立法被看作是争取民权的重要手段，也为平民反贵族斗争提供制度保证。前450年改组十人委员会重新订立条文，《十二铜表法》的正式创立可以说是罗马历史上民主政治的里程碑。这是罗马史上第一次将传统习惯法以法律的形式固定下来，它是平民与贵族反复斗争的产物，涉及司法审判、土地债务、公法、家庭监护等内容，虽还不够完善，但至少能基本实现平民在"法律上的平等"。前445年通过的加奴利亚法废除禁止平民与贵族通婚的限制，平民通婚的人身自由在一定程度上被接受可以说是先例。此外在公共法上，铜表法命令"消除任何为个人利益而违反法

① 任炳湘选译：《罗马共和国时期（上）》，商务印书馆，1962年，第39页。

律"和"唯有森都利亚会议外，禁止判决罗马公民死刑"①，又采取"良性定罪"的原则表明了拥有公民身份的平民阶层可以有不被随意迫害，从而保障人身安全；放债取息问题在铜表法中也规定"任何放债人，利息都不得超过百分之二十"②，要知道在这以前利息的多少基本是听凭富人的意志而定的；对土地占有的权力也有要求，即土地要按法令规定的尺寸范围划定界限，不可随意定夺，如果发生土地境界纠纷便"需要请三仲裁者参加进行划界"③，有效地防止贵族任意地侵吞土地是这一条文的作用，诸如这样的条文还有很多，而法律能切实执行也离不开平民保民官的监督和维护。按前文所述，多次的平民大撤离运动的起因多为债务剥削，那么平民保民官在协调等级冲动中也都一再强调对平民的合理还贷问题。前357年保民官图伊利乌斯和墨纳尼乌斯立法设立五人团帮助负责平民之外，还规定了"借贷的最高利息限定是1/12"④，后相继减半利率。而到了前326年通过的波提利乌斯法真正禁止人身抵债，废除了债务奴役，改善了罗马平民沦为债务奴隶的局面。由此在贵族与平民的长期斗争中立法协调成为必不可少的环节，通过法案授予平民合法组织会议选举官吏、缓解经济压力、保护私有财产和获得法律地位上的权益等都对共和国时期的社会稳定有不可估量的作用。这种逐步摆脱落后的习惯法束缚，学会利用成文法维权的途径成为了古罗马时代民主的一道标志，随着罗马法的不断健全、发展，它奠定了后世整个罗马法体系的基础，也被后来的欧洲大陆民主文明所效仿，其深刻意义不可估量。

最后，公民美德意识的自觉迈进促进了罗马平民更加追求民主与自由，争取更多合法权益成为必然。"公民美德"最早由古希腊的柏拉图阐

---

① 世界著名法典译丛书编委会：《十二铜表法》，法律出版社，2000年，第46页。

② 任炳湘选译：《罗马共和国时期（上）》，商务印书馆，1962年，第35页。

③ 世界著名法典译丛书编委会：《十二铜表法》，法律出版社，2000年，第29页。

④ 李雅书、杨共乐：《古代罗马史》，北京师范大学出版社，1994年，第77页。

述这一概念，这是针对公民与国家的关系提出的，强调以国家的善为先，公民要将国家和公共利益作为前提来追求幸福与自由。罗马继承这一思想并进一步变化发展，即王政独裁破坏了公民自由而被推翻，为了维护国家的稳定建立共和制，公民既然与国家有共同利益关系就必须被赋予参政管理、行使自由和权利，也必须要承担公民对国家的义务。

但是罗马平民一开始就被排除在公民身份之外，不能被正式授予公民身份却要承担公民的部分义务，生存的需求迫使他们不得不争取获得政治话语权、人身保障权和经济上的优惠待遇及履行公民义务，强烈要求设立平民保民官作为保证，这是罗马民众对自我身份追求的进步。对于自由也是这样，罗马人的自由理念主要围绕对"干涉与支配"和"奴役与支配"的理解问题①，既然身为罗马成员就应对外不被俘虏，对内拥有自由而独立的人格，这是公民与奴隶的区别，也是公民美德意识的自觉，公民始终以国家利益为重，这就不难看出平民在斗争中的努力之处了。平民保民官的设立让国家的部分权利让渡给多数民众，从而在法理上让平民成为国家主人。这本身就是一种内部的民主调整，随着公民权的扩展缓解了社会矛盾，也推进了共和制的发展。

西塞罗分析罗马混合政体时指出既要保持王权因素又要公民的一定权力，要做到这样就必须实现"公民的意见有足够的威望，人民有足够的自由"②，如果各阶层出现"不平等权利"，国家就不可能稳定。这里要强调一点，西塞罗的"平等"实指"法律上的平等"③，因为当时罗马公民的划分始终是依据财产能力，故要做到绝对平等是不可能的。前面保民官提

---

① 周晓：《罗马共和国政治学研究》，吉林大学博士学位论文，2010 年，第 103 页。

② 〔古罗马〕西塞罗：《论共和国》，王焕生译，世纪出版社，2006 年，第 187 页。

③ 施治生、郭秀：《古代民主与共和制度》，中国社会科学出版社，1998 年，第 349 页。

比略·格拉古的土地改革在会上发言就属于公众权威，尤其在民众前公开驳斥一名受贿的保民官时他就有着这样的自由与权利："不要阻碍一个最有正义、对全意大利最有益的工作，不要破坏人民以这样的热忱所怀抱着的愿望，以他的保民官的身份，他应当有和人民一样的愿望，不要冒着由于人民的处罚而丧失自己职位的危险。"①尽管后来的格拉古兄弟改革失败，但从平民保民官的言论上论证了他自身作为一名公民的自觉，即他的职责要求他必须服务于大众又要遵于国家利益，谋取更多的民主和自由权益才能为民所得。

三、 平民保民官的民主性对古罗马共和国建设的影响

由民众选举产生，平民保民官享有对上层贵族统治进行监督、发表民意甚至在必要时实行否决权的权力，最直观的影响就是促进了大众平民在政治和法律上地位的提高。当贵族企图利用特权盘剥平民时，保民官作为等级冲突的协调者一定程度上缓和了阶级矛盾，他们不断争取平民进入政治领域的进程，实际上也是为罗马共和时期的民主意识建设奠定基础。以《十二铜表法》为开端的罗马法更是让罗马共和时期成为宪政民主的开始，对"人民主权""社会契约"和"权力制衡"上都有法律规范，我们也可以将其视为罗马共和国在历史上的一次立宪尝试。而在经济上的成就，特别是废除债务奴隶制，有利于大量的平民免除沦落为奴的危险，这也划清了罗马自由民与奴隶的界限。平民在每一次的斗争中都不断升级对国家参政、人身安全和财产保护等各方面的要求，公开强烈表明自己也应合理掌握公民的自由与民主的权力及义务，从而确立其在法律上的统治权威，使得普遍罗马公民权在以后成为可能。罗马公民的进步思想既是对古希腊民主自由观念的发展，又是稳固罗马国家建设的一支武器。

---

① 〔古罗马〕阿庇安：《罗马史》（下），谢德风译，商务印书馆，1997年，第12页。

同时在经济盘剥上的放松可以让更多的平民拥有更多的合理财产，凭借财产等级制的划分使得当时罗马社会出现了"新贵"阶级，这也是共和时期的一大新气象。富有的平民身份转化不仅弥补了往日贵族腐化现象，为统治阶层注入新的血液，他们与上层结好也为更多低层的平民进入罗马政体开辟道路。但在这里必须注意，平民能与贵族友好共处并非理所当然，里头包含有妥协、退让的前提条件。

西塞罗不反对让大众参与国家管理，但在他看来一个和谐稳定的共和国家掌握在贵族精英手中才是最合适的，他说"一个国家中必须有一种最高的和高贵的成分，某些权力应该授予上层公民，某些事务又应该留给民众来判断和求欲"①，再次重申了国家权力的重心应该放在具有决定性作用的贵族集合上。由此便容易造成建制中的弊端：要么是已经转化身份的上层平民与某些腐败贵族的勾结，要么就是平民保民官依旧受到以元老院为首的贵族集团的压制。如保民官格拉古兄弟因坚持土地改革而触犯了贵族利益而遇害为其中一例，还有《十二铜表法》中平民保民官只开展过 4 次关于分配公地的抗议活动，除了得到允许在阿芬丁定居和垦殖土地外，其他的公地要求都被否决。所以说双方的潜在矛盾还是存在的，但为了实现和平共处也只有以妥协退让的方式处理平民与贵族之间的问题了。而且早期罗马就存在有"等级和睦"的理念，这不是西塞罗自创的学说，而是"罗马政治生活中由来已久的口号"②，换句话说就是罗马传统的继承。如此，妥协退让的方式也自然成为罗马人民处理内部的一种手段。不多采取过于激烈的强制手段，平民以多次撤退运动迫使贵族协商和解在当时罗马内忧外患的情况下确实起到了调和与缓解矛盾的作用，防止了罗马国家陷

---

① 〔古罗马〕西塞罗：《国家篇法律篇》，沈叔平、苏力译，商务印书馆，2002年，第 53 页。

② 施治生、郭秀：《古代民主与共和制度》，中国社会科学出版社，1998 年，第 351 页。

入分裂局面，也能从民主决策上给予平民一定的利益。但是从长远来看，平民受制于贵族的局面还是无法改变，当时国家建制中的民主和自由因素要完全实现是不可能的，并且带有妥协性质的民主也不利于平民保民官的民意发言，其中的消极作用可想而知。

四、小结

罗马共和时期的平民保民官是特殊时代下平民与贵族斗争的产物，也是平民为争取民主与自由的一次胜利尝试。它虽然不能算作是罗马行政体系中严格意义的官职，但作为民意发言人的平民保民官在履行职责和为国民效忠的行为却是一个正直行政长官所具备的品质。李维谈及保民官的性质时，说道："授予你们的权力是用来保护平民的，而不是用来摧毁共和国的。你们不是元老院的敌人，而是平民的保护官。"[①]由此可见民意就是保民官的根本立场和行为目标，在其领导下平民也获得各方面的利益，稳定了当时动荡的内部等级关系，避免了平民与贵族之间正面的暴力冲突，这暂时性的等级和睦也有利于罗马集中更多的兵力抵御外侵，不可否认平民保民官制度的确立在罗马行政史上具有光辉意义。

另外，这一制度也展现了当时罗马公民对自由和民主思想理念的进步，他们发展了古希腊思想家对政体、自由民主公民权的理解，继承了古典共和主义的内涵。罗马日后还在不断地对外扩张，领土范围的扩大及其人口、财富的增加势必对罗马管理体系更加严格要求，而当保民官的作用开启罗马人民对罗马成文法的重视后，强有力的法制成为以后罗马建制的必要手段，罗马法体系甚至成为西方民主法制效仿的典范。历史仍在不断变化和发展，各时期国家的政体也会不一样。从民众和高层统治的角度出发，我们不难发现民主的构建始终是国泰的主要因素，并且只有获得真正

---

① 胡玉娟：《古罗马早期平民问题研究》，北京师范大学出版社，2002年，第117页。

意义上的民主对话，即下层百姓的意志能传达统治阶级上层，上层也能对下层做出民主决策，从而实现政治、经济和社会各层面的合法利益再分配不受歧视时，一个追求民主、稳定的国家才能被和谐地构建起来。

论克罗齐的绝对历史主义

◎马正奎　文史学院 09 级历史学

　　克罗齐（Benedetto Croce，1866—1952 年） 是 20 世纪意大利著名的哲学家、史学家、美学家、文学批评家、政治家。1915 年 4 月，当迈入人生的第 50 个年头时，他思考歌德提出的问题："为什么历史学家评论他人，就不该评论自己？"①他认为："值此理想的时刻，回顾自己思想发展的历程，并努力审视自己在勤奋工作年代（我将永远怀念）走过的正确道路，将受益匪浅。"②于是克罗齐在短短几日浮想联翩，一气呵成，写就《自我评论》这篇重要文章，文章重点分析介绍了自己的学术历程以及思想经历。正如作者所说："我不撰写忏悔录，也不撰写纪念文章、我的人生回忆录……我将单纯尝试草拟自我评价亦即自身历史，或曰劳动史（正如其他个体，我对普遍劳动作出自己的贡献），即我的天职或使命的历史。"③而作者撰写这样一部关于自己的历

---

　　①②③〔意〕克罗齐：《自我评论》，田时纲译，中国社会科学出版社，2007 年，第 1、3、5 页。

史，其目的正是"向他人提供某些看法"①，以便他们评说。

此后，作者又于1934年、1941年和1950年三次续写，对1915年以后的35年学术活动、政治活动、思想演进和人生感悟进行详略得当的叙述。克罗齐的这种自我评论非常类似于梁启超所说的"以今日之我"②，对史料上的自己与实证主义、马克思主义的论辩中建立的"精神哲学"体系做了学术上的评价和总结。正是在这个总结的末尾，在1950年克罗齐的生命将要结束，他的学术生涯将要画上一个句号的时候，他最后一次进行了"自我评论"，他说："还是让我脱离这些统计数字深入事物本身去考察。在后一时期，随着我将哲学思想同政治史、文学史的不断结合，极大地丰富了哲学思想；尤其深化了历史理论问题，我逐渐认清它们就是哲学问题。一种天生的拘谨阻止我近70年未给自己的哲学思维命名，因为我发现这些命名极不准确，当每种哲学不得不冠以'哲学'的名称时，只是古老的哲学在它们创造的真正哲学东西中的继续。因此我给自己的哲学著作简单地命名为'精神哲学'；但围绕历史及其同哲学的关系得出的结论启示我甚至近乎强迫我采用'历史主义'这一名称，为了指出其特征，我还要添加一个形容词'绝对的'。"③这就是本文所要论述的绝对历史主义。

一、克罗齐的生平与学术成就

(一) 克罗齐的生平

克罗齐1866年2月25日出生于意大利中部阿布罗济的佩卡索罗里一个富裕的地主家庭，受母亲的熏陶，克罗齐自小就"表现出重视

①③〔意〕克罗齐：《自我评论》，田时纲译，中国社会科学出版社，2007年，第5、86页。

②参见梁启超：《清代学术概论》，上海古籍出版社，1998年，自序第1～2页。

和酷爱历史、文学的倾向"①。克罗齐于1883—1886年就读于罗马大学，此后一生大部分时间都在意大利南部的那不勒斯度过。在罗马大学就读期间，他结识了后来成为著名马克思主义者的拉布里奥拉。1886年，克罗齐回到那不勒斯，殷实的家产使得他能够选择自己所希望独立而从容的学术生涯，他沉浸于那不勒斯历史的研究，很快成为著名的研究那不勒斯地方史的权威学者。当时意大利盛行实证主义思潮，历史学领域也沉浸其中。克罗齐对实证主义极为反感，同时他又谋划着写一本意大利的精神史，这使得他觉得很有必要对历史和历史学进行一番思考。一方面克罗齐对实证主义进行了强烈的批判，另一方面克罗齐虽然受拉布里奥拉的影响，还曾经自命为马克思主义者，但他很快就放弃了马克思主义，1900年他以《历史唯物主义与马克思主义经济学》为题出版了他批判马克思主义的文集。从1903年至1943年，他和金蒂莱一起主编意大利颇有影响的《批评》杂志，长达40年之久。第一次世界大战前，他任意大利王国终身参议员，战后于1920—1921年任教育部长。20世纪20年代初墨索里尼的法西斯政权当权后，金蒂莱投靠了法西斯政权，由于克罗齐的自由主义立场与法西斯主义格格不入，他公开抗议并与法西斯政权决裂，退出政界。此后他终生坚持反法西斯立场，始终留在意大利，过着半隐居的学术生活。西方学者有不少人都认为法西斯主义应该从德、意两个民族的历史文化中去寻找它的根源，但是克罗齐（也像他同时代的历史主义者梅尼克一样）不承认自己民族的历史文化中有任何这类因素。他以反法西斯的自由主义立场写出了他的名著《那不勒斯史》，继之而来的《十九世纪欧洲史》更是一份自由主义的宣言书。1943年意大利法西斯政权垮台，他出任意大利自由党主席（至1947年）。战后1946—

---

① 侯鸿勋、姚介厚：《西方著名哲学家评传续编：下册》，山东人民出版社，1986年，第7页。

1947年他任制宪会议成员，1947年在那不勒斯创建意大利历史研究所，1948年任共和国参议员。在当代的意大利和西欧，他都是一个有重大影响的思想家，他主要是从唯心主义立场上反对此前西方风靡一时的实证主义思潮，同时他还是西方知识界反法西斯的领袖人物之一。1952年11月20日病逝于那不勒斯。

（二）克罗齐的学术成就

克罗齐是一位哲学家兼历史学家，因此具有哲学家所罕见的历史学训练和历史学家所罕见的哲学深度。他一生涉及领域颇广，著作宏富，共有七十余部之多，以哲学和历史学为主，除了之前提到的《那不勒斯史》和《十九世纪欧洲史》是他两部很出名的历史著作外，还包括《那不勒斯王国史》《意大利的人与物》等历史著作。克罗齐尤以他的史学理论影响最为广泛。他的哲学以及史学思想主要体现在他的"精神哲学"四卷之中，包括《作为表现科学和一般语言学的美学》《实践哲学——经济学与伦理学》《作为纯概念科学的逻辑学》以及《历史学的理论和实际》。精神哲学四部涉及美学、实践哲学、逻辑学、历史学，融为一体，恰恰表达了克罗齐对于精神活动的认识，他在西方传统的把精神活动划分真、善、美的基础上加了一个"益"，从而精神活动被他划分为理论和实践。理论包括直觉和逻辑，实践包括效益和伦理，四者合成为精神整体，即美、真、益、善。除以上所举之外，克罗齐还有《黑格尔哲学中的死的和活的》《作为自由的故事的历史》《哲学与历史学》《维柯的哲学》《伦理与政治》等等重要著作。

二、绝对历史主义的起源及其概念

（一）历史主义的起源

"历史主义"主要是指德国历史科学的一个时代，也是从19世纪初以来的一种历史思想形式。这一概念有据可查的最早使用是弗里德里希·施莱格尔在1797年的作品，他首次将"历史主义"系统化用于哲学之中①。在黑格尔之后的时代中，"历史主义"一词被用来指代一种思辨的历史哲学，或者将之作为同思辨的历史哲学进行区别的概念。到了19世纪末，"历史主义"一词在德国的思想界中逐渐产生影响，被赋予了专门的特殊的意义，形成了一股思想潮流，席卷了当时的德意志思想界。今天人们所说的"历史主义"一词的意义，便是在当时以至20世纪初由德国的思想家们所提出，并最终确立的。1879年哲学史家卡尔·维尔纳在他关于维柯的论著中使用了"历史主义"一词，它指的是这样一种哲学的独特性：人类思想不能认识任何历史之外的实在，因为人类思想构成的就是历史。维尔纳赋予"历史主义"这一词的含义没有马上得到普遍认可，然而这一认识却成了之后兴起的历史主义的主要内容②。

至20世纪历史主义成为了一个问题，形成了一场危机。恩斯特·特勒尔奇在《历史主义及其问题》中指出，历史主义是整个现代思想的特征，却也形成了一场危机。他说，历史主义的立场不仅从根本上伤害了基督教教义，也伤害了我们文明的原则和价值观。特勒尔奇已经看到了19世纪以来历史主义在现代思想中的支配性特征以及它所带来的危机。然而他的朋友弗里德里希·梅尼克则指出，19世纪的德国历史主义是一场伟大的精神运动、一种人类思想的积极成就③。

正是在梅尼克那里"历史主义"一词获得了明细而准确的意义：历史主义是由德国思想所实现的与西方自然法传统的决裂。

梅尼克在他那部代表历史主义宣言的《历史主义的兴起》里探讨了历史主义的起源，如他所说，"历史主义"作为一种确指的概念、一场

---

① 〔德〕斯特凡·约尔丹：《历史科学基本概念词典》，孟钟捷译，北京大学出版社，2012年，第144页。

②③〔意〕卡洛·安东尼：《历史主义》，黄艳红译，上海人民出版社，2010年，第2、4页。

思想革命虽开始得较晚，但历史主义的理念和思想则是很早以前就有的，甚至自古就存在的。①梅尼克把现代历史主义的起源追溯到启蒙运动的先驱者，从沙夫茨伯里、莱布尼兹、伏尔泰、孟德斯鸠，还包括当时启蒙思想的反叛者维柯，直至于赫尔德、歌德等。②如作者所说，虽然历史主义在德国的产生较晚，却最终是在德国的思想家那里确立了崇高的地位，以至于现代人会把历史主义总结为在德国的一个历史科学时段③。

如前所述，梅尼克认为历史主义乃是"西方思想中所曾发生过的最伟大的思想革命之一"④，是继宗教改革后德国思想对西方文化传统的又一重大贡献。"历史主义的本质在于以一种个别的方式取代对人类历史和人类力量的一般化观察方式。"⑤虽然历史主义作为19—20世纪的一大思潮在各个不同的历史主义者那里它的具体表现有所不同，然而它们之所以都是历史主义的在于它们有着共同的精神理念，包括"个体性、个性化"的原则，以及认为人类精神、人类知识都是历史的，人类没有脱离了历史认识而认知的可能性，只有把任何事物都放在其历史背景才可认识，宣称历史知识是人类知识的唯一有效形式等等这些理论都是历史主义者们所共有的精神理念，这些理念甚至成为了历史主义者们的一种对于历史的信仰。而"个体性、个性化"的原则是历史主义传统的根本原则。正如歌德所说："我可曾告诉过你这个词语，'个体是无限的'？

---

① 〔德〕梅尼克：《历史主义的兴起》，陆月宏译，译林出版社，2010年，前言第1页。

② 参见〔德〕梅尼克：《历史主义的兴起》，陆月宏译，译林出版社，2010年。

③ 参见〔德〕梅尼克：《历史主义的兴起》，陆月宏译，译林出版社，2010年，第265页。

④ 〔德〕梅尼克：《历史主义的兴起》，陆月宏译，译林出版社，2010年，前言第1页。

⑤ 〔德〕梅尼克：《历史主义的兴起》，陆月宏译，译林出版社，2010年，前言第2页。

从中，我推演出了整个世界。"①这句诗可以说是历史主义的宣言，梅尼克正是把歌德的这句诗放在了《历史主义的兴起》这一著作的扉页上。

(二) 克罗齐的绝对历史主义

无论是对个体性原则的信奉，还是宣称历史知识所具有的崇高地位等等这些历史主义者们的理念都成了克罗齐确定绝对历史主义原则的基础。德国历史主义者们的著作，尤其是梅尼克的著作曾经得到克罗齐的赞扬。1930年，克罗齐曾在牛津举办的一次讲座中宣称自己是"历史主义"的信徒，就是说，他服膺这样一种历史意识，通过这种意识，他可以感受到"与宇宙生命合而为一"，觉得自己是"那些曾对世界产生影响、并依然活在其创造成果之中的人们的兄弟、儿子和伙伴"②。在1939年，克罗齐将他的一篇文章标题定为《作为绝对历史主义的哲学观念》，第一次使用了"绝对历史主义"这一术语。而克罗齐始终坚定地把自己思想体系一在"绝对历史主义"这一术语下，正如前述，是在他学术事业将终，在回忆自己学术生涯以及思想经历的时候。但是克罗齐的绝对历史主义的表述中，与德国历史主义不同的是，克罗齐认为维柯才是真正的历史主义的创始人，因为维柯既肯定了历史乃是想象而理性、由暴力而道德的进步过程，又看到每一时间和人物都在历史进程中发挥了自己的作用。他的专著《维柯的哲学》即是概述维柯的思想的，生前死后还一直默默无闻的维柯正是通过克罗齐的介绍而被世人所知。

克罗齐说："历史主义就是肯定生活与实在，就是而且仅只是历史。"③正是这种极端的形而上学的精神哲学的一元论立场构成了克罗齐绝对历史主义最为鲜明的特征。这样的历史主义被贯穿到了生活与实在的各个

---

① 〔德〕梅尼克：《历史主义的兴起》，陆月宏译，译林出版社，2010年，第1页。

② 〔意〕卡洛·安东尼：《历史主义》，黄艳红译，上海人民出版社，2010年，第10页。

③ 彭刚：《精神、自由与历史——克罗齐历史哲学研究》，清华大学出版社，1999年。

领域，克罗齐将其称作"绝对历史主义"可谓名副其实。梅尼克的历史主义还表现为一种多元主义，强调关于孤立个体的多元性，这种多元性是外在于历史和历史认识的相互分离的实体的多元性，而克罗齐的绝对历史主义的表述则从某种程度上客服多元主义，强调一种纯粹一元论的思想体系。

三、绝对历史主义的主要内容

古希腊哲学家亚里士多德曾经评价历史学，认为它是一门研究个体的学科，而非研究事物的普遍规律，发现普遍真理；历史的陈述往往充满了历史学家的个人意见，他们可以凭自己的好恶来描述历史，所以历史学充满谎言。历史学家大多都是骗子①。因此，亚里士多德得到的结论历史算不上一门真正的学科，它比诗歌的哲学味少，并且不如诗歌正经②。只有哲学才包含真正的知识，是通往真理的途径，历史学只能卑微地藏在暗无天日的角落里，仰望着哲学君王。

"个体性、个性化"的原因让亚里士多德否定了历史学，但亚里士多德绝对不会想到，有一天历史学家和亚里士多德的一些同行们却正是以"个体性、个性化"而把历史学凌驾于所有学科之上。这些哲学家、历史学家正是历史主义者。

梅尼克曾经说："无论如何，个性（individuality）和个别的发展（individuaidevelopment）这两个相互联系的基本概念，最好地表明了所谓历史主义看待历史的态度。"③对历史主义者来说，个体具有独特的、不可重复的内在价值，历史世界就是由此构成的，因而历史理解也必须就个体

---

① 参见〔美〕唐纳德·R.凯瑞：《多面的历史》，陈恒、宋立宏译，三联书店，2003年，第76页。

②〔意〕克罗齐：《历史学的理论与实际》，傅任敢译，商务印书馆，1982年，第54页。

③〔德〕梅尼克：《历史主义的兴起》，陆月宏译，译林出版社，2010年，第504页。

事物来理解，精神之体现于个体就构成了历史的意义。除了个体性的原则之外，在历史主义者看来，历史知识乃是关乎"最高意义上的生命问题"[①]，"是人类对自己的认识，是自我确立"[②]。它包含了人类知识的全部，凌驾于所有学科之上。

历史主义者们在做自己的宣言的时候，显然走得很远，以至于有人评判说历史主义成为一种封历史世界为神圣的哲学，坚信人类思想中存在着绝对价值，历史主义已经成为某种历史宗教了[③]。克罗齐的绝对历史主义包含了德国历史主义的重要观念，且比他们走得更远，可以说，克罗齐的绝对历史主义代表历史主义发展到了极致。此外，克罗齐曾说："……围绕历史及其同哲学的关系得出的结论启示我甚至近乎强迫我采用'历史主义'这一名称，为了指出其特征，我还要添加一个形容词'绝对的'。"[④]哲学与历史学的关系是克罗齐绝对历史主义的一大主题。以下，将通过哲学与历史的同一、知识的唯一形式、个体性绝对历史主义中的自由主义、一切真历史都是当代史等几点来具体论述克罗齐的绝对历史主义。

（一）哲学与历史的同一

克罗齐将自己的哲学命名为精神哲学，因为在克罗齐看来，精神乃是唯一实在，一切存在都仅仅是精神及其表现，精神之外不存在外在的事物[⑤]。所以，哲学就只能是精神哲学，此外再无所谓哲学。在克罗齐的精神哲学中构成精神活动整体的就是理论和实践，精神就其理论或概念的活动而言是逻辑的，就其实践或具体的过程而言就是历史。这个统一的活动整体则可表述直觉（美感）——逻辑（认识）——实践（功利）——伦

①〔德〕梅尼克：《历史主义的兴起》，陆月宏译，译林出版社，2010年，德文版导言第2页。

②〔德〕德洛伊森：《历史知识理论》，胡昌智译，北京大学出版社，2006年，第89页。

③〔意〕卡洛·安东尼：《历史主义》，黄艳红译，上海人民出版社，2010年，第12页。

④〔意〕克罗齐：《自我评论》，田时纲译，中国社会科学出版社，2007年，第86页。

⑤〔意〕克罗齐：《历史学的理论与实际》，傅任敢译，商务印书馆，1982年，第9页。

理（道德）①。在此，精神活动的整体既是历史，又是哲学。由此，历史即哲学，哲学即历史。那么显然历史思维就是哲学思维，哲学思维即是历史思维，二者乃是一回事。

克罗齐认为，史料是历史学家步入历史学殿堂的凭借，但史料只是素材或记录，它们本身不能独立自存，只有当它们融入历史学家的精神时，才成为历史学。精神认识并不是一面镜子，只是在消极地反映外界事物。只有当事物构成为精神整体之不可分割的组成部分时，它才成历史。否则，它就不是历史。历史学中的存在就只是、而且完全是精神中的存在。换句话说，凡是不构成为我们精神整体的，就不是历史，也不是历史学②。

正是这种被克罗齐称为精神的存在的即是历史学所需要的生命体验。克罗齐认为，单纯的澄清我们的逻辑概念，那思路只能停留在语言的文学水平上，只有深入体验生命本身，才能掌握到精神的——历史的——实在③。因此可以说，历史即实在，实在即历史。因而克罗齐得出了这样的概括："唯有生命与实在才是历史"④。

除了从精神哲学的理论出发得出哲学与历史同一之外，克罗齐还从方法论角度阐述了哲学与历史学的同一关系。克罗齐曾说，哲学乃是历史学的方法论阶段，即是关于构成历史判断的范畴和指导历史的解释的概念的阐发，可以说哲学是历史学的一个必要前提。除此之外，每个哲学体系或命题都归根结底乃是在特定的时间地点和特定的条件下由某一个人的心灵中产生的，因而对哲学家而言总是受到外在或内在的历史条件所限制。任何哲学家都不可能使自己置身于具体的历史条件之外，在他之前和与他同时发生的各种历史事件，制约着他的思想发展变化，"这些事件就活

---

① 何兆武：《历史与历史学》，湖北人民出版社，2007年，第94页。

②③④ 参见〔意〕克罗齐：《历史学的理论与实际》，傅任敢译，商务印书馆，1982年，第1～14页。

在他的骨髓之中，活在他的血肉之中，他不可能将它们撇在一旁。他必须顾及到它们，也就是说要历史性地去认识它们。他的哲学广度就取决于他的历史知识广度"①。哲学随着历史的发展变化而变化，历史在每时每刻都在发生变化，哲学也因此永远不会有一个囊括了全部真理的体系而终结了哲学的发展，哲学如同历史一样每时每刻都是新的。

综上所述，哲学与历史的同一关系主要体现在两个方面：一方面，历史学必定包含哲学，不存在没有哲学的历史，历史是通过对它的判断而被思索的，这种判断是关于事实的内在知识②；另一方面，哲学也不能脱离历史，哲学乃是历史的产物，没有脱离具体历史条件而产生的哲学思想。所以，"既没有哲学，也没有历史哲学，而只有本身就是哲学的历史，和本身就是历史并为历史所固有的哲学"③。

(二) 知识的唯一形式

如前所述，克罗齐的精神哲学中精神乃是唯一的实在，没有任何事物能够外在于精神而存在。这类似于陆九渊"吾心即是宇宙，宇宙即是吾心"，"道外无事，事外无道"④的断言。既然精神之外别无实在，一切认为在人精神之外存在着客观历史事实的观点，包括黑格尔的历史观，就都没有摆脱二元论的窠臼，不能领会到哲学就是历史，历史就是哲学这一理论。在克罗齐看来，历史与哲学的同一乃是精神一元论的当然结论。在历史学家自身之外没有所谓客观事实，除却历史学家的精神外，别无所谓客观历史。历史乃是思想的产物。精神作为唯一的实在，不断丰富自身和超越自身的活动就是历史，它既是历史的创造者，又蕴含了自身全部的历史，"精神自身就是历史，在历史存在的每一瞬间都是历史的创造

---

① 彭刚：《精神、自由与历史》，清华大学出版社，1999年。

②③〔意〕克罗齐：《历史学的理论与实际》，傅任敢译，商务印书馆，1982年，第92、62页。

④ 陆九渊：《象山语录》，上海古籍出版社，2000年，第19页。

者，并且也是以往历史的结果。因此，精神就负载着它全部的历史，历史与精神自身是恰相吻合的"①。它同时也是哲学，因为哲学唯一的内容就是全部实在也即精神的变化发展。由此绝对精神一元论出发，生活与思想、精神与历史、历史与哲学就都是不可分割的一体，原本就都是一回事。

就是由这样的精神一元论出发，克罗齐的历史主义才是名副其实的绝对历史主义。克罗齐曾说："历史主义就是要肯定生活与实在就是而且仅只是历史。"②既然精神是唯一实在，精神的活动就是历史，而生活与实在仅是历史，那么精神对于实在的认识便只能是历史。所以克罗齐说："历史知识并不是一种知识，它就是知识本身：它全然充满了并穷尽了人们认识的领域。"③

克罗齐的绝对历史主义认为唯一的知识形式就是历史知识，这便比德国历史主义者们在知识论上更近了一步，在德国历史主义者看来，"人类思想不能认识任何历史之外的实在，因为人类思想构成的就是历史"④。而克罗齐则说，在精神之外没有实在，而精神便是历史，那么历史之外也是没有实在的。因此，人类思想只能够构成历史知识——唯一的知识形式。

（三）个体性

如前所述，个体性是历史主义的一个重要原则，克罗齐的绝对历史主义也强调个体性，但克罗齐的个体主要是指个人而言，而非国家、民族、时代等等。在克罗齐看来，真正的实在不是抽象的而是具体的，他所强调的个人即是站在具体的人本主义立场上，人所共有的，整个宇宙所共有的人性，这

---

①③〔意〕克罗齐：《历史学的理论与实际》，傅任敢译，商务印书馆，1982年，第13、250页。

②彭刚：《精神、自由与历史——克罗齐历史哲学研究》，清华大学出版社，1999年。

④〔意〕卡洛·安东尼：《历史主义》，黄艳红译，上海人民出版社，2010年，第2页。

种人性在其最隐蔽的地方也全是人性的，这种人性就是精神性①。因而，历史就不再是自然的作品，也不是经验的和非真实的个人的软弱无力的、随时中断的作品，它是那样一种个人的作品，那种个人真正是真实的，是自行个别化的永恒精神②。

因此，如果说思想总是历史性的，那么它就总是而且只能是不断地去个别化。只是这种具体的个别乃是同时又体现了普遍的个别，绝对的个别和绝对的普遍都是抽象而并不存在的。历史是由个人创造的，但个人创造中又蕴含了普遍价值，体现了普遍的观念。克罗齐说，"所有严肃而有益的历史都限于对单个个人行动的把握和理解"③，创造历史的不是阶级，不是群众，而只能是个人，群众和阶级乃是抽象物，他们不能进行思考和行动，思考和行动只能是具体性的个人的事情。因此，摒弃个人的社会史和制度史的研究在克罗齐看来就是误入了歧途。历史研究所要关注的只能是个人、社会、制度的变化和发展，只能是由个人所完成并体现于个人身上，抽象的个人主义历史或实用主义的历史以及抽象的精神史、普遍史都是不存在的。"个人和观念被割裂地看待时就是两个等同的抽象，就同样不适于做历史的主题，真正的历史是作为普遍的个别的历史，是作为个别的普遍的历史。"④

克罗齐与德国历史主义学派都共同承认历史思维乃是一种个别化的思维。但他们之间的不同在于，克罗齐是将个别与普遍联系起来。在克罗齐看来，德国历史主义者只为个别而个别，忽视了个体身上所蕴含的普遍性，无法保证历史的统一性，历史的内在凝聚力只能是源于精神的统一

①②〔意〕克罗齐：《历史学的理论与实际》，傅任敢译，商务印书馆，1982年，第76页。

③彭刚：《精神、自由与历史——克罗齐历史哲学研究》，清华大学出版社，1999年。

④〔意〕克罗齐：《历史学的理论与实际》，傅任敢译，商务印书馆，1982年，第81页。

性。兰克说："每个时代都是直接与上帝相系的，它的价值并不依赖于它所产生的东西，而依赖于它的存在本身和它自己与众不同的特质。"①克罗齐则认为，每一个行动、每一个时代的价值不仅要与它自身，而且也要与别的行动和时代联系起来进行考察。就此而论，它们既是自足的，又是以后行动和时代的垫脚石。否则，我们就无法想象历史的超越自身的发展，进步的概念也无从谈起，过去与当前之间的链条不复存在，历史本身也就丧失了它的根基。

克罗齐是要说明，"每一特定的形式、个人、行动、制度、作为、思想都注定是要死亡的"。但它们同时进入了永恒，因为"历史不是关于死亡的历史，而是关于生活的历史"②。个人不要把它的开端和结尾联系起来，但是历史却不会死亡，因为它永远把它的开端和结尾联系起来，个体作为精神的某一特定形式永远都蕴藏于"普遍精神的不朽性"③中。

（四）绝对历史主义中的自由主义精神

德国历史主义的产生和发展是与普法战争和普鲁士统一德国的一系列政治事件相伴随的，从一开始它就带有浓厚的民族主义色彩，它反对启蒙思想的普世价值。从这种德国历史主义者中衍生出的政治现实主义，对国家、政权和强力顶礼膜拜，嘲笑一切人道主义，认为人道主义是虚伪的、矫饰的。民族观念诞生于对自由的诉求中，但却为了强权而牺牲了自由。在德国历史主义的传统中民族主义、政治现实主义、强权意识大行其道。以至于第二次世界大战后学界普遍认为德国历史主义导致了法西斯主义的诞生。并且因此而使德国历史主义臭名昭著。

正是在德国历史主义兴盛的时代，在 19 世纪的意大利自由主义却取得了辉煌的胜利。意大利的统一在思想上更多的是与自由主义联系在一

---

① 〔德〕梅尼克：《历史主义的兴起》，陆月宏译，译林出版社，2010 年，第 569 页。

②③ 〔意〕克罗齐：《历史学的理论与实际》，傅任敢译，商务印书馆，1982 年，第 69 页。

起，而不像德国的统一更多的是与民族主义和国家主义联系在一起。克罗齐虽然与德国历史主义有着很深的渊源，但在这一点上却保持着意大利的自由主义的传统，克罗齐曾说："历史是自由的故事"①。

克罗齐认为，国家和政治属于实践活动的低级范畴，它乃是一种经济组织，"要将政治活动与实际和功利的活动分开是徒劳的……究竟什么是国家？它不过是一群个人进行功利活动的程序而已"②。政治属于功利层次，在功利层次之上还有一个更高的道德生活层次，较低功利层次本身与道德无关，但当功利违背道德良知，从而引起后者的反抗时，它便成了恶。在此，克罗齐把道德理想置于历史的优先地位，而在德国历史主义那里，这一地位是属于权力的。

法西斯主义的得势无疑更加促进了克罗齐思想的进一步发展，此时他成了为自由而战的哲学家、历史学家。他宣称，应当通过"历史"来理解，准确地说，通过伦理 - 政治史、通过道德和公民生活史来理解，国家不是这种历史的唯一对象，"一切外在于国家的东西，如道德和宗教制度、教派、情感、想象、神话等，都与国家合作，并改进、革新、推翻和替代国家"③。在这种历史中运动和增长的道德原则则是自由的原则。

于是，历史有了某种意义，有了方向和价值。这并不是因为历史遵循某个先定的方案，而是因为有一种道德生活努力在人类的所有其他形式中通过自我运作确立自己的自由，而自由正是这种生活的本质。国家的本质不仅仅是臣民的"幸福"，不仅仅是他们的福利和安全，还有臣民的人格的全方位解放。正是如此，克罗齐声称他的自由观包含了正义概念④。

---

① 〔意〕卡洛·安东尼：《历史主义》，黄艳红译，上海人民出版社，2010年，第140页。

② 彭刚：《精神、自由与历史载——克罗齐历史哲学研究》，清华大学出版社，1999年。

③④〔意〕卡洛·安东尼：《历史主义》，黄艳红译，上海人民出版社，2010年，第140页。

（五）一切真历史都是当代史

在 1939 年，克罗齐决定使用"绝对历史主义"这一术语时，一个重要的原因是克罗齐考虑到哲学与历史学的关系时，他把哲学变成了一种史学方法论，他甚至倾向于使这一方法论在史学中转变成行动：哲学——或曰历史学——应该解释和评判当下的状况。因为当下和当下的问题决定历史学家的介入。这一观念正是克罗齐在 1915 年《历史学的理论与实际》一书开篇所提出的命题"一切真历史都是当代史"中所明确表述的。

首先，与"真历史"相对的"假历史"是这样一种历史，它包括语文性的历史，即汇编、编年史、资料等，还包括诗歌性历史、演说性或修辞学的历史。这种历史形式之所以是假的，在于其本身并非是一种知识，不是一种精神上的连结，是死的东西而非活的；是一种目的，一种利用历史的讲述作为手段的实际活动而已。而真历史只应该是这样一种历史，它是思想的历史，是真正的历史学家所关注的关键问题，是精神或价值，是我们称之为活历史的，是合乎理想的当代史。

其次，在这一命题里的"当代"一词是指那种紧跟着某一正在被作出的活动而出现的、作为对那一活动的意识的历史。克罗齐打了一个比方说："当我编写这本书时，我给自己撰写的就是这样一种历史，它是我的写作思想，这种思想必然是和我的写作工作相联系的，在这种情况下，用'当代'一词是恰当的……"①当代史既是如此，那么非当代史或者说过去史呢？非当代史或过去史则是面对一种已成历史，因而是作为对那种历史批判而出现的历史，不论那种历史是几千年前的还是不到一小时前的。但是这种"非当代史"或者"过去史"若真是一种历史，而不是一种空洞的回响，就也是当代史的。因为它像当代史一样，它的存在条件是，它所述的事迹必须在历史学家的心灵中回荡。

---

① 〔意〕克罗齐：《历史学的理论和实际》，傅任敢译，商务印书馆，1982 年，第 1 页。

根据这样的前提得出的结论是，当代史固然是从生活中涌现出来的，被称为非当代史的历史也是从生活中涌现出来的，显而易见，只有现在生活中的兴趣方能使人去研究过去的事实。过去的事实和现在生活的一种兴趣打成一片，它就不是针对一种过去的兴趣，而是针对一种现在的兴趣。那么，当代性就不是某一类历史的特征，而是一切历史的内在特征。历史跟生活的关系是一种统一的关系。

因而，一切真历史都是当代史。生活与思想在这种历史中有不可分割的联系，历史的确凿性和有用性的怀疑也烟消云散。因为，一种我们精神现在所产生的东西怎么能不确凿的？解决从生活中发生的问题的知识怎么能没有用呢？[1]

四、对绝对历史主义学术评价

克罗齐是自由派历史学家，是论述自由的哲学家。他的绝对历史主义所探讨的既是哲学问题，也是史学方法论，又是行动准则，有着十分丰富的内涵，能给人以深刻的启迪。

克罗齐的绝对历史主义中最为著名的命题即是"一切真历史都是当代史"，这一命题包含着许多内涵，如对历史问题的研究是由我们现实生活中的关切多引发的，现实生活所提出的问题决定了历史思想的取向等等。克罗齐一再强调，过去、现在与将来之间是紧密相连的。

现在与过去、生活与思想是密不可分的，它们就统一在"一切真历史都是当代史"这一命题之中。在克罗齐看来，历史理解的方法就在于历史学家要重现历史人物在历史事件中的内心思想。沃尔什在《历史哲学导论》中说："克罗齐把历史学本身和编年史做了对比，他把历史学说成是有关过去的活的思想，而编年史则是死的和不可理解的。克罗齐自己利用

---

① 〔意〕克罗齐：《历史学的理论和实际》，傅任敢译，商务印书馆，1982年，第4页。

了这种区分来维护他那一切真历史都是当代史的理论，这一点我们此处无需过问。但是我认为我们应当承认，他的区分确实解答了历史理解在各个层次上的真正差别。"①绝对历史主义所强调的历史研究与现实生活的关联，已经被人们所普遍接受。

从20世纪初期以至于现今，克罗齐一直被学界称为新黑格尔主义者，因为克罗齐的思想与黑格尔有着很大的渊源。绝对历史主义关于"历史是自由的故事"这一命题便是得自黑格尔。然而他与黑格尔还是有许多不同之处，在克罗齐看来，黑格尔的那种对于历史的先验论证是以哲学牺牲了历史，没有做到历史与哲学的同一，陷入了二元论。而克罗齐则认为哲学的取向应该是历史的。除此以外，黑格尔把国家看作精神在历史展现中的载体和伦理的生命，克罗齐认为精神的真正载体只能是个人，这便体现出了绝对历史主义的个体性原则。

绝对历史主义重要的内容之一即是哲学与历史的同一，而这一观点又必须建立在他的精神一元论的基础之上。克罗齐是考虑到哲学与历史的关系而将他的理论最终命名为"绝对历史主义"，而他的这一理论却是最有争议、最不被认同的。何兆武先生评论说："克罗齐努力要铸就一种精神一元论的系统并不是很成功的，其中有颇多难通之处，而且他也无法很好地解说世界的多重性或多样性……克罗齐把历史的多元与历史学的一元混为一谈，正如他的哲学把理论和实践混为一谈，把统一误作为同一……"②正是如此，"克罗齐的理论有见于一、无见于多，有见于同、无见于异，同一被推到了绝对的程度，可谓名副其实的绝对历史主义"③。也正是由于这样的绝对历史主义，以至于有的历史学家认为，当克罗齐受他自己的历史主义立场影响较小时，他作为一个历史学家就较

---

① 〔英〕沃尔什：《历史哲学导论》，何兆武、张文杰译，北京大学出版社，2008年，第24页。

②③ 何兆武：《历史与历史学》，湖北人民出版社，2007年，第108～109页。

为成功。反之，则较为失败。

克罗齐的影响在第二次世界大战以后逐渐式微，一个很重要的原因是英语世界对他的重视不够，因为他主要以意大利母语来写作。除此之外，与他绝对历史主义中的一些缺陷也有重要关系，如克罗齐由于太强调个人以及个体性，个别化的思维被推向了极致，于是制度史、经济史、社会史等历史学科就被排除在历史学范围之外了，而个别化思维独霸历史学的局面总会导致历史思维的僵硬、单一，不利于历史学的多元化的进步、革新与发展。另外，克罗齐绝对历史主义很严重的缺陷在于概念运用得太过杂乱，如"精神"一词，有时指个人精神，有时是普遍精神，有时候又是超越人类的精神，类似于黑格尔的理念等等。

然而，克罗齐作为19世纪至20世纪的历史学家兼哲学家，他的绝对历史主义的观念在西方的影响还是颇大的，英国的另外一位新黑格尔主义者柯林武德便直接受到他的影响，柯林武德的"一切历史都是思想史"的命题便和克罗齐"一切真历史都是当代史"的命题在内涵上极为接近。克罗齐作为历史主义流派中的一个代表性的人物，理应受到重视，因为至今看来，他的理论无论是在哲学，还是在深化历史思想以及史学方法论上都有很大的启发。

五、结语：绝对历史主义的历史启示

19世纪实证主义的思潮曾经影响了整个西方学界，实证主义思维倾向于把史学贬低为纯粹的资料梳理、史实资料和语文学知识，在这种思潮的影响下，历史学的地位便被降低，历史学的研究也就变成了纯粹的职业技能，大大降低了人们对于历史研究的兴趣。最初德国的历史主义者们便针对这种情况开始了与实证主义的论战。德罗伊森否定了资料具有"客观性"的庸俗看法，声称历史学家不仅可以，而且应该根据自己特有的观念去解释和思考历史，历史学家应该根据自己的"问题"展开研究。在意大利的克罗齐与德国的历史主义者们一起展开了与实证主义的论战。

对克罗齐而言，单单是史料的编排、收集、整理和考据，并不足以构成为历史学。使得历史之成为历史的，关键在于历史学家能否成功地从现实生活中提炼出历史问题，能否将活生生的精神注入死的史料中而使它重新焕发生机。因此历史学的高下就取决于历史学家精神境界和思想水平的高下，历史学家的主观精神因素越是强有力，他的历史认识和历史理解也才能越是"客观"。

无论学术界对于绝对历史主义中哲学与历史的同一有着怎样不一的评价，然而不可否认的一点是绝对历史主义给予我们这样的启发，即历史学不经过一番哲学的锤炼，就不配为历史学。这一点对于历史专业的历史学家的实践具有特别的重要性，因为作为历史专业者如何能不反思历史的性质是什么，以及历史研究的性质是什么呢？若没有这样的思考，就进行历史研究，那么就难免有陷入盲目性的危险。

综上，如何使历史学从枯燥乏味的史料编排、考证中更进一步，使历史研究成为兴趣使然，而不仅仅是职业技能；如何使历史研究结合当下，关注于关键问题，而不仅仅是纸上谈兵；如何深化历史思想，使对历史的认识能够深入其本质，而不仅仅是编年史；如何提高历史学的地位，使其在面对如今各种新兴学科以及跨学科交流中不断深化自身，而不是淹没在各种学科的大浪潮中等等，这些问题都是历史学所要面临的重要问题，也恰好可以从克罗齐的绝对历史主义中得到很好的启发。因此，即便如今也有必要把握克罗齐的绝对历史主义，分清其中活的与死的东西，得到对于解决诸如此类问题的启示。

古代世界贸易格局中的奢侈品贸易

◎汪　辉　首都师范大学世界史研究生

一、对奢侈品的界定

贸易活动是人类文明的一部分，自有文字记录以来，以交换为目的的贸易活动就持续不断展开，无论是地方性质的贸易，还是区域贸易，贸易成为纽带将不同地区的人们联系起来。贸易最重要的目的之一就是物质的互换，而在前工业化时期的农业社会中，贸易交换的物质中最关键的是奢侈品，奢侈品也是最有价值的贸易商品。但是对奢侈品的界定一直是经济学家和理论学家们争论的焦点之一，奢侈品的概念是与必需品相对而言的，亚当·斯密对于二者的界定如下："消费品或是必需品，或是奢侈品。我所说的必需品，不但是维持生活上必不可少的商品，而且是按照一国习俗，少了它，体面人固不待说，就是最低阶级人民，亦觉有伤体面的那一切商品。……此外，其他一切物品，我叫作奢侈品。"①美国学者克里斯托弗·贝里从"需求"和"欲望"的相互关系入手，对奢侈品概念进行了剖析，他认为不是因

---

①〔英〕亚当·斯密：《国民财富的性质和原因的研究》（下），商务印书馆，2008 年，第 431 页。

为稀有和独特才成为奢侈品，奢侈品是建立在需求的广泛性和普遍性基础上的，与满足人类普遍感官上的愉悦享受有关，并且他将奢侈品分为四类：饮食、居所、衣着和娱乐。①按照这两位学者对奢侈品的界定，本文通过考察古代各地形成的贸易格局中的奢侈品贸易，来分析奢侈品在贸易中的重要作用，并试图对其社会的或个人的心理根源做一定的探析。

在持续不断的贸易活动中，各地的贸易形成了相对固定的模式，这些贸易模式多是地方性质的，在前工业化时期，由于技术等因素，各个地方贸易格局之间的联系甚少，少数的联系不足以将各地联系起来。在地区差异性下各地的贸易模式的特点各不相同，当然与贸易相关的活动中存在着共同的因素，如市场、贸易网络等。奢侈品贸易也是其中之一，但是具体的奢侈品种类因地而异，其贸易方式也多种多样，本文取古代欧洲、太平洋和美洲等地的贸易格局为例，分析它们当中奢侈品贸易的异同之处。

二、欧洲贸易格局

古代欧洲因其地理上的半岛优势促使其贸易网络从较早的时候就发展起来。众多的河流和较长的海岸线构成了商品和人员往来的通道，通过它们，商品和人口流动的自由性与日俱增。早期的商品有琥珀、金属和谷物，城市化过程中带来了公路、帝国和商业网络，这些在2世纪时达到其顶峰。其奢侈品贸易从新石器时代就已出现，产于爱琴海的贝壳饰品出现在德国和匈牙利，利帕里群岛产的黑曜石出现在马耳他，另外产自米洛斯岛的黑曜石出现在东地中海地区。②尤其值

---

① Christopher J. Berry. The Idea of Luxury： A Conceptual and Historical Investigation. Cambridge University Press. 1994.p.6−8.

② Bill Leadbetter. Trading Patterns， Ancient European. Berkshire Encyclopedia of World History.

得注意的是琥珀的贸易，从上古以来琥珀就是一种价值极高的商品，在欧洲其主要产地是波罗的海地区，即现在俄罗斯境内的加里宁格勒的周边。其运输和贸易路线从新石器时期开始形成，逐渐形成一套贸易网络，是为琥珀之路，其路线沿着波罗的海海岸，一直到易北河。再从那里逆流而上，送往各地。到德国南部，开始改为陆上运输，运送路线穿越阿尔卑斯山，南下直至亚得里亚海。从亚得里亚海港，琥珀被送往古代世界的各个经济中心，其中大多数是通过沿海贸易。①其他属于奢侈品范畴的商品还有英格兰的锡、巴尔干地区的铜、西班牙的白银和爱尔兰的黄金，这些贵重金属通过一系列复杂的贸易网络和输运路线，输送到欧洲乃至地中海各个地区。古代欧洲贸易格局中的奢侈品贸易多是经由水运开展的，这与其地理环境有关，上述的各种奢侈品都是产自欧洲内部各地区的，这些奢侈品的贸易将欧洲本土的沿海与内陆、北方森林与南部海滨联系起来。显然欧洲市场上的奢侈品种类远不止这些，其中大多数来自其他大陆，如香料、丝绸、瓷器等，它们来自其他地区的贸易网络，这样与外界的奢侈品贸易又不断加强着欧洲与世界的联系。

三、太平洋贸易格局

欧洲市场上香料、丝绸和瓷器的输入主要通过太平洋贸易网络。太平洋地区占据着地球表面积的三分之一还多，一直以来人们都认为它是人类相互交流的一个巨大阻碍，但是 16 世纪以后太平洋日益成为世界贸易的巨大平台，广阔无垠的海洋以及遍布其中的无数岛屿事实上促进着贸易的发展和世界的联合。真正意义上的太平洋贸易网络也是从 16 世纪开始形成的，即欧洲人来到之后。最初吸引欧洲来此的是在欧洲被视

---

① Bill Leadbetter. Trading Patterns， Ancient European. Berkshire Encyclopedia of World History.

为奢侈品的香料，因而可以说是奢侈品的贸易推进着太平洋贸易网络的形成。①

16 世纪上半叶葡萄牙人和西班牙人来到东亚，占领马六甲、棉兰老岛和摩鹿加群岛（香料群岛），首先葡萄牙人将成船的香料经由红海、波斯湾和其他传统商路运到地中海盆地。随后西班牙人在其先驱麦哲伦的指引下也找到通向香料群岛的其他商路。另一重要的奢侈品丝绸的主要输出国是中国，中国在太平洋贸易网络的形成和维持中发挥着举足轻重的作用。1571 年西班牙人建立马尼拉城之后，中国的大帆船运载着丝绸前往美洲，以换取那里的白银来满足国内白银货币的需求，美洲的白银大量流入中国市场，这种丝绸—白银贸易制造着巨大的利润，中国丝绸出口到美洲市场后价格猛涨，同时美洲的白银在中国市场的价值也大幅提高。除此之外，中国也从太平洋贸易网络中进口奢侈品，主要的贸易对象是太平洋诸岛，这些太平洋岛国利用自身的生态资源，向中国出口檀香木、海豹皮、海参、龟甲、木材和许多其他产品，以此来交换中国的丝绸和茶叶。②如果将白银排除在奢侈品范畴之外，那么中国从外部进口的奢侈品数量远不及其出口的奢侈品量，丝绸之外，还有瓷器、茶叶远销世界各地，一时间中国奢侈品出口国的地位无人可撼，但是 19 世纪鸦片战争之后这一局面被彻底打破了。

欧洲与亚洲的贸易古已有之，且不曾中断，无论是奢侈品，还是寻常商品，东方的物品一直对欧洲人产生着极大的吸引力，双方海陆来往密切。16 世纪新航路发现之前，威尼斯人通过传统商路将亚洲的香料、丝绸和瓷器等物运往欧洲，传统商路受阻后，欧洲人对亚洲奢侈品的热情丝毫不减，反倒另辟蹊径，催生了一系列具有世界意义的贸易新网络。近代以来中国的奢侈品贸易迅速衰落，欧洲一枝独秀。在奢侈品贸易史上似乎

①② Dennis O. Flynn & Arturo Giráldez. Trading Patterns， Pacific. Berkshire Encyclopedia of World History.

从来不见美洲的身影，其实不然，美洲大陆内部的奢侈品贸易同样繁盛。

四、美洲贸易格局

美洲与中国隔海相望，古代这块大陆上的各个地区，从最早的狩猎采集社会到诸如阿兹特克、印加这样的史前帝国社会，商业贸易活动在复杂程度各不相同的所有社会中广泛开展。美洲的生态环境极为多样化，从潮热的热带雨林到山地高原，这些环境特点促进了区域特色的形成，为相互交换剩余物产提供了契机，同时造就了不同的社会需求，因而各地的奢侈品种类也有所不同。社会等级的发展促使社会精英们设法获得一些体现社会地位的奢侈品，而这些奢侈品通常来自远方。①值得注意的一个现象是，在美洲许多贵重的商品是用于宗教仪式和墓葬中的，这些商品价值高，十分稀有，在贸易中占据着很高的比例，相较于必需品，这些商品也应算作奢侈品。

美洲生态环境的多样性也加剧了各地来往的交通难度，并且由于缺乏驼畜，加之轮子还未用于实际中，美洲的运输体系依赖于人力和独木舟，而适于航行的河流少之又少，因而陆上人员交通往来所需付出的代价巨大，所以贸易往来所携带的商品多选择体积小、价值高、不易贬值的商品，这些商品迎合着社会宗教仪式、墓葬风俗和社会精英显耀身份的需求。

在北美洲，霍普韦尔文化以其复杂的公共仪式而著称，仪式和墓葬中的大量商品是从远方进口来的，主要进口的商品有：天然铜饰品、精致的双刃石制工具、黑曜石制品、镜子、陶土和石制的烟管、人骨饰品和熊齿、鹿骨工具、石英水晶、贝壳珠和银器。②包括霍普韦尔文化在内的许多文

---

① Frances Berdan. Trading Patterns, Mesoamerican. Berkshire Encyclopedia of World History.

② Michael E. Smith. Trading Patterns, Ancient American. Berkshire Encyclopedia of World History.

化中，饰品占了相当大的比重，这说明是社会因素推动着贸易的发展，而不是经济因素。在密西西比文化中贸易的绝大多数商品是饰品、礼节仪式用品以及制造它们的原材料，如铜、黑曜石和贵金属等。[1]中美洲有众多部族，酋长制在许多地区建立起来，各地区的政治首领们相互交换大量的贵重商品，有玉石、蛇纹石和其他贵重的矿石，还有黑曜石制品工具、陶瓷容器、铁制镜子、贝类饰物和用于礼节仪式的各种动物制品，如黄貂鱼骨和龟壳，大多数贸易交换的物品是用作社会炫耀和礼节仪式的奢侈品。在玛雅国家，公共活动和统治者们奢华的生活中奢侈品是不可或缺的元素。国王们常用进口的宝石（如翡翠和黑曜石）和热带禽类羽毛制成的头饰装扮自己。他们举行奢华的上层宴会，所享用的食物如可可和其他美食都用绘有精美图案的陶器装盛。玛雅国家不得不从很远的产地进口黑曜石，且多数玛雅黑曜石制品都用在社会炫耀和礼节仪式中了。[2]同玛雅处于同一时期的特奥蒂瓦坎国相对少了几分浮华，该国位于墨西哥中部，靠近黑曜石产地，更加注意手工生产的经济效益。中美洲这类奢侈品的贸易被社会上层或贵族所垄断，他们负责组织开展贸易，并且也是这些商品的主要消费者。[3]南美洲商品贸易保留下来的信息比较少，根据考古学的发现，贸易商品中，黑曜石和贝壳的贸易十分突出，相比于中美洲，安第斯地区几乎没有黑曜石的天然矿藏，但是安第斯人却一直有效地利用着这种石材的优良切削性能。安第斯地区另一项重要的贸易物品是贝壳。带刺牡蛎（海菊蛤属物种）的彩色的贝壳尤为贵重，人们常常将其制成饰品

---

① Michael E. Smith. Trading Patterns, Ancient American. Berkshire Encyclopedia of World History.

② Michael E. Smith. Trading Patterns, Ancient American. Berkshire Encyclopedia of World History.

③ Frances Berdan. Trading Patterns, Mesoamerican. Berkshire Encyclopedia of World History.

和礼器。这些天然的贝壳只产于厄瓜多尔和中美洲的太平洋沿岸地区，它们出现在安第斯地区的遗址中，说明了奢侈品贸易的距离和规模。美洲的其他地区，如加勒比海地区，考古发现的贸易商品有黑硅石（用于制作薄片的石器工具）、陶器、火山灰陶器、各种特色石材制成的珠子（如石英晶体、紫水晶和闪长岩）和石头雕刻的饰品（包括一种奇特的石杵）。①

由此可见，美洲的贸易商品中用于装饰炫耀和社会公共活动的奢侈品十分普遍，这类贸易也繁荣异常。由于缺乏文字资料的记载，其贸易情况只能通过考古学上的证据来了解，其他种类的奢侈品，如饮食和服饰类的商品都是易腐的，难以保留下来形成考古证据，因而其贸易情况如何，现在无从知晓。但是黑曜石、贝壳以及其他的珍贵石头和金属制品，这类不易腐朽商品的发现足以说明美洲奢侈品贸易的重要性。北美洲、中美洲、南美洲和加勒比海地区生态环境极为多样，社会形态也较为多样化，贸易，特别是奢侈品贸易联络着古代美洲的各个社会，相似的社会需求和贸易模式塑造着美洲社会的共性。

五、奢侈品贸易的社会和心理根源

欧洲、太平洋地区和美洲三地之外的世界其他地区同样存在着奢侈品贸易，众多贸易模式中奢侈品贸易是普遍特点之一。古代世界看为奢侈的商品，大多数在现代看来已成为寻常商品，现代社会的奢侈品也许形态、制造工艺有所不同，但其种类仍不外乎衣、食、住和娱乐几类，再加上交通工具类。那么从古至今人类为何对必需品之外的奢侈品如此孜孜以求呢？根据美国学者克里斯托弗·贝里的观点，原因有以下几点：

一是必须与欲望难舍难分的关系，因为有对必需品的需求，就会存在

① Michael E. Smith. Trading Patterns, Ancient American. Berkshire Encyclopedia of World History.

需求的欲望，因而对奢侈品的需求欲望就不会被根除。任何事物的存在都有其人性基础，奢侈品同样如此。二是规则和社会认同，许多奢侈品中承载着许多价值形态，为社会订立着许多规则，如某些奢侈品是王室垄断，只有王室成员才有资格使用，因而某些奢侈品也成为身份认同的象征，前文中美洲地区许多奢侈品贸易是在社会精英间开展的，社会精英或政治首领们用奢侈品显耀自己的社会身份和地位。还有一些奢侈品专门用于宗教仪式中，它们被神圣化，成为神秘的超自然力量的象征。三是自然习俗，同一商品在一个地方被视为寻常，可能在其他地方就成了奢侈品。四是对美好生活的向往，奢侈品总比寻常物品或是更加美观，或是更为精良，再或是性能更好，社会各阶层对奢侈品的渴求也恰好是对更美好、质量更高的生活的向往。①

六、结论

渴望奢侈品的理由也许不止这些，时间长河里，奢侈品的种类在变，贸易方式在变，但是对它普遍的渴望没有变过，由此可知，奢侈品本身不会消失。历史上曾有时期对奢侈品持否定态度，认为奢侈品本身是柔弱、女人气和挥霍的象征，如今主流社会对奢侈品的观念不再这么负面。奢侈品成为一大经济产业，中国的奢侈品消费不断增长，但生产出口奢侈品的能力却很薄弱，如何推动奢侈品经济走向世界是经济领域的一大主题，也许可以向历史借鉴一些经验。

① Christopher J. Berry. The Idea of Luxury： A Conceptual and Historical Investigation. Cambridge University Press. 1994.p.231－242.

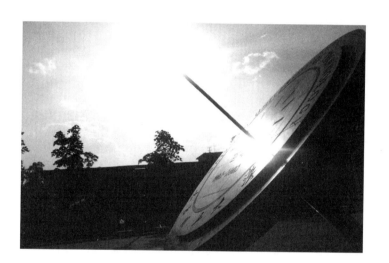

史论探微

杨业之死

◎张国强　文史学院 07 级历史班

北宋雍熙三年（986 年），出兵征辽，兵分三路，曹彬率主力军出中路，潘美、杨业为西路军，据《宋史·杨业传》记载："大兵北征，以忠武军节度使潘美为云、应路行营都部署，命业副之，以西上阁门使、蔚州刺史王侁，军器库使、顺州团练使刘文裕护其军。"

此时，战场形势于宋军不利，《宋史·杨业传》："时契丹国母萧氏与其大臣耶律汉宁、南北皮室及五押惕隐领众十余万，复陷寰州。"宋军主动出击取胜已不可能，因此杨业主张佯诱契丹军队来战，趁机转移百姓。《宋史·杨业传》："业谓美等曰：'今辽兵益盛，不可与战。朝廷止令取数州之民，但领兵出大石路，先遣人密告云、朔州守将，俟大军离代州日，令云州之众先出。我师次应州，契丹比来拒，即令朔州民出城，直入石碣谷。遣强弩千人列于谷口，以骑士援于中路，则三州之众，保万全矣。'"

应当说，这个方案是正确的，但是监军王侁不同意。《宋史·杨业传》："侁沮其议曰：'领数万精兵而畏懦如此。但趋雁门北川中，鼓行而往。'文裕亦赞成之。业曰：'不可，此必败之势也。'侁曰：'军侯素号无敌，今见敌逗挠不战，得非有他志乎？'"

王侁作为监军，代表皇帝权威，王侁对杨业产生不信任感，言语相激，逼迫杨业出战。杨业无奈，只好出战，《宋史·杨业传》："业曰：'业非避死，盖时有未利，徒令杀伤士卒而功不立。今君责业以不死，当为诸公先。'"并作了相应的军事部署。《宋史·杨业传》："将行，泣谓美曰：'此行必不利。'……因指陈家谷口曰：'诸君于此张步兵强弩，为左右翼以援，俟业转战至此，即以步兵夹击救之，不然，无遗类矣。'"

杨业的部署之中，最关键的就是一定要在陈家口有援兵，而恰恰是援兵提前撤走，杨业部顿成孤军，结果全军覆没。

具体的交战过程，据《宋史·杨业传》："美即与侁领麾下兵阵于谷口。自寅至巳，侁使人登托逻台望之，以为契丹败走，欲争其功，即领兵离谷口。美不能制，乃缘交河西南行二十里。俄闻业败，即麾兵却走。业力战，自午至暮，果至谷口。望见无人，即拊膺大恸，再率帐下士力战，身被数十创，士卒殆尽，业犹手刃数十百人。马重伤不能进，遂为契丹所擒……乃不食，三日死。"杨业此战，在战略战术上都是错误的，那么造成这一损失的原因，则与战场决策指挥者，即主要将帅潘美、杨业与监军王侁、刘文裕之间不融洽的关系有很大的关系。

一、将帅失和

（一）杨业和潘美的关系

小说《杨家将演义》中，杨业与潘美是大仇家：一为潘美从征太原，曾被杨业打伤；二为杨七郎摆擂台打死潘美之子潘豹。这虽然都是小说家臆想，但也能反映出：在杨业与潘美之间，的确存在某种过节。

杨业原为北汉大将，后随北汉主降宋，《宋史·杨业传》："弱冠事刘崇……以骁勇闻……屡立战功，所向克捷，国人号为'无敌'。太宗征太原，素闻其名，尝购求之……继元既降，帝遣中使召见业，大喜，以为右领军卫大将军。师还，授郑州刺史。帝以业老于边事，复迁代州兼三交驻泊兵马都部署……会契丹入雁门，业领麾下数千骑自西陉而出，由小陉至雁门北口，南向背击之，契丹大败。以功迁云州观察使，仍判郑州、代州。自是，契丹望见业旌旗即引去。"

由此可见，杨业当时在边关威名远著，自然也引起同僚的嫉妒，因而"主将戍边者多忌之，有潜上谤书斥言其短，帝览之皆不问，封其奏以付业。"（《宋史·杨业传》）

而所谓的主将又是谁呢？《宋史·潘美传》："四年，命将征太原，美为北路都招讨，判太原行府事……及班师，命兼三交都部署，留屯以悍北边。美尝巡抚至代州……封代国公。八年，改忠武军节度，进封韩国公。"

潘美恰恰就是当时的戍关主将，则潜上谤书斥言其短者，应当是潘美，纵然不完全是潘美，潘美也一定参与其中。另外，潘美是主将，有功上报朝廷的时候，是用潘美的名义，例如《宋史·潘美传》："美独拔寰、朔、云、应等州。"那么杨业作为前锋的功劳呢，完全被潘美霸占。自己有功被夺，反而还被人诬谤，心里肯定不痛快，杨业与潘美又长期共事，矛盾累计相当多，两人的关系也自然是相当糟糕。

因而潘美也不会为杨业考虑，潘美作为一名富有军事经验的将领，对于杨业和王侁两种方案谁好谁坏，他是一目了然的，却沉默不语，默许王侁的错误建议。杨业哭着对他说："此行必不利。"已经预知自己凶多吉少，作为一名军事名将的潘美，难道不知杨业此去的凶险？王侁虽是监军，但军事部署的决定权却在潘美的手里。但潘美却保持沉默，在杨业之死的问题上，潘美的确是有责任的，虽然并非主要责任。

（二）**杨业与王侁、刘文裕的关系**

从杨业与潘美的关系推断，同僚之中对杨业抱有好感的人不多，王侁应该不是一个例外。那么王侁又是怎样的一个人呢？王侁出身官宦之家，《宋史·王侁传》："王侁，字秘权，开封浚仪人。父朴，周枢密使。"王侁参加赵匡胤平江南之役，"开宝中，征江南，命侁率师戍桐城。王师渡江……领兵败江南军四千余于宣州。金陵平，加阁门祗侯。"

又随宋太宗从征太原，"四年，从征太原，以侁护阳曲、塌地、石岭关诸屯，赐厩马介胄。"

由此看来，王侁还是相当有才干，并且出身贵族（父朴，周枢密使），很受皇帝信任，"一岁中数往来西边，多奏便宜，上多听用，迁通事舍人"。同时可看出，王侁与杨业平时也没有多少来往，关系很一般。

刘文裕的情况与王侁类似。刘文裕是宋朝的国戚，《宋史·刘文裕传》载，"刘文裕，字以宁……简穆皇后即刘文裕祖姑也"，与太宗皇帝关系很好，"太宗在藩邸，多得亲接"。同时与王侁合作时间比较长，"四年，车驾征太原，命文裕与通事舍人王侁分兵石岭关……雍熙初，徙屯三 交……会李继迁率折遇乜寇边，初诏田仁朗与王侁等讨之，仁朗坐逗遛，命文裕代仁朗。继迁等遁去"。他们两人的主要经历和主管区域在江南与西部边防，对契丹作战机会不多，那么同杨业接触的也不会太多。王侁与刘文裕和潘美与杨业显然不同属于一个政治集团，故而他们之间的相处不会太融洽，如此，则很容易出现争执和分歧。

王侁、刘文裕虽然多年从征，大多数时候是做后勤护卫工作，毕竟没有指挥过大的战役，缺少经验。尤其是王侁，此前没有对契丹打过仗，十分渴望取胜立功，大军先胜后退，王侁心中不服气，执意要战。正是这种求胜心切的心态，"侁性刚愎，以语激杨业"，促使王侁利用自己监军的身份，逼迫杨业出战。如果侥幸得胜，自己有功，若是失利，自己也可全身而退。至于杨业的生死安危，王侁显然不会放在心上。因而，一开始以为宋军得胜，"侁使人登托逻台望之，以为契丹败走，欲争其功，即领兵离谷口"，后来"俄闻业败，即麾兵却走"，提早撤去陈家谷口的援兵，坐视杨业败亡。

刘文裕主要是附和王侁的意见，虽非主谋，但同潘美一样，其责难逃。

（三）潘美与王侁、刘文裕的关系

潘美是北宋的开国功臣，战功仅次于曹彬，《宋史》中把曹彬和潘美同列一传，潘美与宋太祖赵匡胤的关系很密切。《宋史·潘美传》："潘美，字仲询，大名人……先是，太祖遇美素厚，及受禅，命美先往见执政，谕旨中外……李重进叛，太祖亲征，命石守信为招讨使，美为行营都监以副之……七年，议征江南……十月，命美为升州道行营督监，与曹彬偕往，进次秦淮……金陵平，以功拜宣徽北院使。"

这是潘美在平北汉之前的主要履历，足可见潘美的资历之重，功劳之巨。平金陵，潘美是主帅之一，而此时的王侁与刘文裕只不过是偏师迟将，王侁"领兵败江南军四千余于宣州。金陵平，加阁门祇侯"。刘文裕则"八年，权管云骑员僚直，欲讨江南，中弩矢，神色自若"。无论如何，王侁与刘文裕在声望、能力各方面是不能与"封代国公。八年，改忠武军节度，进封韩国公"的潘美相比量高下的。

但是，王侁与刘文裕此时的身份已变，"蔚州刺史王侁，军器库使、顺州团练使刘文裕护其军"，作为监军，反倒成了潘美的"太上皇"。第一，潘美心里不服气，因为王侁与刘文裕论资排辈实在太低，自己当年和太祖是哥们儿，陈桥兵变的时候就是监军；第二，他却不得不接受事实，太祖皇帝的哥们儿，如今比不上当今太宗皇帝的哥们儿。

一方面是手握重兵的功臣宿将，一方面是仕途正盛的天子信臣，彼此之间的关系应该不会很好。潘美对这两位钦差，也不好有太多的节制，因而王侁主战，潘美不言，王侁擅自指挥军队进退，《宋史》居然记载"美不能制"。本已隔阂重重，再加上一个北汉降将杨业，将帅之间的关系更是错综复杂，不能齐心协力，而是各有打算，最终导致陈家谷兵败，杨业被俘绝食而死，潘美、王侁与刘文裕受处分，害人害己。

然而，此种局面的出现，并不是一种偶然，而是有诸多制度方面的因素。

二、驭臣之术

导致陈家谷兵败的这一错误人事格局，并非偶然，而是最高层有意安排。中国历史上，自从韩非子系统地提出中央集权理论及君主的权术理论以来，历代王朝为巩固政权，都会采取很多办法。其中最主要的一条，就是君主对臣下的有效驾驭，避免出现权臣专政、地方分裂的现象，保证大权不旁落。就具体的手段和运用方法来说，《韩非子》中有许多丰富生动的论述。具体到朝廷对潘美、杨业所做的设计，则主要是官场中最常见的平衡之术。

（一）以微臣制贵臣，以近臣制权臣

以小制大，以贱制尊，这是古代君主实行"以臣制臣"时常用的方法。在君主看来，那些既有尊贵地位又手握实权的臣属是难以控制的，容易造成权力结构的不平衡，解决的办法之一就是实行"权""位"分割术，即让职高位尊的贵臣受制于职卑位贱的微臣。

王侁与刘文裕在做监军前的官职，王侁担任西上阁门使、蔚州刺史，刘文裕担任军器库使、顺州团练使，这与潘美的官职差得很远，潘美当时任"忠武军节度使，进封韩国公"。但是王侁与刘文裕作为监军，是在代表皇帝行使权力，它代表皇帝在对外将帅行动进行监督和挟制，又能左右军队的调动。王侁拒绝杨业的建议而后又为了争功劳私自带兵离开谷口，这固然于潘美的默许纵容有关系，但是王侁监军的身份，让潘美投鼠忌器，而无可奈何。

再者，孤独的君主深居宫中，怀疑猜忌的目光总是盯向那些掌握实权的文武大臣，一直身边的人似乎还可信赖。因此，君主常常派遣身边的近臣去监视权臣的行动，并分割和牵制他们的权力。近臣充任监军，率军主将将会受到多方的掣肘。

前面提到，王侁"一岁中数往来西边，多奏便宜，上多听用，迁通事舍人"。"通事舍人"这一职务，大概相当于皇帝的私人秘书，陪皇帝接见外国使臣，以及起草一些诏令等，与皇帝的关系很密切。刘文裕则是"简穆皇后即文裕祖姑也"，是宋朝的国戚，"太宗在藩邸，多得接亲"，与太宗皇帝是哥们儿关系。相比之下，潘美虽然与太祖赵匡胤关系很好，贵为两朝元老，但是与太宗皇帝关系一般。杨业作为降将，不论怎么说，都是理短的。因此，太宗皇帝派王侁与刘文裕来做监军，这也是对潘美和杨业的防范。

（二）利用臣属之间的矛盾

臣属之间总是存在着各种不同的集团和派系，利用他们之间的矛盾是中国历代君主经常玩弄的政治平衡术之一。只要不影响君主的利益，君主不仅不会努力去消除臣属之间的矛盾，反而会在一定程度上有意制造和保持臣属对立的状况。群臣互斗，只会造成君主居上操纵、分而制之的有利态势。狡诈的君主，总是游离于群臣互斗之上，对任何一方既不过分倚重又不轻易贬斥。或者坐山观虎斗，使臣属之间互相牵制，便于君主操纵控制；或者借此抑彼，防止另一方的势力过度发展，以免对君主形成潜在的威胁。

宋太宗就是利用潘美与杨业之间的矛盾，一方面对于"主将戍边多忌之，有潜上谤书斥言其短，帝览之皆不问"，对潘美告杨业黑状不予处理，另一方面却"封其奏以付业"，玩两面手法，有意挑拨和造成潘美与杨业之间的矛盾。同时又对二人以高官厚禄进行笼络，据《宋史·杨业传》记载，"帝遣中使召见业，大喜，以为右领军卫大将军。师还，授郑州刺史。帝以业老于边事，复迁代州兼三交驻泊兵马都部署……帝密封橐装，赐予甚厚"。对待潘美也不薄，《宋史·潘美传》说"太平兴国初，改南院使。三年，加开府仪同三司。四年，命将征太原，美为北路都招讨，判太原行府事。部分诸将进讨，并州遂平。继征范阳，以美知幽州行府事及班师，命兼三交都部署，留屯以捍北边。封代国公。八年，改忠武节度使，进封韩国公。"这样让潘美和杨业相互牵制，不使边帅势力做大难制，如此一来，自己在京城里面才坐得安稳。

（三）宋代抑制武将的政策

赵宋是"受周禅"建立的，对"枪杆里面出政权"的体会是很深刻的，因此，对武将相当防范。早在赵匡胤时代，就开始了对掌兵将领的削权行动，留下了著名的"杯酒释兵权"的故事。

《宋史·石守信传》："乾德初，帝因晚朝与守信等饮酒，酒酣，帝曰：'我非尔曹不及此。然吾为天子，殊不若为节度使之乐，吾终夕未尝安枕而卧。'守信等顿首曰：'今天命已定，谁复敢有异心，陛下何为出此言耶？'帝曰：'人孰不欲富贵？一旦有以黄袍加汝之身，虽欲不为，其可得乎？'守信等谢曰：'臣愚不及此，惟陛下哀矜之。'帝曰：'人生驹过隙尔，不如多积金、市田宅以遗子孙，歌儿舞女以终天年。君臣之间无猜嫌，不亦善乎。'守信谢曰：'陛下念及此，所谓生死而骨肉也。'明日，皆称病，乞解兵权，帝从之，皆以散官就第，赏赉甚厚。"

赵匡胤首先解除了石守信、高怀德、王审琦这些禁军将领的权，另选一些资历浅、个人威望不高、容易控制的人来担任禁军将领，又将禁军领兵权析为三。宋高层接着又对地方势力开刀，建立了新的军事制度，从地方军队挑选出精兵，编成禁军，由皇帝直接控制。提高文官的地位，各地行政长官由朝廷委派，实行兵将分离等制度，皇帝对军队完全控制。这就是被后人所称的宋代"祖宗家法"，在太祖、太宗两朝正是其草创阶段。

因而也就不难理解，为何前线统帅部要派潘美、杨业、刘文裕、王侁四人组成，而且宋代地方机构很多，其目的就是逐步分割边帅的权力，加强中央对地方的控制。另外。王侁与刘文裕毕竟出身于贵族世家，多少还算有点文化。潘美出身军门，《宋史·潘美传》记载，"父璘，以军校戍常山，"将门之子没多少文化。而杨业更差劲，《宋史·杨业传》记载，"业幼倜傥任侠，善骑射，好畋猎""业不知书"，标准的一介武夫，因而这里也多少体现出了宋王朝逐步重文抑武的趋势。

以上措施，对于整个王朝的政权稳定来说，的确起到了积极的作用，终宋一朝无叛将，在宋王朝统治区域没有形成地方割据。

但是，这样的人事安排，在军事上看来是不明智的。军事十分讲求纪律和命令指挥的统一，这样的分权体制，势必会造成严重的问题。

军队必须有统一的指挥，必须有绝对权威的统帅，权力必须集中，尤其是在作战期间，必须有绝对权力的指挥员，以及指挥员必须有便宜行事的战场应急处置权。《孙子兵法》云："凡用兵之法，将受命于君……城有所不攻，地有所不争，君命有所不受。"

而皇帝所要限制的，恰恰就是这一点，就是要防止"将在外，君命有所不受"局面的出现。有宋一代，此风气尤为厉害，到北宋后期几乎不给前线将领自主权力。

这样防范将领的军队管理体制，在平时管理军队还可以，但是在战时是最要不得的，而皇帝给潘美和杨业所安排的恰恰是这样的一个局面。

《孙子兵法》云："故君所以患于军者三：不知军之不可以进而谓之进，不知军之不可以退而谓之退，是谓縻军；不知三军之事而同三军之政，则军士惑矣；不知三军之权而同三军之任，则军士疑矣。三军既惑且疑，则诸侯之难至矣。此之谓乱军引胜。"

在这里，监军代表皇帝，来干扰军队的指挥，势必会造成将帅之间的分歧与军队进退的失据，最终导致了陈家谷之败。

三、降将的苦衷

杨业作为降将的特殊身份，使他背有沉重的包袱，这也是王侁之辈能够激逼杨业的缘故，也是杨业不得不以死明志的原因。

《宋史·杨业传》载："继而孤垒甚危，业劝其主继元降，以保生聚。继元即将，帝遣中使召见业，大喜，以为右领军卫大将军。"

《隆平集》云："太宗征太原，刘继元降，得郏甚喜，授以大将军。数日，迁防御使知代州。"《东都事略》云："太宗征太原，业扞城之东南面，据城苦战。及继元降，太宗闻其勇，欲生致之，令中使谕继元以招之，杨业乃北面再拜大恸，释甲来见。太宗得之大喜，以为左领军卫大将军。师还，除郑州防御使。"

不论是哪个版本，事实如何，杨业是主动投降，还是"令中使谕继元以招之"，总之杨业是降将。既然是降将，那么与潘美、王侁、刘文裕相比，就会有许多的顾忌。

（一）朝廷对杨业有戒心

毕竟你是降将，今日能降宋，他日未必不降辽。朝廷在策略上，对杨业恩威并施，一方面"帝密封橐装，赐予甚厚"；一方面又派潘美、王侁、刘文裕对其监督。尤其是"有潜上谤书斥言其短，帝览之皆不问，封其奏以付业"这一手更绝。表面看，是皇帝对杨业包庇，实际上是皇帝在威吓杨业，你有把柄在我手上，小心我收拾你。等于是给杨业判了一个缓期徒刑，皇帝随时可以对杨业下手，杨业必须乖乖听话，不敢有丝毫差错。

（二）杨业与契丹的关系

杨业原为北汉大将，北汉与契丹关系很密切，是盟国。虽然杨业本人对契丹绝无好感，《续资治通鉴长编》记载杨业之言，"契丹贪利背信，他日必破吾国"，而且与之多年作战，《辽史·耶律斜轸传》记载耶律斜轸责业曰："汝与我国角胜三十余年，今日何面目见之。"但北汉与辽曾结盟是实，你杨业过去与契丹是属于统战关系。而且，契丹人也很佩服你，"屡立战功，所向克捷，国人号为'无敌'""契丹望见业旌旗即引去"，这么有价值的将领，契丹一定想得到，说不好哪天你杨业就投奔契丹了。

（三）杨业名声太大，引起同僚的嫉妒

一个降将，居然还屡立大功，号称"杨无敌"，风头出尽，同僚的嫉妒随之而来。纵然不是降将，同僚也会嫉妒，更何况是降将。于是各种暗箭打来，"主将戍边多忌之，有潜上谤书斥言其短"，杨业还不能主动辩驳，这种事是越描越黑，稍微有点政治头脑的人都不会去争辩，只能吃哑巴亏。杨业只能更加勤奋认真，靠埋头苦干来堵住那些"潜上谤书斥言其短"者的嘴巴。

（四）降将的身份逼死杨业

陈家谷之战，杨业起初主动避战，王侁就说："君侯素号无敌，今见敌逗挠不战，得非有他志乎？"意思很明显，作为降将，要么你是贪生怕死，要么就是有二心。杨业被彻底激怒，只能一战明志，于是说："业非避死，盖时有未利，徒令杀伤士卒而不立。今君责业以不死，当为诸公先"。《宋史·杨业传》另有"业，太原降将，分当死。上不杀，宠以连帅，授之兵柄。非纵敌不击，盖伺其便，将立尺寸功以报国恩。今诸君责业以避敌，业当先死于敌"。当败退到陈家谷，望见无人，即拊膺大恸，只能以死明志了，及兵败被俘，业因叹息曰："上遇我厚，期讨贼捍边以报，而反为奸臣所迫，致王师败绩，何面目求活耶！乃不食，三日死。"

陈家谷之败，杨业之死，是由于以上多种原因造成。我们得到的最主要的教训，则是唯有良好的体制与优秀的指挥官相结合，才是战斗取得胜利的根本保证。

其兴也勃焉，其亡也忽焉

——"周期律"与中国历史

◎杨 蕤 文史学院院长、教授

　　1945 年 7 月 4 日，伟大领袖毛主席专门邀请民主人士黄炎培先生做客。其间毛主席问及黄老在延安时期的感想，黄老讲了下面这段大家甚为熟知的话：

　　"我生 60 多年，耳闻的不说，所亲眼看到的，真所谓'其兴也勃焉，其亡也忽焉'（《左传》原文中为悖，依杨伯峻先生注释，"悖"同"勃"）。一人、一家、一团体、一地方乃至一国，不少单位都没能跳出这周期律的支配力。大凡初时聚精会神，没有一事不用心，没有一人不卖力，也许那时艰难困苦，只有从万死中觅取一生。继而环境渐渐好转了，精神也渐渐放下了。有的因为历史长久，自然地惰性发作，由少数演变为多数，到风气养成，虽有大力，无法扭转，并且无法补救。也有因为区域一步步扩大了，它的扩大，有的出于自然发展，有的为功业欲所驱使，强求发展，到干部人才渐渐竭蹶，艰于应付的时候，环境倒越加复杂起来了，控制力不免薄弱了。一部历史，'政怠宦成'的也有，'人亡政息'的也有，'求荣取辱'的也有。总之，没有能跳出这个周期率。中共诸君从过去到现在，我略略了解的，就是希望找出一条新路，来跳出这个周期率的支配。"

黄老先生的这番话实际上包含了三层意思：

第一，从长时间的中国历史看，所有的王朝或政权都没有逃脱灭亡或垮台的命运，这是中国历史的一个"死结"；

第二，出现上述现象的主要原因是风气出了问题，或者说统治阶层不能坚持创业阶段的积极进取心态；

第三，告诫"中共诸君"不要重蹈历史覆辙，吸取历史教训。醉翁之意不在酒，黄老不是专门来和毛主席谈历史问题的，而是以另一种方式对中国共产党领导层的善意提醒。

黄老先生将历史上王朝忽而兴起、倏而衰亡，从形式上看周而复始的现象总结为"周期律"，此后便成为一个影响甚远的概念。"其兴也勃焉，其亡也忽焉"较早出现在《左传》鲁国大臣臧文仲的"语录"中："宋其兴乎！禹、汤罪己，其兴也勃焉；桀、纣罪人，其亡也忽焉。"显然其人将国家覆亡的根本原因归咎于统治者的道德基准沦丧和认识水平低下。这句话虽然触及了问题的实质，但尚不完全揭示出历史上政息人亡、循环往复的本质原因，不过这句话从此流传下去。例如大约成书于西汉时期的《韩诗外传》中也讲："昔桀纣不任其过，其亡也忽焉。成汤文王知任其过，其兴也勃焉。过而改之，是不过也。"显然与《左传》的观点别无二样。在此后的历代官方或民间文献中，"其兴也勃焉，其亡也忽焉"成为劝勉统治者注重道德修行的历史警言，直到黄老先生时，将之总结为"周期律"。台湾的柏杨先生曾经进一步地指出："任何（中国古代）王朝政权，当它建立后的五十年左右，或者它传到第二代第三代时，就到了瓶颈时期——所谓若干年和若干代，只是为了加强印象而设，当然不会有人机械地去解释。在进入瓶颈的狭道时，除非统治阶层有高度的智慧和能力，他们无法避免遭受到足以使他们前功尽弃，也就是足以使他们国破家亡的瓶颈危机。历史显示，能够通过这个瓶颈，即可获得一个较长时期的稳定，不能够通过或一直胶着在这个瓶颈之中，它必然瓦解。"（参见柏杨：《中国人史纲》，时代文艺出版社，1987 年）事实上，历代贤达对王朝更迭的现象均有类似看法。例如大家熟知的有《孟子》中"五百年必有王者兴"的提法；更为熟悉的便是《三国演义》的开篇词："话说天下大势，分久必合，合久必分。"

依据正统历史观的看法，中国历史上存在着从夏朝一直到清朝的正统王朝，但秦朝以后中国才确立影响深远的中央集权制度，因此要探讨"周期律"的问题应该从秦朝开始考察，其中除去分裂割据时期的一些政权外，能够真正体现治乱分离规律的大概有十二朝：秦、西汉、东汉、西晋、隋、唐、北宋、南宋、元、明、清、民国。这里需要指出的是，民国也应以一朝计之，是指国民党统治大陆时期。

周期率的一个核心内容就是中国古代王朝都没有逃脱覆亡的命运，王朝的生命有长有短，但政亡人息只是时间的问题。我们若用一个甲子（60 年）的时间段来衡量，这些王朝中显然存在着四个期限不足一个甲子的王朝，即秦、西晋、隋、民国，我们可以称之为短命王朝。民国的问题比较复杂，我们暂且不做任何评论。就前三个短命王朝而言，西晋短命容易理解，因为西晋的开国皇帝司马炎压根就不是个好东西，早期尚能做几件诸如恢复生产、顺应民生的善事，但到了晚年时候就完全蜕变成一个昏庸无道、无耻、无赖之君，是中国历史上臭名昭著的好色之徒。因此，虽然西晋结束了三国分裂割据的局面，实现了短期的统一，但这个王朝除了统治者荒淫无道、腐朽透顶的臭名和席卷全国的"永嘉之乱"外，几乎在中国历史上没有留下任何值得称道的东西。不过秦和隋的命运的确让人有些费解。这两个王朝具有惊人的相似之处：开国皇帝尚有励精图治的态度和放眼四海的雄心，心里装的满是"大事"，例如中国历史上数得上的几处大型工程就有不少是秦、隋王朝完成的，有的至今受益。用今天的话讲，这两个王朝特别注重基础设施建设。在制度建设方面，郡县制（中央集权）、科举制、三省六部制亦分别由秦、隋创立，你还能举出比上述制度更有影响的古代制度吗？遗憾的是，这两个对中国历史有着极大影响的王朝很快就呜呼哀哉了。有人将秦、隋的短命解释为暴政的结果，看似有理，但实则没这么简单。因为中国历史上尚有一些其他暴政的王朝能够苟延残喘较长时间。正是"西施若解倾吴国，越国亡来又是谁？"

下面我们再考察一些长寿的王朝。超过 200 年的王朝也有四个：西汉、唐、明、清（若将北宋、南宋视为一朝，则有 300 余年的长度）。这四个王朝有几个共同特点：第一是前期的基础均打得比较牢靠。在文武制度的建设、精神风貌的开创，尤其是统治者的自律等方面，以上四朝均有称道的地方，因此中国历史上几个为民众津津乐道的盛世，几乎全在这几个王朝的早中期出现，如西汉的"文景之治"，唐代的"贞观之治"、"开元盛世"，明代的"永乐时期"、清代的"康乾盛世"等。第二是有一个良好的君臣关系。在探索中国古代的治乱规律过程中，我们不难发现君臣关系是一个至关重要的因素。好臣子搭配糟皇帝或者好皇帝搭配糟臣子都难成事，平稳的政局不会维持多久。这样的例子太多了。北宋的宋徽宗、南宋的宋高宗以及前面提及的司马炎等无论在人格或管理能力方面都属于糟糕透顶的皇帝，遇到这样的皇帝，即便有贤能大臣的辅助也难免江山将倾的危机。一般来讲，伴随着一个王朝的没落，昏庸无能的皇帝也蜂拥而至，但也有例外，如明代的崇祯皇帝虽然面临弊端丛生的晚明政局，仍然抱有励精图治、力挽狂澜的决心，遗憾的是他未能得到臣子们的有力支持。在政权面临危机时，这些富甲一方的晚明大臣们既不出钱也不出力，一些甚至暗地里充当农民起义军的内应，希望能在李自成的手下捞个一官半职。如大学士魏藻德、陈演等领袖人物（至少相当于今天的副总理或者国务委员级别的官），在李自成入主紫禁城的第二天，就前往拜谒，表示改换门庭之意。对于这种朝秦暮楚之徒，李自成根本不屑一顾，命令士兵把他们囚禁起来。魏藻德还不死心，透过监狱的窗子向外喊话："如果用我，什么官都可以，为什么拘押我？"当农民起义军开始炮轰北京城墙的时候，崇祯皇帝召集大臣商议对策时对大臣们的表现异常失望，便低头在御案上写了十二个字，让站在旁边的司礼监太监王之心看了一下，随即抹去。据说，其中六个字是"文臣人人可杀"（参见樊树志：《大明王朝的最后七十年》，中华书局，2007年）。当然，在李自成兵临城下之时，谁也解救不了明王朝败亡的定局，但崇祯皇帝一定明白这样的结局与这些吃里扒外、利欲熏心的臣子们有直接关系，也就是说晚明吏治出了大问题。虽然年仅三十岁的崇祯皇帝成了亡国君，死于非命，但我们在检视这段历史的时候不应以成败论英雄。客观地讲，在中国古代帝王当中，崇祯是一位很有品位的皇帝，可惜其生不逢时，遇上了明朝晚期的烂摊子：天不时、地不利、人不和！最后一种情况就是如果皇帝和臣子都是完全不负责任的昏庸无道之辈，政权必垮无疑！

其兴也勃焉，其亡也忽焉。这句千年古语的背后也是讲帝王将相的品德对于治乱兴亡的决定作用。今人也试图给出"周期律"种种答案。例如王曾瑜先生认为腐败是导致历代王朝覆亡的根本原因："尽管每朝每代的覆灭，总是各有许多具体的条件和情况，而其中一个根本性的因素，一条贯穿历代败亡的基线，说来说去，还只是'腐败'两字。腐败的根源，说来说去，也无非是专制主义中央集权的等级授职制。靡不有初，鲜克有终，只要专制体制不变，祖宗发家，子孙败家，由腐败走向灭亡，这是古代权力和财产遗传规律的必然性。"（参见王曾瑜：《王曾瑜说辽宋夏金》，上海科学技术出版社，2009年）的确如此，腐败犹如中国古代社会肌体上一块从娘肚子里带来的恶性肿瘤，如果预防措施到位一些，这个王朝尚能多活些时日；如果预防得不好，肿瘤细胞很快扩散，王朝垮台得也快！黄炎培先生所讲的风气日下，显然包含着腐败的产生及扩展，不过王曾瑜先生对该问题有了更进一步的认识。从王朝往复更迭的现象到风气的日下，再到腐败的猖獗，最后认识到都是"专制主义中央集权的等级授职制"这条害人虫惹的祸。这样，对"周期律"原因的探讨似乎有了最终的了结，但笔者认为问题恐怕还没有这么简单。

依据法国年鉴学派代表人物布罗代尔的观点，观察历史可以分为三个层次：把地理、气候和生物、传统观念等因素划作长时段的观察层次，犹如河床；把社会政治和经济、人们的生活方式和交换方式划为中时段的层次，可看作暗流；而以往人们在历史著作中通常所叙述的人物和事件史，称之为短时段，好似水面上泛起的浪花。以此来考察"周期律"的问题，我们不难发现以往的解释多局限于事件史，或者说只看到了浪花，而未能从传统观念的角度给出一定的合理的论述：必须找到"周期律"得以滋生的河床。

如果我们报以一个客观的心态去检讨中国传统文化，会发现她是一个光荣与缺憾并存的复合体。就缺憾而言，中国传统文化存在着文化上的保守性（缺乏冒险精神）、管理上的依赖性（缺乏自治传统）、社会评价的单一性（一切以官阶为衡量标准）等。在这样一种文化传统之下，很难产生超越"王朝体系"的东西。诚如鲁迅先生所言："至今为止的统治阶级的革命，不过是争夺一把旧椅子。去推的时候，好像这椅子很可恨，一夺到手，就又觉得是宝贝了，而同时也自觉了自己正和这'旧的'一气。（鲁迅：《上海文艺之一瞥》）"几千年来，中国王朝的循环就像毛驴拉磨一样，由于缺乏引导走出磨坊的精神力量和制度支持而一圈又一圈地转下去。笔者看来，这只"看不见的手"才是中国历史"周期律"真正的"幕后黑手"。

西夏文献研究之我见

◎刘　东　文史学院09级历史班

西夏文献是一种极其重要的文献资源，为研究西夏时代的社会、经济、政治等方面情况提供了第一手资料。在西夏历史的研究中，文献资料是最重要的基础部分，汉文西夏文献又是其重要组成部分之一。研究西夏学的目的，不仅在于重现西夏时期人们的思想和生活方式，还可以为古代丝绸之路沿线的各民族之间文化互动的发展收集实证，而后者可以为我们解析当前少数民族地区的文化发展模式提供案例。为此，现有的西夏学文献在实用方面显得非常有价值，因而，笔者提出一些自己的看法。

一、西夏文献研究的概况

西夏文献就其内容可分为五类。（1）语言文字类：黑水城文献中有多种有关西夏文的字典、辞书、语音表等资料，如西夏文、汉文双解词语集《番汉合时掌中珠》，注释西夏文字形、音、义的韵书《文海》，西夏文字书《音同》等，对研究西夏文无疑是至为珍贵的资料。（2）历史法律类：西夏王朝有着完备的法律体系，然而汉文史料失于记载，黑水城西夏文献中却保存多种西夏文法律文献，最为著名的是《天盛改旧新定律令》。

这部法典原为 20 卷，今存 19 卷，1300 多页，是我国古代继印行《宋刑统》后又一部公开刻印颁行的王朝法典，也是第一部用少数民族文字印行的法典。（3）文学类：西夏文学作品传世极少，黑水城文献中有西夏文诗歌的写本和刻本，保存数十首诗歌，反映西夏诗歌的艺术成就。西夏谚语集《新集锦合辞》中，保存大量多种类型的西夏谚语，以醇厚的民族风格展示了西夏社会风情与党项羌的民族伦理、道德观念。（4）古籍译文类：西夏统治者积极借鉴中原文化，翻译了大量的汉文典籍，如《论语》《孟子》《孙子兵法》《孝经》等都有西夏文译本。特别是唐代于立政编撰的类书《类林》，失传已久，敦煌文献中只存零篇断简，而西夏文刻本则保存完整，通过翻译整理补充，就能使这一失传千载的古籍重现原貌。（5）佛教经典类：西夏统治者信奉佛法，在境内大力推行佛教，动用大量的人力、物力翻译、抄刻佛经。这些佛教经典有的译自汉文大藏经，有的译自藏文大藏经，也有自己编撰的文献，是研究西夏佛教史，乃至中国佛教史的重要资料。

二、西夏文献现存状况

宁夏、甘肃等地的西夏学专家对国内现存的西夏文献进行了最大规模的编辑整理。统计结果表明，目前国内现存西夏文献总计在一万件以上。这一万余件的文献包括 1917 年宁夏灵武发现的两大箱西夏文文献，1952年以来甘肃武威天梯山、永靖炳灵寺庙等地发现的西夏文文献，1959 年以来多次在莫高窟发现的西夏文献，1991 年宁夏贺兰山发现的西夏文献，20世纪 90 年代在内蒙古额济纳发现的西夏文献等，还包括了一些个人家藏品。由中国国家图书馆、宁夏大学西夏学研究中心、甘肃五凉古籍整理研究中心联合国内 20 多个学术单位，正在对目前国内现存的西夏文献进行最大规模的编辑整理，整理的全部资料将汇编成 17 卷《中国藏西夏文献》。根据宁夏社科院图书资料中心介绍，2006 年至 2007 年，国内出版西夏学论著 55 部，超过 21 世纪前 5 年的总和。特别是 2007 年，出版论著及相关著作 30 余部。从第三届西夏学国际学术研讨会上了解到，近年来，西夏学论著出版量大大增加，国内外各大图书馆馆藏中 90% 的西夏文献得以刊布面世，从而结束了"西夏学在中国，西夏学资料在国外"的现象。

三、建议

一般来说，古籍辨伪工作，在具体的辨伪方法方面，主要有以下三项：一是利用各种书目和提要，从文献的流传线索上去发现问题和寻找区别真伪的佐证。二是根据其他文献对一书的引证来核实该书真伪。任何一部真实存在的文献都会或多或少地在流传过程中留下其形式和内容的踪迹，特别是当时能见到这部书的人对它的引证，这些资料可以作为鉴别真伪的有力佐证。三是从文献的内容和文体上鉴别其是否与著作年代相符。对于西夏文献的辨伪方法，可以说以上的方法能完全使用的可能性不大。目前，与西夏学相关的翻译及著作，尽管有很多，但这些都不是当时的西夏文原著，而是后来学者们的研究成果。因此，也就谈不上什么对西夏文进行辨真去伪的问题了，并从而进一步说明西夏文献的真实价值。

现在对古籍文献的保护技术，主要有以下两个方面：

一是在原件保护技术方面：（1）脆弱纸张网加固技术。此法简便实用，省工省纸，特别适用于两面文字的脆弱纸张。（2）纸张防虫防霉。我国古代十分重视书籍、字画等纸质文献防霉防蛀。近年来，文献保护专家又研究出许多现代杀虫技术，开发研制了多种防潮防霉药品，并已经在博物馆、档案馆和图书馆等单位应用，取得了较好的效果。（3）脱酸技术。纸中含酸影响纸张寿命。脱酸是用碱来中和纸张内部的酸，为重新保护纸张今后不受酸的腐蚀，采用把适度的碱留在纸中的处理方法。（4）字迹保护。这种方法可使字迹显示接近原来的清晰度，并延长古籍的有效使用期。（5）派拉伦真空涂抹法。此法使纸张的强度大大增加，提高了耐酸、耐碱、耐蛀、耐霉变、耐朽烂、耐水浸能力，是迄今任何其他保护工艺所不及的，特别是将自毁的珍贵纸质文献进行整体加固效果更为突出，经该技术处理过的古籍，文字不受任何影响，几乎可以保持原貌。这项技术足以使古籍地方文献遗产免遭损坏。但该技术工艺复杂，材料成本高，大规模推广受制于经济条件。

二是在古籍文献保护方面新技术的应用。（1）古籍缩微技术。缩微技术，为扩大利用提供了技术上的保证。缩微摄影技术是利用光学成像原理，把图书、情报、档案等文献资料缩小记录在感光材料上，经过冲洗后可借助于放大设备阅读的一门技术。选用高反差胶片或超微粒缩微材料，可使缩微复制达到去除污渍、斑点、发黄变暗、字迹褪色的目的，使冲洗后的胶片只用清晰字迹，而无其他损坏的痕迹。（2）古籍数字化技术。随着数字化技术的发展与互联网的广泛使用，缩微已不再是最理想的保护手段。珍本、善本古籍文献实现全文数字化，也是古籍保护的一种方法。目前，古籍文献全文数据库的录入方式主要有两种。一种是"全文版"形式。此种方法便于检索，但有失原貌，无校勘价值。另一种是"图像版"形式。由于它具有保持其原有文献形式的特点，从文献保护这一角度来讲，是理想的选择。而且随着扫描器的发展，通过扫描可以使其转存到光盘等数字介质上，使古籍地方文献能得到更加广泛的利用。

由于西夏文献的特殊性，这决定了它具有一般文献所无法替代的文献价值和社会作用。西夏文书作为特殊文献，不仅其内容有着重要的史料价值，而且其形式也反映了西夏时期社会、政治、经济、文化等方面的发展状况。随着时间的推移、历史的荡涤，许多西夏文献已经成为孤本、绝本，这也就造成了藏跟用的矛盾。建议将西夏文献进行数字化处理，并建立西夏文献数据库，这样可以有效地解决西夏文献保存和利用的矛盾。建立西夏文献数据库的过程，同时也是对西夏文献的再整理和资源收藏的再覆盖过程。这样做，有利于发挥西夏文献为当地社会和经济发展的服务作用，也有利于西夏文化的有效传播，从而促进西夏文献的价值提升。开发利用西夏古籍文献，能为宁夏地区经济发展规划的制定提供历史借鉴和决策依据。宁夏各级政府和有关经济部门，在经济发展规划的决策过程中，为了避免失误，有必要对当地的情况进行历史的调查研究，特别要注意掌握经济发展过程、产业和资源配置状况以及水文气象、地理交通、物产资源等方面的准确资料，使决策更加科学化。而现实的经济、科技、文化、自然状况等，都具有自身发展的历史延续性，只有详细了解和占有各方面的历史资料，掌握发展变化的规律，才能对现实状况做出合理的分析解释，才能实事求是地对当地的经济发展做出预测和规划。西夏文献，都有人口、物产、矿藏、水利、自然灾害、文化生活和风俗等的详细记载，内容十分广博。开发和利用好这些资源，对政府和经济部门的宏观决策，显然具有十分重要的参考价值。

中国社会之两次转型

◎杨天姿　文史学院08级历史班

从中国古代史的源头原始社会的历史算起，到1911年清王朝的结束，这几千年的历史长河中，中国的历史大的来讲经历了两次最重要的转型。这两次转型一次影响了中国2000年的历史，而另一次则产生了更深远的影响，并对我们今天的生活仍然有着或多或少的影响。这第一次重大转型就是从商鞅变法到汉武帝时期，而第二次重大转型便是开始于1840年的鸦片战争。

一、第一次转型

后人观战国历史，说其征伐混战，礼崩乐坏的居多。殊不知在这个时期中国的历史也充满了活力。在这第一次的重大转型中，商鞅变法、秦朝建立以及汉承秦制便是这段转型中最重要的部分。商鞅的变法无疑是掀起了这次转型的序幕，"三年，卫鞅说孝公变法修刑，内务耕稼，外劝战死之赏罚，孝公善之"①。这是《史记》中关于商鞅变法记载中的一段，商

---

① 司马迁：《史记·商君列传第八》，中华书局，2009年。

鞅变法，贵在破旧立新。何谓旧？世卿世禄制度为旧，分封制度为旧，形同虚设的井田制度为旧。诸等旧制皆当废之。可要变法革新这些旧制并非一蹴而就的事情，古之为变法牺牲者数不胜数，商君也是其中一个。但他的变法确实在后世社会产生了深远的影响。战国时期新制度的产生与发展不可说是始于商君，旧的东西总要伴随着新事物的产生而湮没于历史长河中，但商君的可贵之处在于他把这些新的制度用一种法律的形式明确下来，废除井田制、设立郡县等。就拿设郡县来说，西周时期广分诸侯，名义上共主的土地到了春秋战国时期，不满足于分封的各诸侯在兼并他国土地后不再继续分封，而是采用另外的一种新形式管理，郡县制慢慢地出现了，并逐渐取代了春秋时的封邑。郡县制沿用了2000多年，直到今天我们所实行的地方行政区划可以算是一种变形的郡县制。此时盛行的封君制，早已不同于春秋时期的封邑制。"封君，是国王把邑或县封赏给有功的文武功臣或王室亲贵，受封者即称为'某君'或'某侯'。"①例如孟尝君、春申君、商君等。他们的封号一般不再世袭，他们在封地内不再有独属的行政、司法等特权。大体上这也算是地方行政体制的一种补充形式吧。商君的变法在秦国产生了深远的影响。对于以后秦始皇统一六国，建立那套行政体制奠定了基础。

毛主席说"百代犹行秦法政"，此话一点不假。提及秦始皇我们不该过多地去指责他的暴虐和荒淫。评价皇帝的好坏一要看当时的社会政绩，二要看他在历史中的影响。就其此两点来看，秦始皇真可谓千古一帝。秦代的政体是什么？中央集权的君主专制制度。秦朝建立，始皇不再像以前的君主一样分封天下，而是采纳李斯的建议，建立郡县，这是中国第一次在统一的情形下，立郡设县。他第一次采用了"皇帝"的名号，建立了百官之职。真正确立了"黔首自实田"的封建土地所有制，以及高度统一

---

① 白钢：《中国政治制度史》，天津人民出版社，2002年。

和禁锢的思想文化，这一切的一切都是为了加强封建统治和中央集权。新事物的产生总是要面对质疑和挑战，秦二世而亡。汉承秦制却把秦的灭亡归因于秦的郡县制，于是汉高祖刘邦定了天下之后，再恢复旧制，分封天下，"高帝八男：长庶齐悼起惠王肥；次孝惠，吕后子；次戚夫人子赵隐王如意；次代王恒，已立为孝文帝，薄太后子；次梁王恢，吕后时徙为赵公王；次淮阳王友，吕后时徙为赵幽王；次淮南历王长；次燕王建。"①这段话中可以看出刘邦对自己的几个儿子都封国封地，这引起了后来的七王之乱。直至武帝，这种郡国并行的局面才算被打破，真正实现了强盛汉王朝的目的。汉武帝时罢黜百家独尊儒术也在封建社会初期真正实现了思想上的集权。至此，第一次转型也算是落下了帷幕。

这次转型，将中国社会带入了一个空前繁荣的时代；这次转型，造就了以后中国的盛世繁荣。当然随着时代的发展，这次转型所成就的社会形态也将被另外一次转型所改变。

二、第二次转型

中国在漫长的千年中都以天朝上国自称，在世界第一次工业革命发生之前，这种称呼确实不为过。但是第一次工业革命不仅改变了西方，更涤荡了东方。

世界格局之大变并不始于18世纪的工业革命，当达·伽马绕过好望角到达印度的时候，世界格局就悄然而变了。中西间的文化交流古则有之，但方式却截然不同，不同之处在于世界的大环境不同了。地域间的联系愈加紧密的前提是世界经济的发展中合作性的增强。中国作为一个东方大国，物产丰盈，自然成为了西方资本主义经济发展中想要极力拉拢的对象。诚然，对于一个大国，和平交往自然是上上之选，但久以天朝

---

① 司马迁：《史记·高祖本纪》，中华书局，2009年。

上国自居的中国人早已不问世事很多年。马格尔尼访华的不欢而散，罗马美都出访中国的大惨败，都告诉了西方人，和平通商在中国行不通。伴随着 18 世纪下半叶工业革命的出现，自由贸易学说的发展以及英国崛起成为最强大的帝国，这些条件的成熟，使他们改变了对待中国的态度——由和平改变为斥诸武力。1840 年鸦片战争爆发了。中国的第二次转型也开始了。

中国的这次转型，以鸦片战争的爆发为起点，但它的终点止于何时，这个界限并不明确。有人认为止于 1911 年辛亥革命，有人认为止于 1937 年抗战的爆发，有人认它止于 1949 年中华人民共和国的成立。史学界众说纷纭，但我个人认为它的时间界限应该止于 1911 年辛亥革命推翻了清朝的统治。从 1840 年到 1911 年，在西方的冲击下，中国人开始探索救亡图存的道路，曾经尝试过统治阶级的自救、资产阶级的维新变法以及更加彻底的革命。在这些斗争运动中，道路是曲折的，却也不是毫无成果的，毕竟在经历了一系列的牺牲后中国人终于明白，中国这样的封建主义根深蒂固的国家不可能通过自身的调整带领中国走上近代化道路，所以革命是正渠。1911 年后的革命运动都是沿着革命的路线在发展，从大的方向把握，它们都属于革命的范畴。

中国为什么要转型，最直接的原因就是中国战败，而最根本的原因是中国的落后。"我们的军器和军队是中古的军队，我们的政府是中古的政府，我们的人民连士大夫阶级在内，是中古的人民。"①中国的转型，错过了第一次鸦片战争后的 20 年，终于到了"同光时期"有了新的气象，也真正拉开了中国探索救亡图存的序幕。陈旭麓先生在他的《近代中国社会的新陈代谢》一书中这样描述，"这段历史用的是近代化的一小步"，可谓极其贴切。在器物的制造方面它们确实建立了一批近代企业，在科技教育文

---

① 蒋廷友：《中国近代史》，上海古籍出版社，2010 年。

化等方面确实建立了部分近代设施。可之所以说这是一小步，也是因为创办的近代企业没有带领起中国近代工业的发展，而它在教育文化方面的举措也确实没有让封建守旧的中国社会彻底发生改变，这跟欧洲资产阶级革命（改革）相比简直就是小打小闹了。其后紧跟着的戊戌变法，这是资产阶级改良派的一次尝试，以康有为为代表，他们尝试了李鸿章所不敢尝试的政治改革，可以说他们对于中国当时的政治状况的决断是正确的，改良政治，变法维新，但是对于政局总的把握是错误的。通常来说，自上而下的变法想要成功，要么依靠手里有实权的统治者，要么就是手里掌握军权的重臣，或者二者兼得。但像中国这样二者皆缺的变法，注定了失败的命运。但毕竟维新变法触及了政治领域的变革，也以实际行动告诉世人，在中国变法之路走不通。日本这个蕞尔小国在经历了变法之后竟然成为了强大的东亚霸主，所以在清统治者的心里便种下了立宪强于君主专制的思想。1905 年，慈禧也派出载泽等大臣留洋考察，预备宪政。可是这种立宪的直接目的就是要打击汉人在朝廷的势力，根本原因就是要继续维持满人这种腐朽的统治。这种换汤不换药、自欺欺人的方式又怎能从根本上带动中国的转型呢？这更加激起了汉人的反抗，1911 年 8 月 19 日武昌起义的炮火奏响了清王朝 260 多年统治结束的序曲。孙中山先生对于中国的认识无疑比李鸿章和康有为等人是要深刻的，他 13 岁就留洋，接受的是西式的、科学的教育。以至于他对于民主的认识也更清晰。他的"三民主义"的旗帜，成为了中国革命的奋斗目标，从兴中会到同盟会再到国民党，他意识到革命要有政党的领导，而不是几个人的领导。辛亥革命，为中国近代社会转型指明了方向，为中国的革命之路奠定了基础。

这次转型是在坚船利炮的敲打下揭开的，是伴随着民族危机的加深而深入发展的。也许没有近代的鸦片战争，中国的近代化会更加迟滞。历史没有也许，但这次转型无疑是至关重要的，它不仅对当时有很大的作用，更对我们今天有很大的影响。

三、两次转型的对比

第一次社会转型的重要性究竟为何呢？这次转型之所以重要，我个人认为它将中国这个古老的国家从奴隶社会带入了早期的封建社会。而封建社会是我国历史上体制最完备的时间又延续得比较长的一个社会形态。中国的学术界一直有着中国封建社会论的争议，一直到现在依然没有一个人可以肯定地告诉我们中国到底是什么时候进入封建社会的。我们只能概括地用几个"说"来代表：西周封建说、春秋战国封建说和汉魏封建说。而我认为中国的封建社会是战国晚期秦汉才得以确立的。就世界的大环境看，"我们现在对'封建'的认识，主要来自马克思主义，是马克思主义者研究欧洲中世纪社会所得的结论"[1]，拿中国的封建社会和世界的相比较我们可以看到还是有很大差别的。也正是因为中国社会的特殊性，中国社会的转型才会显得更加重要。

详细地说，中国的第一次转型主要有这么几个方面。首先，最重要的是政治制度的转变，"从公元前21世纪建立起来的夏王朝，一直到现在，四千年间，中国的政治制度，依次出现过奴隶制的政治制度、封建的政治制度、半殖民地半封建的政治制度以及人民民主制的政治制度四种形态"[2]。也就是说，这第一次的转型，从政治制度上就把中国拉入了封建制的背景。秦朝建立以前中国的政体应该是贵族政体，严格说应该算是一种贵族君主制。何谓贵族制，即奴隶制和封建制国家由少数贵族上层代表为统治者的政体形式。在中国奴隶制时期，中国的状况确实与贵族君主制比较相符，以西周为例，周王是名义上的天子，处于一种天下共主的地位，而他对于天下的统治也仅仅限于名义上的，因为他将自己管理的权力在他分封诸侯国的时候一同下放了。诸侯在受封得到封国的同时，不仅获得了土地及土地上的人口，他还获得了这个地域的统治权。因此，他们也算是统治

---

① 何兹全：《中国古代社会》，北京师范大学出版社，2007年。

② 白钢：《中国政治制度史》，天津人民出版社，2002年。

者，和那个周天子一样。可是经历过这次转型以后，统治者就不再愿意分割自己的权力。所以到了战国时期，封邑制也逐渐被郡县制和封君制所取代，秦朝建立后更是如此（刘邦的举动只是一个历史演进的插曲，就像张楚政权建立时，陈胜还是习惯称王，而不是帝一样）。秦朝建立的政权的政体是君主制，封建的君主制，确切地说应该叫中央集权的君主专制政体。其次，官制的转变。在奴隶社会的贵族政体中，有一个很重要的特性就是等级制。天子、诸侯、卿大夫、士、庶，这些严格的等级下又隐含着另外一个重要的因素就是血缘关系。这种制度在白钢的《中国政治制度史》中被称之为"等级君主制"。"它萌芽于夏代，形成于商朝，确立于西周"[1]。宗法制就是以血缘关系为纽带的统治的最好例证。诸侯地位的世袭，卿大夫地位的世袭，这种世卿世禄制度到了战国时被官员的考核制所取代。商君变法时规定"有军功者，各以率受上爵"[2]。这一时期的官吏主要来自于游说的说客、招贤的贤士，以及推荐来的能臣，到了年终还有考核，凭借的也是这一年的政绩，所以官员的选拔权回到了君主手中，这样能够最大限度地保证官员的质量，更好地维护统治需要。这种制度也一直被沿用。隋朝科举制的确立使这种制度使变得更加完善，更好地适用于封建政权的统治。再次，应该是土地制度的转变，这种制度的转变也是最影响百姓生活的方面。夏商周三代时期，史学界一般认为在这一时期中国的土地制度是井田制。所谓"井田"是指将方里九百亩土地，划为九块，每块一百亩，八家共耕中间的一百亩公田，每家都有一百亩私田，这种土地的划分使用方式，其形犹如"井"字。这种土地制度名义上是土地国有，可实际操作中确是一种贵族的土地私有。奴隶社会后期，也就是战国时期，中国的农业生产工具有了很大进步，开辟和耕种大量私田，需要大批劳动力。而用奴隶制的办法已不能调动生产者的劳动积极性。《公羊

---

① 白钢：《中国政治制度史》，天津人民出版社，2002 年。
② 司马迁：《史记·商君列传第八》，中华书局，2009 年。

传》何休注说"当时民不肯尽力于公田"。鲁国的初税亩，废除了井田制。这也是这一时期封建的土地关系开始产生的重要佐证。从考古发现的张家山汉简《二年律令》中可以看出汉时期的土地制度形态——以爵位名田宅制。在这个时期，土地可以买卖，可以继承，也就是土地可以私有。在封建社会，土地兼并现象愈演愈烈，土地集中于少数大地主手中，而在这个时期，秦汉实行的名田宅制确实为后来的封建王朝的土地制度做了一个开端。最后，秦始皇统一六国后天下书同文、车同轨，这对于中国文化的发展产生了深远的影响。从小篆到隶书，这给我们研究中国的历史提供了很大的便利，也对中国文字的发展演变产生了重大影响。汉武帝时期的五铢钱是中国历史上使用时间较长的统一货币，直到唐高祖时才废除。这对于中国货币和商品的流通都有着至关重要的作用。

可到了 2000 年以后的中国第二次转型时，最根本的原因在于救亡图存。那些旧有的制度落后了、迟滞了。我们要改、要革新、要救亡图存。中国是在被西方列强用坚船利炮打开国门后的二十年才开始有了正式的向西方学习的姿态和实践。可以这么说，是中国的民族危机步步加深才促使了中国社会的第二次转型的步步深入。中国社会的近代化跟西方社会的近代化进程是完全不同的方式。原因在于西方的近代化发展是在资本主义发生发展的基础上进行的，而中国没有那样的经济基础，更谈不上政治力量的保障了。当第一次鸦片战争过后，中国开始沦为半殖民地半封建社会，而中国真正意义上的向西方学习，却是开始于第二次鸦片战争以后的洋务运动，中国的这一次迟滞又耽搁了 20 年，20 年又错过了许多机会。第二次转型的过程远比第一次要艰难得多，因为它面临的困境要比第一次多，近代的转型所面临的社会环境实在糟糕，外有帝国主义的压制，内有保守分子的抵制，所以近代的社会转型只能亦步亦趋缓慢进行。先改革器物方面无疑是最明智的做法，面对强敌的进攻，从器物上先改变大刀对枪炮的局面也是最能让人接受的。但事实总是比理想残酷，一场甲午海战让洋务运动画上了一个句号。单纯的制造器物不可能实现真正的独立和富强。在民族战事日益紧张的时候，我们还要把武装海军的大把银子拿出来去给慈禧太后庆祝六十寿诞，可见中国政治制度不改，终也无法摆脱民族危机的困扰。可就在改革制度的过程中，困难依旧重重。中国的第二次转型具有很大的舶来性，拿来主义屡见不鲜。我们在学习西方的过程中很少去与中国的实际相结合。就像我们看到日本明治维新之后走上了富国强兵之路，摆脱了沦为殖民地的危机时，我们就向日本学习开始搞戊戌变法，这只是中国社会转型中一个失败的例子。旧中国的国情根本不适合搞改革，归根究底还是第一次转型埋下的祸患。中国的封建制存在了 2000 年，无论是大一统时期还是分裂时期，所有政权建立的政体都是专制主义的中央集权制。所以旧有的制度在中国的社会早已根深蒂固，不管是地主阶级还是农民阶级，他们早就适应了这种体制，有地进行土地兼并，没地的通过科举走向仕途，单就改革科举这一项，让渴望靠科举考试走上仕途的学子就失去了希望，他们又怎么会同意呢？殊不知思想顽固守旧的后党更是不会接受这样的改变，因为触动的封建阶级利益太多，裁撤官员等等措施让他们安于享乐的生活化为泡影，后党势力在改革中积聚，戊戌政变是可以预见的结局。所以历史证明，没有和国情相结合的改革或者革命都是难以成功的。就领导者而言第二次社会转型的领导阶级较之第一次更为广泛，有统治阶级和以此为代表的封建地主，有新兴的资产阶级和后来的无产阶级。这次转型几乎囊括了全部的社会阶级。这也是由当时的社会现实所决定的，民族危机当前，各阶层多少有些前赴后继的意味。第二次社会转型的目的就是用孙中山先生的三民主义来描述是恰当不过的，民族实现独立，人民实现自由，土地重新分配。但实现的过程是曲折的，1911 年后我们的革命之路依旧在前行。

从电影《黄飞鸿》系列看中国近代广东社会

◎邓进升　文史学院 09 级历史班

　　近代中国，清政府签订的《辛丑条约》标志着中国半封建半殖民地的社会形成。1840 年英国人率先用大炮轰开中国坚守了几百年的大门，中国开始了一段探索进步，以求摆脱落后的历史。中国的统治阶层也曾试图自救，向西方学习，以实现自强、自富；中国的先进知识分子试图从政治制度上对中国进行改革，康有为、梁启超、谭嗣同等人发起了戊戌维新运动，但终是昙花一现，未能成功。近代的中国社会是复杂和畸形的。陈旭麓先生认为，1840 年后，中国进入了一个变态的社会。①同时，陈旭麓先生指出近代社会也正经历着一个"新陈代谢"的过程。

　　近代广东较中国其他省份有其特殊之处。清政府由于 1756 年英国商

---

　　① 陈旭麓：《近代中国社会的新陈代谢》，上海社会科学院出版社，2006 年，第 51 页。

船迭连北上宁波，引起忧虑，于是"嗣后定口岸于广东"①，开设十三行作为与外国通商的唯一口岸，禁断了广东以外的一切中西贸易，直到鸦片战争爆发，广东是中国对外的唯一通道。尔后1842年签订的《南京条约》规定：割让香港；五口通商，开放广州、厦门、福州、宁波、上海。②随后，清政府又被迫签订了《虎门条约》等不平等条约。西方的新事物开始涌入这个古老的大地。徐广缙给皇帝的奏章也提道："查该夷（英吉利）之在广东，尤非他省可比，商贾交易，货物流通，几二百年兹矣。"③情况如其所奏。由于上述的因素，可以说，广东接触西方事物的程度自比中国其他省份要来的猛烈得多，广东社会的变化亦自比中国其他省份的"新陈代谢"更加明显和激烈。然而这些变化并非明显和迅速的，它是缓慢和不明显的，对传统是一种颠覆和撼动，正所谓："'易俗'始于一物一事之微，而风起于青萍之末，不会不撼圣人制作之意"④。然而直接提供"'易俗'始于一物一事之微"，并不易见于一般史料。偶有近代作家著作提及，但涉及也是很少。我们生活在21世纪的中国，对近代中国的社会历史变迁过程、程度和面貌未能详解。在此情况下，由小说改编而来的电影可能为解决这一问题提供帮助。小说的写作多涉及作者生活的时代背景，电影是改编小说而来，虽有变动，但电影里面的生活场景、人物语言仍多是依据小说的平铺直叙，并无大碍。

电影《黄飞鸿》系列包括《壮志凌云》《男儿当自强》《狮王争霸》《王者之风》《龙城歼霸》《西域雄狮》等。电影讲述的是佛山黄飞鸿为

---

① 陈旭麓：《近代中国社会的新陈代谢》，上海社会科学院出版社，2006年，第34页。

② 郑师渠：《中国近代史》，北京师范大学出版社，2007年，第18页。

③《筹办夷务始末》（咸丰朝），中华书局，1979年，第104页。

④ 陈旭麓：《近代中国社会的新陈代谢》，上海社会科学院出版社，2006年，第234。

民除害、发扬国术精神的故事。其中涉及人物故事或不存在或不真实，但所述故事代表近代广东社会情形。其间若干资料自不能全信，如《男儿当自强》的黄飞鸿与孙中山之间所发生的故事，《狮王争霸》中黄飞鸿父子在北京开有广东会馆等。除此之外，从电影里的资料涉及广东人日常生活，前后故事也可以互相证明近代广东社会之情形。

以下自是从电影《黄飞鸿》系列所窥近代广东社会变迁之形态。

一、广东人的生活

在鸦片战争前，为了方便与洋人通商贸易以及交流，广东人不得不去学习英语，并逐渐产生了"广东英语"。广东人学习英语多以本土语言的谐音学习之，对英语是没有具体概念的。《壮志凌云》中，无业的梁宽初次拜访宝芝林，遇到口吃的阿苏。由于梁宽的愚笨，阿苏骂他："Stupid!"（笨蛋）。梁宽误以为叫他学功夫要"势在必行"。又《狮王争霸》所叙十三姨教黄飞鸿英语，十三姨用毛笔写下"woman"（女人），并念之。而黄飞鸿却念成"午门"。同样，十三姨教"I love you"，黄飞鸿念作"爱老虎油"。

广东人这样的学习方式对粤语有比较深的影响，丰富了粤语的表达方式，今天的粤语有很多词汇就带有西方语言的语音。有学者研究表示粤语吸收了大量的英语，而且都是以音译为主。[1]而且粤语英源外来词从类型上看以音译词和半音译半意译词为主。[2]音译的比如有，粤语称"球"为"波"，来源于 Ball，"投篮"为"恤"，来源于 Shoot。[3]又半音译半意译词，如呼啦圈（hula-hoop）、唐宁街（Downing street）、霹雳舞（break

---

① 吴慧坚：《探析广州话中的英文外来词》，《广东教育学院报》1997 年第 3 期。

② 周学华：《从粤语的英源外来词探析广府文化的内涵》，《佛山科学技术学院报（社会科学版）》2011 年第 7 期。

③ 龚伯洪：《广府文化源流》，广东高等教育出版社，1999 年，第 157 页。

dance)、吧女（bargirl）等等。粤语的丰富并不只受英语的影响，法语、马来语等影响也很深，广东人称"毛线"作"冷"，来源法语"lang"①，故今天两广地区有把"织毛衣"叫"织冷"。

　　火车已经出现在广东社会，但很多人对火车并不了解。《男儿当自强》讲到黄飞鸿、十三姨和梁宽三人坐火车去省城广州。而黄飞鸿系广东佛山人，他们乘坐的应当是当时粤汉铁路公司开办的三段工程之一。②梁宽坐火车如同刘姥姥进大观园一般，什么都是新鲜的。第一次坐火车的黄飞鸿、梁宽表现得很不自然，在火车上走路晃得很厉害，梁宽因此夸车上的服务员"好脚力"。梁宽看车外的树木也"好像飞似的"。作为广东民团教练的黄飞鸿对火车也不甚了解。车内突然黑了，梁宽以为是"日蚀了"。黄飞鸿问十三姨"为什么会这样？"十三姨说："货轮车入山洞了。"梁宽接着说："入山洞？原来外来的货轮车这么大力？连山都可以穿过……"可见当时在广东对火车的了解并不多。1840 年，林则徐主持编译的《四洲志》对于首创铁路火车的英国也是只字不提，说明了"睁眼看世界的第一人"林则徐对铁路认识是模糊不清的不全面的。③

　　火车取代了传统的城际交通工具，行走在大城市之间。近代广东主要有广九铁路和粤汉铁路，担负起运送货物以及旅客的任务。《男儿当自强》中讲述到"黄飞鸿、十三姨和梁宽去省城广州搭乘的是火轮车"。同时，《西域雄狮》里十三姨说："坐十天马车到旧金山，再坐半年火轮船横渡太平洋到香港，然后坐三天火车上广州，再转车到佛山。"可见广东人在大城市之间行走，已开始使用火车，而非马车等传统交通工具。火车在广东的出现，

---

　　① 龚伯洪：《广府文化源流》，广东高等教育出版社，1999 年，第 157 页。

　　② 宓汝成：《中国近代铁路史资料》，中华书局，1984 年，第 750~754 页。

　　③ 林则徐在《四洲志》中说，美国"其不通河道者，即用火烟车陆运货物，一点钟可行二三十里，其车路皆穿凿山岭，砌成坦途……究省人力"。见夏东元：《洋务运动史》，华东师范大学出版社，1996 年，第 359 页。

大大改变了人们的日常生活，如《男儿当自强》中初次坐火车的梁宽说："从前走路上广州要一整天。"魏源在《海国图志》也说到"火轮车可住千人，一时能行百八十里"①，以当时情况来看，魏源的说法大致是正确的。由此可知，火车大大改变了人们的生活节奏和观念。

"新式衣服夸有根，极长极窄太难论。洋人着服图灵便，几见缠躬不可蹲。"②这是咏新式服饰的诗句。在民间，清朝上流社会的男装已经满化，女装则保持明代的传统③。但受到"欧风美雨"的影响，在这积贫积弱的土地上透露着一丝生气和微微的震动。在近代的广东已经出现了中国人穿洋服的现象。早在 1859 年，很多中国姑娘就开始穿欧式鞋，头包鲜艳的曼彻斯特的头巾。④这一现象的出现，首先是由留洋归来的中国学生促成的。《清稗类钞》提到："光绪中叶以后，出洋留学者日多，以我国衣冠之为外人所揶揄也，皆改西装，及归，亦沿用之。于是凡在都会及通商口岸，以为是固学生之标识，足以夸耀乡里也，及相率效仿。"⑤当时的诗也将这一景象描绘："洋帽洋衣洋式鞋，短式胡子两边开，平时毕生伤心事，碧眼深沉学不来"⑥；男子"短衣窄袖娇自怜，足踏黄革履，鼻架金丝边，自诩开通英敌，ABCD 口头禅"⑦。我们从中可看出，留洋归来的学生在近代时期起着沟通中西文化交流的作用。从某种意义上说，中国人穿西洋服并不是崇洋媚外，而是在观念上的转变，是从内心接受西方的先进事物。广州近代服饰发展的特点，服饰等级制度的瓦解、个性的张扬、中外服饰的融合则集中反映出了一种民主、自由、

---

① 转引夏东元：《洋务运动史》，东华师范大学出版社，1996 年，第 360 页。

② 转引陈旭麓：《近代中国社会的新陈代谢》，上海社会科学院出版社，2006 年，第 232 页。

③⑥ 赵颖：《从近代服饰变迁透视社会风俗移易》，《Vicissitudes》2006 年第 1 期。

④⑦ 程思：《从中国服饰演变看女性地位》，《安徽文学（下半月）》2008 年第 2 期。

⑤ 徐珂：《清稗类钞》，中华书局，1984 年版，第 1659 页。

平等的思想。而民主、自由、平等正是岭南文化学习西方文化的核心。①留过洋的十三姨是比较清楚世界发展趋势的，"中国也会跟着世界变"，她的眼光不得不说很深远、独到。十三姨也代表了当时的一部分先进有识之士。

中国近代史上的电报是在洋务运动期间兴办的，但新事物的出现往往遭到守旧势力的排斥和阻挠，因此"架设电报电线的主张引起了在本质上与修铁路相同的争论"②。中国首条自建的电报线是在1877年6月15日建成的海衙线。③其第一要务是传递军报，而其本则在厚利商民，力图久计。④此后中国从沿海至西北地区陆续拉起电报线，电报局取代了传统的通信方式。笔者查阅《清末教案》，自光绪二十年起，皇帝与地方官的通信方式都是使用电报，说明此时电报成为官方主要的通信方式。到了近代的广东，传统的通信方式并不常见了，以电报传递信息的方式变得常见了，并十分重要。《男儿当自强》叙到白莲教经常攻击广州城内的电报局，以断绝政府和外界的联系。纳兰元述说道："这是我们跟外界的联络机关，全力保全电报局及电线杆。"之后又有"事态严重，你们全力守住电报局"。夏东元的《洋务运动史》提到了电报在当时的意义和重要性：电线电报的举办有满足商务军需的任务，有争回利权分洋商之利以致富的目的。⑤由于洋务运动期间提倡"自强""自富"的口号，并要与洋商进行商战，故地方官员要极力保护电报电线。

① 伍春明、杨丹琳、莫丹丹：《近代广州服饰的历史文化解读》，《华南师范大学学报（社会科学版）》2007年第6期。

② 〔美〕艾玛丽：《同治中兴》，中国社会科学出版社，2002年，第217页。此"相同的争论"指架设电报电线，修铁路是否会破坏风水。——引著注。

③ 夏维奇：《中国首建电报线路再考辨》，《重庆邮电大学学报（社会科学版）》2011年第7期。

④⑤ 夏东元：《洋务运动史》，华东师范大学出版社，1992年，第216页。

二、近代广东人对现状的态度

电影里的广东人在国难当头时，所表现出的多是冷漠和畏缩。《龙城歼霸》叙到黄麒英组织民团，当地的豪绅说："你们这些地方小官不清楚那么多，事实上上面早就已经谈好了。早就内定了，现在不过是一两个海盗在唱唱戏罢了，里面还有很多内幕，你我都不知，如果我们插手进去，岂不是越搞越乱？"这是典型的逃避和畏缩。当地的秀才也说："古人曰：乱世出英雄。他们是贼是英雄，就由历史来判决吧，我们是没有权力阻止历史的发展的。"看似时人对时事是十分冷漠的，其实不然，在《郭嵩焘奏稿》中我们可以找到一些证据：

（同治五年）窃查咸丰四年以后，广东红匪叠次扰敌，四会、三水、澄海等县绅民捐资募勇，保守城池。①

郭崇焘另有奏稿亦有此表示：

（同治五年）臣严查广东风俗人心之弊，穷于思议。百姓日以兵刃相接，地方官与百姓亦日以兵刃相接。所在筑立坚墙，广开炮眼。竹盔、铜甲，小村数百具，大村或数千具。专务以强凌弱，以众暴寡，公行劫掠，负险抗官，竟有数十百年不知完纳钱粮为何事者。此次派兵剿办，到处开炮拘捕，悍无顾忌。臣等叙述个军接仗情形，但能叙其大略，至不忍详悉声叙。推其故，良田吏治修，纪纲废弛。而各该村匪徒屯聚，远劫近攻，常有绅士为之支持。②

郭崇焘作为广东的巡抚，其所报奏稿于己多有不利。而他能如此上报，则所叙内容多为真实的。《清稗类钞》也提供了类似绅民共抗匪寇的证据：咸丰辛亥，粤寇扰嘉定之北冈镇，镇绅集资团练③。至于绅民之所以团结抗拒匪徒和"负险抗官"，笔者认为大概是出于维护自身利益使然，

---

①② 郭嵩焘：《郭嵩焘奏稿》，岳麓书社，1983年，第323、308页。

③ 徐珂：《清稗类钞》，中华书局，1984年，第839页。

而非各自为战保护自己。

近代广东人官民多有不合，一般情况也正如前所引"地方官与百姓亦日以兵刃相接"。《龙城歼霸》的米仓邓老板在海盗即将登陆、众人都逃往安全区域的时候仍死守米仓，在家里米仓被打伤残的时候仍对自己的米念念不忘。又《凌云壮志》里面的饭馆老板在被河沙帮收保护费的时候，黄飞鸿帮助其打散流氓后，要饭馆老板出来指证沙河帮流氓的时候，老板却说："算了，我什么都没看到。我不敢，他下次还回来的。"同样米仓的邓老板也说："报官也没有用……"出此情况多因当地吏治不修，纲纪废弛，人们内心没有安全感，对政府不信任。亦如郭氏所报：

窃查广东吏治不修，积习已久。民情□格，盗贼之横行，几为意想所不能测。……官民之不交，而更加锢蔽；义利不分，而益奖其贪邪。[1]而当地习俗也多强悍，"民气素强"，这也使得官民意见往往不合，易生事端了。

近代的广东人对于外来的事物存在着一种傲慢与偏见、排外的心理。《龙城歼霸》里面叙到黄飞鸿一行人和衙门的差人发现以前缴获的洋枪，并打算用来与海盗作战时，心直口快的梁宽说："也没什么，这些洋鬼子的东西，我们中华儿女是有骨气的嘛！哪儿用得着，是不是？来，扔了，扔了。"《王者之风》里面，黄飞鸿教十三姨功夫，十三姨说："学功夫那么麻烦，用枪多好……"黄飞鸿马上吼道："收声！"（闭嘴）近代的广东，诸如此类事件多有发生。如教案问题时常发生，一些村长甚至张贴伪告以号召村民抵触外来事物。笔者查阅到《清末教案》有一则相关的告示。如下：

附件二　照抄水口乡晓谕

群居聚族，在十四乡。一向以来，风俗纯良。无人入教，更无教堂。今有烂仔，创设教堂，坏我风水，侵我地方。个的无赖，甚属猖狂。言同禽兽，行类豺狼。狎污孔孟，激谤禹汤。专请耶稣，得意洋洋。我固深恕，你亦心伤。这班契弟（"契弟"在粤语中是骂人的话，意思是"小

---

① 郭嵩焘：《郭瑞焘奏稿》，岳麓书社，1983年，第57页。

子"——引者注），法网难亡，久恨未泄，苦楚非常。幸蒙各宪，合我衰肠。两广督岑，顺德县张。皆僧入教，告示孔彰。命我绅民，明且极详。既然如此，动手何妨。杀其教佬，拆其教堂。男女老少，士农工商，联心合力，祸福同当。限期初三，去拆教堂。奸心畏缩，天诛地伐。凡同志者，永世其昌。吉祥如意，吉祥如意。①

这一告示言辞十分激烈，称当地创设教堂的青年是"言同禽兽，行类豺狼"，对创设教堂是极度的不满。诸多事件的发生，笔者认为时人普遍存在着"华夷之辩"的观念，当时称外国人为"鬼佬""番鬼佬"的仍不在少数，而称在洋行服务的同胞作"番鬼狗"也是比较普遍的。②虽然"洋货"进入中国已经很多年，但广东人仍是不能从内心真正接受中国的变化，仍习惯小农经济的社会生活方式。

三、结语

由小说、剧本改编而来的电影《黄飞鸿》系列虽不是历史著作，但基本包括了19世纪40年代至20世纪初的广东社会的风貌，包含了丰富的史料。余今日从"电影"此一角度叙写与当时历史背景相对照，发现近代广东社会历史变迁之细末与电影所叙大体相符。在此以新的视角叙写，希冀可以补充一般史书、资料汇编之不足。

近代的广东首先被西方列强攻入，开放了中国第一批通商口岸。随着历史的发展，受到欧风美雨的浸润，"易俗"始于一事一物之微，观念亦逐渐在转变。这些首先是表现在留洋归来的人。他们身着西洋服。以与传统不同的观念看问题，并带回中国人前所未闻、未见的新事物，如李鸿章所言"三千年未有之变局"。加之中国开放的通商口岸越来越多，外国廉价的产品不断涌入，冲击这块古老的、羸弱的土地，中国旧的制度、观念

---

① 朱金甫：《清末教案》（第三册），中华书局，第699页。
② 徐珂：《清稗类钞》，中华书局，1984年，第839页。

开始崩溃并缓慢地趋近世界潮流。正如马克思所言："由于一切生产工具的迅速改进，由于交通的极其便利，把一切民族甚至于最野蛮的民族都卷到文明中来了。它的商品的低廉价格，是它用来摧毁一切万里长城，征服野蛮人最顽强的仇外心理的重炮。"陈旭麓先生也说："在这个过程里，正是来自西方的商品改变了中国社会的面貌。它没有大炮那么可怕，但比大炮更有力量，它不像思想那么伤感人心，但却比思想更广泛地走到每一个人的生活里去。"①中国开始变化，逐渐与世界连成一个整体。此时的近代中国不仅是一个"变态的"社会，更是一个"过渡的"时代。梁任公作有《过渡时代论》，认为"今日之中国，过渡时代之中国也"，以其深远的眼光将中国的近代社会以"进化论"而言之。诚是矣。

中国开始落后于世界的端倪是郑和下西洋②，1840 年的鸦片战争使羸弱的中国一击即溃。中国落后世界太多了，故近代的知识分子开始注意在时间上抓紧改变中国，跟上世界的脚步。有意思的是在《男儿自当强》中的孙中山和陆皓东演绎为惜时如金的人，在此姑且不论两人与黄飞鸿发生的故事是否真实，且以其代表观点言之。陆皓东临死之前还嘱咐黄飞鸿："时间最重要……"电影里孙中山的手表经常走快了，陆皓东说："逸仙，你的表越走越快，迟些，我的手表都追不上你的时间。"黄飞鸿对梁宽说："阿宽我们从来没想过时间是这么重要。"在这里受过新式教育的人和传统的中国人形成鲜明的对比。近代的中国虽有很多痛苦的经历，但与此同时世界也改变了中国社会，使中国"被"与世界联系。法国学者谢和耐说过："中国曾经遗忘过世界，但世界却未因此而遗忘中国。"③这也是世界联系成为一个整体的好处。

①② 陈旭麓：《近代中国社会的新陈代谢》，上海社会科学院出版社，2006 年，第 231、37 页。

③〔法〕谢和耐：《中国社会史》，黄建华、黄迅余译，江苏人民出版社，2008 年，第 1 页。

宁夏岩画艺术及考古学研究

◎陈　伟　宁夏文物考古研究所

自 19 世纪下半叶在欧洲南部发现洞穴岩画以来，岩画的发现与研究已经有一百多年的历史了。作为古代人类遗留的一种文化形式，岩画普遍存在于世界各地，从目前已知的资料看，岩画遗址遍布世界五大洲 70 多个国家的 150 多个地区。已被记录的岩画图像超过 3500 万个。如果包括未被人们记录的图像，估计总数应该在 5000 万个以上，这一数量占到目前已知的原始艺术作品的 90% 以上①。因此，对岩画的调查、整理和研究工作，可以说是对原始艺术研究的一个非常重要的组成部分。

一、宁夏岩画是宁夏北部地区历史文化的真实反映

宁夏岩画发现于 20 世纪 60 年代末，至 20 世纪 80 年代有关机构和学术单位开始大规模地对宁夏岩画进行调查、记录，到目前为止已经基本搞清了岩画的分布地点、数量和主要内容。宁夏岩画丰富的内容、独特的构图、独有的艺术魅力吸引了无数人的关注，成为宁夏古代文化艺术中的一

---

① 联合国教科文组织数据。

道亮丽风景。

（一）宁夏北部地区的古代生态环境及历史文化类型

现在所谓的宁夏北部地区，主要是指北部的包括石嘴山和银川在内的银川平原和包括青铜峡一部分、中宁与中卫在内的卫宁平原地区，这一地域东有黄河，西有贺兰山，形成了独特的生态环境和历史文化，与罗山、六盘山和清水河流域的南部地区有着显著的环境差别和历史文化的不同。

现在的宁夏北部地区由于西北的贺兰山脉和东北的鄂尔多斯台地在很大程度上抵御了蒙古高原的严寒和风沙，加之得黄河之利，农业发达，俗称"塞上江南"。然而，从旧石器时代晚期到宋元时期的近两万年间，宁夏北部地区的生态环境与今天截然相反。宁夏北部地区最著名的旧石器时代遗址的几次发掘证明①，宁夏北部地区人类活动的上限大概为三万九千年，在约二万年前，宁夏北部地区已经荒漠化，经地层花粉孢子测定，当地的植物以耐旱的沙生蒿类植物为主，很少有阔叶类植物。地质学的研究表明流经宁夏的黄河，其四季的水量比现在大得多，水质也无现在这样多的泥沙。由于洪水泛滥，夏季的宁夏北部地区成为淤积湿地。而贺兰山各山口则是大量的洪积扇，这些洪积扇沿贺兰山广泛分布。在这样的自然生态环境中，农耕经济的发展受到了很大的制约，其主要经济形态一直徘徊在狩猎和畜牧经济之间，而主要居民则是各个不同的少数民族，经济形态和社会形态远远落后于中原地区甚至宁夏南部地区。

从考古发掘资料可以看出，除旧石器时代的水洞沟遗址外，近年来在贺兰山沿线和黄河两岸，还发现了为数不少的旧石器晚期遗址和细石器遗址，特别是细石器遗址，普遍存在于世界各地，其延续时间较长，从旧石器时代晚期一直到魏晋时期都有分布②。细石器作为一种复合工

---

① 宁夏文物考古研究所：《水洞沟——1980 年发掘报告》，2003 年。

② 贾兰坡：《中国细石器的特征和他的传统、起源与分布》，《古脊椎动物与古人类》1978 年第 2 期。

黑石峁　羊群

具，它的使用者主要是狩猎者和畜牧民族，细石器文化在中国的分布有专家称为"中国边地半月形细石器文化带"①，这个细石器文化带在中国北方境内的很多地段与古长城相伴行，也是农耕文化与游牧文化的交汇点。在宁夏，主要的细石器地点的分布范围与岩画的分布范围相吻合。

进入文字时代以后，我们可以清晰地看到在这一地区的众多少数民族繁衍生息，这里成为羌戎等狩猎游牧之地。秦汉时期以后贺兰山东侧开始设立郡县，归属中央王朝版图，但少数民族依然活跃在这一地区，这里成为中原文化和少数民族的交融之地。两千余年中，先后有匈奴、乌桓、鲜卑、羌、柔然、突厥、回鹘、吐蕃、党项、蒙古等多个民族在这里游牧生

---

① 童思正：《试论我国从东北至西南的边地半月形文化传播》，载《文物与考古文集》，文物出版社，1987年。

活，岩画正是反映了这样一个历史发展的面貌。

（二）宁夏岩画的类型、构图及创作题材所反映的历史文化面貌

宁夏岩画除灵武市境内的少量地点分布在灵武东山外，大部分分布于贺兰山东麓的山沟中，分布范围广，分布密集。北起贺兰山北端的麦如井、翻石沟，南至卫宁北山的苦井沟、大麦地一带。岩画分布的跨度较大，每一个岩画点的岩画数量较大，由于南北间距较大，在自然条件上存在一定的差距，因而岩画的分布也各具特色，贺兰山岩画大致可分为三种类型[1]：

一是山前草原岩画。这类岩画主要分布于贺兰山北段的石嘴山的大武口区和惠农区境内，有麦如井、翻石沟、大树林沟、小树林沟、红果子口等地点。岩画分布在山前洪积扇上，分布面积较大，但岩画的数量相对较少。每组岩画之间稀疏杂乱，分布没有规律，分布岩画的石面一般较小，长宽多在10余厘米，很少有长、宽超过30厘米的；与之相联系，画面也都较小，内容较为简单，以个体图案居多，组合图较少，形成这一特点的主要原因是此地缺乏适于凿刻岩画的大型石面，即使在靠近山体处有大石面分布，也多因石面凹凸不平而难以刻制。岩画绝大多数为敲凿而成，少数使用花刻法，磨刻图案几乎没有。

二是山地岩画。主要分布于贺兰山中北段，分布距离较长。这类岩画的分布主要有两个特点。其一是分布于深山腹地，岩画分布地带山高谷深，岩画多居于山梁之上或陡峭石壁上，如石嘴山的黑石峁岩画，平罗县的龟头沟、白芨沟岩画，青铜峡口子门沟、四眼井、芦沟湖岩画，中宁县石马湾岩画等；另一个特点是分布于沟口两侧的沟崖上，或循沟而进，沿沟崖分布，如石嘴山的韭菜沟岩画，平罗县的大西峰沟岩画，贺兰县的小西峰沟、贺兰口沟、苏峪口及回回沟岩画。山地岩画分布集中，无论在深山腹地，还是沟口两侧，岩画点地势开阔，水草茂盛，是放牧的极好场

---

① 许成、卫忠：《贺兰山岩画》，文物出版社，1993年。

所。每一处地点岩画分布密集，石面大小有别，最大的画面有几米，最小的仅有几厘米。山地岩画组合图案居多，单体相对较少。采用敲凿和磨刻两种方法制图，以敲凿法为主。

三是沙漠、丘陵岩画。主要分布于贺兰山南段卫宁北山地区，西部与腾格里沙漠比邻，所属岩画地点有中宁县黄羊湾岩画，中卫市苦井沟、大麦地岩画等。这一类型的岩画明显有别于山前草原岩画和山地岩画。岩画分布点的相对高度明显降低，岩画多分布于山梁上条层状裸露的基石上，呈条带状分布，相当一部分被沙漠所侵漫。画面大小不一，单体图案和组合图案所占比例相当。多采用敲凿法，少量使用磨刻法和划刻法。

以上三种类型尽管在地理环境、岩画分布、刻制方法等方面存在一定的差距，但从总体观察，其共性仍是主要的。第一，对岩画的选择基本一致。为了利于长期保存，一般选择在硬度较高的石英岩上，即使地点、石质有所不同，但一般还是选择硬度较高的石面。第二，岩面刻制方向一致。岩画一般刻制在避风向阳的地方。通常是刻制在沟口或沟的北坡，画面面东和面南，面南者居多；或刻在山的阳坡一直到山顶，以利于作者在刻凿岩画时向阳取暖，也使岩画便于保存，避免风蚀剥损。第三，对地理环境的选择相同。岩画分布点周围一般都有开阔的草地，沟内有泉水流出，必定是放牧者经常通过或途中休息的地方。这与现代的情况相同，我们可以看到在岩画地点附近都有现代牧人的羊圈存在。值得注意的是，多数岩画地点都伴随着古代长城出现，也就是说贺兰山大部分岩画分布在古代长城的周围，说明岩画刻制的地点多在山口或进山口不远，是历史上人类经常活动或出入的地方。

贺兰山岩画数量较多，内容和题材也较为丰富。与其东侧的内蒙古阴山岩画、乌兰察布岩画相比，在内容、题材、艺术风格和刻制方法上大体相同。艺术来源于生活，贺兰山岩画图像所反映的内容与当时人们的经济、精神生活有着直接的联系，在宁夏既有组合图像，也有单体图像，以单体图像居多。

一是动物岩画。大量的动物岩画是我国北方岩画的共同特征。贺兰山岩画中的动物有北山羊、岩羊、羚羊、盘羊、黄羊、绵羊、藏羚、羊羚、梅花鹿、马鹿、狍、家牛、野牛、牦牛、家马、野马、双峰驼、单峰驼、狗、狼、熊、野猪、虎、鼬、跳鼠、蛇、鹰、雀、鹤等，有哺乳类、爬行类和鸟类三大类。这些动物中既有家养牲畜，也有野生动物，以野生动物居多。

羊的数量在贺兰山岩画中最多，分布也最广，尤以北山羊、岩羊和羚羊为最多，盘羊在青铜峡四眼井岩画中出现较多，黄羊和绵羊数量较少。大多数羊的体形较小，身体上多无装饰。或行走、奔跑，或静立、躺卧；有些仰首、回首观望，有些俯首觅草，神态各异。

滚钟口　马

还有表现怀孕的形态。马从其形态和画面内容分析，有家马和野马之分，一般在放牧场面中出现的马为驯养马，作为骑乘，一些马背上有马鞍，腹下垂有马镫或障泥，马脖挂有铃铛，拴有缰绳等。作为狩猎对象则大多数为野马。在中宁黄羊湾岩画中的马的数量较多，其构图方法较为独特，马体轮廓线流畅、圆润，形象生动，上下两条刻线从肢体到吻部均不闭合。牛有野牛、家牛（黄牛）、牦牛等，形体一般较大，绝大多数通凿。岩画中鹿形象的出现，仅次于羊和马，梅花鹿、马鹿等多为猎手的捕猎对象。骆驼有双峰驼和单峰驼之分，单峰驼数量极少。双峰驼也有家养和野生两种，以家养居多。

狗的图像在岩画中虽然少于羊、马、鹿等动物形象，但分布范围十分广泛，几乎在每一个地点的岩画中都有出现。除个别单体图像外，大部分狗的图像是在放牧和狩猎画面中出现的，表明狗已经成为家养动物，是人们猎牧活动中不可或缺的帮手。狗的形体一般较小，通凿，身体无装饰。

贺兰口　鹿

狼是北方草原地区最凶残、最富攻击性的动物，也是最常见的野兽之一。宁夏岩画中基本每一个地点都可见到狼的形象。狼的图像形体较大，通凿，身体无装饰。有单体图像，也有组合图像，组合图像总是以狼扑食弱小的羊、鹿等内容出现。虎在宁夏岩画中的表现十分突出，每一个地点基本都有出现。虎的形体较大，刻线宽粗，身体上有平行条带、折线、凿坑、涡纹等装饰，身体健硕，肌肉丰满，张口吐舌，威风凛凛，是动物岩画中的精品，有的虎爪下或口下有较小的动物倒毙身亡，有一部分虎的图像与其他动物相混杂，一般居于中央，处在一个显著的位置，而且形体也比周围动物大得多。

蛇的图像数量较少，也是爬行类动物中唯一见到的一种，一般刻线较细，凿刻细腻，造型生动。有些蛇圆首或三角首，身体伏地，引颈挺首，窥视而游动，也有双蛇缠绕，两头相对呈搏斗之状。

飞禽类有鹰、雀二种，主要发现于苦井沟、黄羊湾、四眼井个别地方的岩画画面上。较大的飞禽一般刻于众动物之上，展翅翱翔。较小的雀类，造型生动，形象逼真，除个别头部外，身体通凿。有些只凿刻出鸟的头部，尖喙、环首、圆眼。

二是人物岩画。宁夏岩画中人物图像的数量较多，散布于每个岩画地点。有单人像，也有和动物组合在一起的。由于凿刻和石质原因，大多数图像通凿或勾画出人体轮廓，没有细部加工，多无人物的五官，头饰或装饰也不明显。从形态观察，可分为正面、侧面、背面和特殊人物图像等四种（不包括执弓和骑马的猎人、牧人的图像）。

正面人像：人物性别以男性为多，个别为女性。一部分人物胯下刻制凸状物，有些被认为是男性生殖器，有些被认为是男子装饰物——尾饰，现场观察，除个别特征十分明显以外，大多数都应是尾饰。女性只出现于个别舞蹈图像中，宽胸、亚腰、肥臀。

侧面人像：这一类图像较少。有些两臂外伸，屈肘下垂呈直角，下肢弯曲，双脚方向一致作行走状；有的两臂外伸，屈肢下垂或叉腰，双腿向同一方向弯曲作站立状；有些双臂外伸，身体弯曲，两腿前后撇开，呈舞蹈状。

背面人像：只见于个别画面中。

特殊人物图像：造型比较独特的人物图像一般有几种情况。一种是凌乱而不易辨认的图像，只可从形态知其为人体。一种是所谓的透视人体的

贺兰口　人面像

图像，这种图像主要在贺兰口岩画中，表现方法也各有所异。有些双臂外展上屈，五指伸开，用竖放的椭圆形图像代表身体部分，其内有平行的横刻线代表肋骨。有些上肢向外屈伸，颔下有一道竖刻线与数道横刻线组成代表人的身体部分；有些没有四肢，从颔下延伸出两道平行竖刻线，其外侧有数道平行斜行刻线代表肋骨，代表人体。

三是人面像岩画。人面像岩画是宁夏岩画中较为独特和十分重要的一部分内容，几乎在每一个岩画分布点都有发现，以贺兰口、苏峪口等地最为集中。人面像造型丰富，千奇百怪，装饰复杂，很少见到雷同的作品。依面部轮廓，面部器官、面部和头部装饰有如下特点：

面部轮廓：面部轮廓的构图多种多样，有些人面像只凿刻面部器官，而无面部轮廓；而有些有面部轮廓的人面像却没有凿刻五官，或只凿刻出某一器官。有面部轮廓的人像按形状可分为椭圆形、圆形、半圆形、长方形、方形、桃形（或称三角形）、不规则形。

面部器官：人面像的五官造型变化多端，十分复杂。在凿刻上少部分面部通凿，使五官具有浮雕之感；大多数都使用阴刻方法构图。面部有的五官俱全，有的只凿刻五官中的一个和数个；有的只有面部轮廓，不凿五官。

（三）宁夏岩画的题材及凿刻方式

宁夏岩画的题材多种多样，但总体来说仍然包括了人们的物质生活和精神生活两个方面。反映人们经济生活的包括狩猎和畜牧两个方面。而反映精神生活的则包括以舞蹈、祭祀和交媾等形式出现，是带有宗教色彩的题材。

黄河两岸及贺兰地区远古时期生活着大量的野生动植物，这为远古人类的狩猎和采集活动提供了便利的条件，宁夏岩画中出现的大量动物形象也充分说明了这一点，岩画中的狩猎场面较多，狩猎方式也形式多样。狩猎使用的工具主要有弓箭、棍棒、石球等，与世界上其他民族的狩猎工具基本一致。

从单纯的狩猎到驯养和畜牧业的产生是生产力的提高，社会进步的表现，从宁夏岩画中我们可以看出这一发展过程。宁夏岩画中常见的驯养动物有狗、山羊、绵羊、马和骆驼。

舞蹈是各个少数民族特别是远古少数民族借以表达心情、抒发感情的常见方式，宁夏岩画中的舞蹈图像较多，包括集体舞、双人舞和单人舞形象，舞蹈的内容也较为丰富。与其他远古舞蹈形式一样，岩画中的舞蹈形象从最初的表达心情演变为带有宗教意味的巫术形式，表明当时人们的精神生活发生了变化。

宁夏岩画由于分布范围较广，每一处岩画的石质有所不同。因此，石面选择和凿刻方法都有所不同，凿刻方法既与石质有一定的关系，也与凿刻时代有一定的关系，概括起来有以下几种凿刻方式。

一是敲凿法。也称"麻点技法"或"点画法"。其方法就是用凿刻工具在石面上直接捶打出密集的凿点，由凿点组成图像轮廓的方法，这种方法凿刻的岩画遍及宁夏岩画，而且时代较早，延续时间较长，从早期到晚期均有使用，是宁夏岩画中最普遍使用的一种方法。

二是磨刻法。即使用工具在石面上来回摩擦形成图像的方法。磨刻法制成的图像较少，并且集中在少数几个地点，磨刻法一般是用硬度较低的石面，硬度较高的石面上使用较少。

三是划刻法。用坚硬的工具在石面上勾画出图像轮廓。用这种方法制作的图像，除个别直接刻画出对象的轮廓外，一般与上述两种方法混合使用。

磨刻法的出现基本与敲凿法同时或稍晚。早期磨刻图像较少，制作粗糙，晚期大量出现，刻制细腻，图像精美。刻画法图像出现最晚，是坚硬的金属出现后出现的技法。

宁夏岩画是不同历史时期、不同民族共同创造的民族文化艺术，它忠实地记录了宁夏北部地区的自然生态和北方猎牧民族的生产方式，反映了当时的社会形态、生活习俗和宗教信仰。所反映的内容都与人们当时的生活有着紧密的联系，其发展变化无疑是历史变迁的产物，有着明显的延续性和传承性。由于岩画有其特殊的功能和作用，因此它在表现人们的生活状况时的形式也有相似之处。与其他考古学文化所包含的内容不同，它主要是以凿刻艺术的形式存在，因此我们在研究岩画时必须牢牢把握它的这一特征。

二、考古学方法在岩画研究中的重要意义

由于凿刻岩画的人们或者说岩画的主人是生活于历史上不同时期、不同种族的人们，因此，岩画首先是一种人类文化遗产，无论岩画凿刻者最初的动机是出于何种目的，但它最终所反映的还是当时人类的生活状态和与之相连的思维方式。它所传达的全部信息，代表了岩画凿刻者所能够表达的其对世界的认知和以其特有的思维方式所渴望达到的精神境界。而考古学正是对于历史文化遗物进行科学研究的，因此，从考古学的角度对岩画进行最基本的分类、断代和作出基本的阐释，应该是岩画研究的最基本方法。

我国自 20 世纪 70 年代以来在全国各地陆续发现了大量的岩画遗址，岩画的研究在我国逐渐得到了人们的重视，并形成了一个新兴学科——岩画学。然而，由于岩画的特殊形态，加之我国境内的岩画从凿刻对象到凿刻方法、内容和时代都与传统的欧洲岩画有着很大的不同，因此欧洲的岩画研究理论和方法并不完全适合于中国的岩画研究，而中国的研究者许多都是美术或艺术研究者，甚至有大量的业余爱好者，在研究中不能把岩画首先作为历史遗存来看待，脱离历史进行研究，造成岩画研究缺乏完整的理论体系和基本的研究方法。笔者认为，岩画研究首先要建立一套科学的理论和切合实际的研究方法，中国的岩画研究才能得到更大的发展，而考古学的理论和方法则是岩画研究的基本理论和方法。自岩画在我国大规模发现以来，考古学界的许多学者都试图用考古学的方法对岩画进行调查、分类和研究（如盖山林的《阴山岩画》，许成、卫忠的《贺兰山岩画》，汤

惠生、张文化的《青海岩画》等等①）。这些先生大多本身就是考古学者，因此在岩画研究中运用了考古学的方法，包括田野调查中的记录方式，对调查资料的分类和分期的报告编写，内容阐释等，为运用考古学的方法研究岩画做出了开创性的工作。

然而，岩画与考古学的传统研究对象还是有着一定的差别，传统考古学研究对象主要是地下遗存，按照地层学和类型学的方法进行分类对比，判断相对年代，建立文化序列，进行文化阐释。岩画遗存的承载体是暴露于地面的石壁或岩壁，所绘内容丰富，图像缺乏规律，其时代叠压关系无从判断，因此，岩画的断代、分类和阐释都有一定的困难。即便如此，通过近三十年来的实践，我们可以看到，考古学方法在岩画研究中还是发挥了重大作用，对于岩画的特殊之处，怎样采取考古学的方法更加深入地解决岩画研究中的分类、断代等基本问题，是需要研究岩画的考古学者思考的问题。但毋庸置疑的是，岩画，这一特殊的历史文化遗存，无论是内容、研究方法还是对它的文化阐释，都是考古学的研究范畴，也只有通过考古学的研究才能得到最终解开我国古代岩画之谜的钥匙。

三、宁夏岩画考古学研究的基本思路

宁夏岩画分布范围广，时间跨度大，是宁夏北部地区分布地点广、跨越时代长以及数量最大的古代艺术宝库，其所涵盖的内容几乎包括了当时在该地区先民生活的各个方面。岩画的构图、凿刻方法、表现形式都具有较高的艺术品位，是宁夏北部乃至整个北方地区不可多得的早期艺术精品。凿刻方式和构图方法都开创了中国平面雕刻的先河，是各民族的共同艺术瑰宝。对岩画的进一步研究和解读，对我们了解我国北方地区的早期艺术的起源、发展，了解和研究东西平面艺术的异同都有重

① 盖山林：《阴山岩画》，文物出版社，1986 年；许成、卫忠：《贺兰山岩画》，文物出版社，1993 年；汤惠生、张文华：《青海岩画》，科学出版社，2001 年。

回回沟　牛

要的意义。

　　长期以来，宁夏北部地区的历史文化由于各种原因，留存的各个时期的历史遗存较少，特别是大量的少数民族文化，见诸文献的多，而考古学的材料较少，限制了我们对少数民族文化的进一步认识和了解。而岩画则从多个角度反映了游牧民族在经济、宗教、文化等方面的历史原貌，它不但是远古先民留下的艺术宝库，更为我们提供了大量的考古信息，从另一个角度来看，岩画也是考古学文化的载体。岩画与其他各类文化遗存和史料共同组成了宁夏地区历史研究资料共同体。

　　第一，按照考古学类型学的方法对岩画进行分类。考古类型学是考古学研究中最重要的研究方法之一，也是考古学研究的两个轮子[①]。岩画的内容和构图与其他历史遗物一样，它的发展变化是有轨迹可寻的，任何考古学文化都是由时间、空间和文化内涵这三种要素构成的，特定的文化内涵是决定性因素，而形态学的比较排比能够确定它的文化属性。岩

────────────────

　　① 张忠培：《地层学与类型学的若干问题》，《文物》1983年第5期。

画既然是历史上由不同时期、不同族群的人们创造的，它的文化属性肯定不同①，目前研究水平下，岩画的类型学研究所要解决的最重要的问题一是时间的差异即不同时代不同类型，一是空间差异即同一时代的不同差异；对岩画的分类排比可以采取综合性的标准，以宁夏岩画为例，可包括同类图像排比、凿刻方法排比、构图方式排比等标准。宁夏岩画的分布范围广，图像内容丰富，同一构图重复出现，具有非常强的类比性。类型学的方法可以使我们对岩画的文化内涵有一个清晰的认识，进而为断代和划分族属奠定基础。

第二，利用考古学的方法进行断代研究。断代研究是目前岩画研究中最为薄弱的环节，由于缺乏必要的手段，如考古学中的地层学手段、明确的年代题记或对应的文字记载，使包括宁夏岩画在岩画的断代工作处于一个艰难的境地。近年来许多学者采取了很多自然科学的方法，测试岩画的绝对年代，但由于岩画是长期暴露于旷野中，加之凿刻和描绘方式丰富多彩，因此这些方法显得不够严谨和准确。还有少数人甚至不顾科学精神，指鹿为马，任意拉扯，对岩画的年代随意定性，动辄就是史前或者几十万年前，这种哗众取宠的做法，严重伤害了岩画研究的科学性。因此当务之急是寻找有效的岩画断代方法，从时空的角度把握岩画的属性。在目前绝对年代的测定尚无很好的方法之前，考古学的相对年代判断仍然是岩画断代的最好方法，以类型学的排比为基础，对岩画的早晚关系做出判断。

第三，与其他考古学遗存和历史资料结合进行综合性研究。岩画是一种特殊的历史文化遗存，既有特殊性又具有限制性，因此在对其进行考古学研究时，必须结合其他资料进行综合性研究。从宁夏北部的情况分析，早期发现的考古遗迹虽然较少，但它们所提供的资料足以与岩画进行综合对比，从而从总体上把握宁夏北部岩画文化发展的脉络；宁夏岩画的延续

---

① 严文明：《考古资料整理中的标型学研究》，《考古与文物》1989 年第 4 期。

贺兰口　狩猎图

时代较长，从史前时代到唐宋以后，大量的史料记载为我们深入了解和研究岩画奠定了总体和宏观的基础。考古学的综合研究具有既定的方法和角度，综合研究可以使所有的材料最大限度地发挥作用，带动岩画研究达到一个比较高的水平。

第四，对宁夏岩画从美术考古角度进行研究。宁夏岩画无疑是宁夏古代最具有代表性的艺术作品之一。因而必须按照美术考古学的一些准则和方法进行研究。在经过划分文化区系和类型整理后，从当时的社会经济、政治文化等方面探寻产生它的社会原因；弄清楚产生它的民族，进一步探讨它所存在的自然环境、历史传统和它所带有的民族风格，以及由此产生的不同特点；从内容属性出发论证它的艺术发展规律，进而研究它们所反映的经济、政治以及文化艺术等方面的历史问题。

岩画作为古代艺术创造虽然还是考古资料，但它本身又具有较强的艺术属性，只有通过美术考古学的艺术分析研究才能复原出当时制造这些美术品的工匠所具备的艺术审美和创作能力。任何一个艺术品，美是"一个根本特性，这是一个原则"①。我们应该按照美的法则去分析岩画的内涵，借助美

---

① 〔英〕克莱夫贝尔：《艺术》，周金环、马钟元译，中国文联出版社，1987年。

术史的基础知识，进行深入的多方面的研究。这里包含了几个方面：一是岩画制造者的审美情趣的探讨，这和岩画制造者所处的生活环境有着直接的联系，岩画中图像的构成表达了创造者的思想观念。二是岩画制造者的艺术情趣，美术品都是一定的审美在创作活动过程中制作的，它具体表现在各种艺术技法中。古人在一定的功利目的的指导下，用岩画这一特定的表达形式，通过不同的艺术技法尽可能多的表达自己的观念，面对不同技法的选择，则说明了制造者的艺术情趣。三是从美术考古学的角度研究岩画时，要从整个地区的艺术发展的规律来进行探讨。岩画不是历史发展中孤立产生的，它的艺术特性和艺术特点应该与同一时期的其他艺术品有着某种联系，只有全方位地了解整个美术史的发展规律，才能更加深入地理解和解读岩画所具有的特殊艺术品位。

　　宁夏岩画是宁夏历史文化的一个重要组成部分，分布范围广，时间跨度大，内涵丰富，自发现至今，引起了众多学者和爱好者的关注。而岩画从根本上说是一种历史遗存，因此只有首先按照考古学的方法进行研究，对涉及岩画的基本问题做出解答，才能为岩画学的研究打下良好的基础，也才能开展多方位、多学科的研究，提高岩画研究的水平。

试析中央红军长征的粮食来源

◎邓进升　文史学院 09 级历史学

1934 年由于以王明为代表的"左"倾冒险主义盛行，最终导致了苏区红军在第五次反"围剿"中失败，中央机关和中央红军共 8.6 万余人被迫于 1934 年 10 月进行大转移。部队对转移的原因和去向不甚明确，没有做长途行军的具体安排，部队将所有的文件、辎重、兵工厂机器、印钞机器、X 光机以及各种文化课本都携带上路，几乎将整个苏维埃共和国搬上旅途。①这样的大转移，一方面红军面对着"万水千山""五岭逶迤"等自然因素的困难，另一方面遭遇到国民党的追击阻挠以及在少数民族地区所受到的猜忌，使大转移变得愈加困难。

常言道："民以食为天。"在所遇到的困难中，红军粮食问题是当务之急。自离开江西苏区，红军 8 万余人马，在仓促离开根据地，辗转迁移的过程中，粮食问题一直困扰着红军。②因此不得不通过筹借、没收富户

---

① 中国现代史学会：《长征档案（上卷）》，中共党史出版社，2006 年，第 368 页。

② 姚远、费隽：《我的长征：亲历者口述实录》，三联书店，2006 年，第 243～244 页。

的粮食、购买等方式解决粮食困难的问题。在不得已的情况下，与当地少数民族人民打交道，使得粮食能够就地筹集，但在此过程中，常常因为粮食而与民争食，使怎样处理少数民族的关系又变得重要起来。在特殊情况下，被迫煮食牛皮带、草根、野菜以解决饥饿问题。红军得以胜利结束长征，不仅仅在于红军的坚持和中共中央的正确领导，更得益于长征途中的少数民族人民的帮助，这才解决了红军的粮食来源问题。其中的经验和教训是不能忘记的。

关于长征的回忆录、日记以及口述实录等资料可谓汗牛充栋，都是集中在红军长征史的综合研究以及红军长征精神、红军长征与民族政策等各类问题上。而对红军长征粮食问题研究很少，也缺乏研究粮食来源与民族政策之间的关系。关于红军粮食来源的资料性书籍有哈里森·索尔兹伯里的《长征：前所未闻的故事》、姚远和费隽主编的《我的长征：亲历者口述实录》、石仲泉的《长征行》以及成仿吾的《长征回忆录》等，但这些书籍都是对长征史的综合研究，涉及粮食问题仅是只言片语，并没有对粮食来源问题进行单独系统地研究。而关于研究红军粮食问题的论文有李星的《红军长征在雪山草地的粮食问题》①及其《在川西北苏区，红军欠下了唯一的外债》②，以及孙跃中的《红军长征在雪山草地的粮食供给问题》③等，这些也仅限于对红军在雪山草地的粮食问题进行研究，缺乏对红军在彝人区、甘南等地的粮食来源问题研究，且缺乏研究粮食问题与民族政策之间的关系。

本文在前人成果的基础上，选取中央红军长征的粮食来源问题作为个案研究，尽可能展示中央红军在彝人区、川西北、甘南等地的历史，在分

---

① 李星：《红军长征在雪山草地的粮食问题》，《西藏研究》2003 第 1 期。

② 李星：《在川西北苏区，红军欠下了唯一的外债》，《中国老区建设》2008 年第 7 期。

③ 孙跃中：《红军长征在雪山草地的粮食供给问题》，《文史杂志》2008 年第 3 期。

析粮食来源的过程中，探索红军所实行的民族政策是如何使少数民族帮助红军解决粮食供应问题的，并提供一些历史借鉴。

一、造成红军粮食问题短缺的原因

（一）自然因素造成的困难

中央红军的行军路线是由中国东南部向西南、西北地区转移。历时两年的红军长征途经福建、江西、贵州等十一个省区，其中包括苗、瑶、彝、藏等十几个少数民族聚居区。这些地区中有许多地方偏远、落后、贫穷，地广人稀，物产不丰，自然条件恶劣，给红军筹粮造成了很大困难。行经四川阿坝藏族自治州时，红军已是到了青藏高原东南缘，此地海拔3000 米以上，是高寒地区，境内群山耸峙，草地无垠。阿坝藏族自治州有"雪山草地"之称，据统计，红军长征在西康留驻和经过的丹巴、道孚、泰宁、炉霍、甘孜等地区约有 10 万人口，年产粮食不足 1 亿斤。在阿坝州，人均占有粮在 400~500 斤，全区总储粮仅在 1000 万斤左右。[①]

在甘南，中央红军同样遇到了类似的困难，资料显示，在 20 世纪30 年代的甘南是十分贫穷的。范长江的《中国的西北角》记载："洮河两岸，好一片冲积平原！此地直可以用机器耕种"，但"可惜得很，这片平原上，鸦片烟占了主要的面积！""这样肥沃的平原，而在平原上生活的农民，却穷困的惊人！近百户人家的村庄，几乎鸡蛋都卖不出。"可见甘南地区穷困的境况。这给红军的粮食供给问题带来了很大的困难。而在宁夏南部地区也同样给红军的粮食问题带来了困难。宁夏南部地区丘陵密布宁夏干旱少雨，农业生产条件十分恶劣只能暂时筹集到一部分粮食，缓解缺粮带来的压力。此外，宁夏南部地区是回族集中居住地，宗教信仰与红军存在差异，使红军在处理民族关系上稍

---

① 马慧芳：《试析红军长征时期的粮食供应问题》，《榆林学院学报》2006 年第 5 期。

有不妥就会在粮食问题上造成更大困难。红军所走过的地区，使得红军不能比较容易、正常地得到粮食供给，造成了粮食问题常常变成一个"当务之急"的问题。

（二）红军人口众多造成的负担以及国民党军队的阻挠

中央红军在进入川西北时，军队万余人，部队集中，人数众多，且红军在转移过程中，滞留时间较长。在被围追堵截中，缺衣少粮，军供短缺，带入该地区的军需品不多。红军人数占全地区总人数的二分之一，在红军集中的地区和主要行进路线上，红军人数超过了当地居民人数。这种情况下，给红军粮食来源造成了很大的困难。

在红军转移路线中，各个省份大多有军阀割据：广东有陈济棠，广西有桂系白崇禧、李宗仁，贵州有王家烈，云南有龙云……他们协助蒋介石进行追剿事宜。中共中央、中央军委于 1934 年 10 月 10 日晚共 8.6 万人，分别自瑞金、雩都地区出发，进行战略转移，向湘西进发。[①]途中遭到国民党军的围追堵截，伤亡惨重，湘江战斗后，中央红军减员至 3 万人。[②]尽管如此，红军人数依然众多，粮食补给问题常常出现危机。此外，军中除作战人员外，还有中共领导人家属以及伤员，且部队携带了大量辎重，在辗转迁移的过程中，红军一面随时随地需要做好与敌人作战的准备，一面又需要解决因粮食短缺带来的人员减少问题。在这种必须兼顾前后的情况下，红军的粮食问题变得愈加急迫。

（三）少数民族居民的不理解

中央红军长征"有 1/3 或更多的时间行程在民族地区"[③]，由于红军与当地少数民族言语不通，而红军又人数众多，引起了少数民族的疑忌心理。

---

①② 中国现代史学会：《长征档案（上卷）》，中共党史出版社，2006 年，第 368、369 页。

③ 周海瑞：《论少数民族在红军长征中的地位和作用》，《宁夏大学学报（社会科学版）》1997 年第 1 期。

基于种种原因，难免使少数民族对红军产生误解和排斥心理。丁甘茹（原为解放军成都军团副参谋长，1984年离休）回忆：彝人把自己的锅拿走，同稻米一起埋起来，然后跑上山。①通过藏区时，也遇到了一些麻烦。张国焘回忆道："对藏民来说，红军只不过是一伙前来抢他们粮食的恶人。"甘孜有位活佛曾对他说："红军贫困潦倒。他们搜寻粮食和其他物品，比刘文辉（国民党四川军阀指挥官）还凶。"②活佛提到的"他们搜寻粮食和其他物品"虽不假，但回忆录中的"前来抢他们粮食的恶人"，却透露着藏民对红军的偏见和排斥心理。对于这种情况，中共领导人也想了许多办法来解决这些问题。例如中央红军过彝人区的时候，刘伯承与彝族首领小叶丹歃血结盟，二人结为兄弟，使彝人消除对红军的排斥心理，红军得以顺利通过彝人区。如果红军不能解决好与少数民族之间的关系，则会对红军粮食问题造成很大的困难，对红军长征也起着间接的不利影响。

红军除受到蒋介石军队围追堵截而受困外，国民党地方势力也在另一方面对当地人民"清乡""清野"给红军制造困难。虽然大多数地区的居民通过红军的解释和帮助，得到了少数民族人民的支持和信任，但是国民党特务仍通过对少数民族地区居民恐吓、造谣等方式，使居民对红军产生误解和恐慌，对红军解决粮食问题造成了更大的困难。成仿吾在其回忆录中说："藏民受了川军及反动派的欺骗宣传与强迫命令，都躲避起来，根本买不到粮食。"汉族军阀与当地反动派曾经给藏民制定了严格的"惩治条例"，"如帮助红军带路、当通司，或者卖给粮食者，均处死刑"③。同样有聂荣臻的回忆，在草地时"部队到处筹粮，有些藏民又误信敌人宣传，把粮食埋藏起来，人也跑光了"④。蒋介石一边通过军队对红军进行

①② 〔美〕哈里森·索尔兹伯里：《长征：前所未闻的故事》，解放军出版社，1986年，第231、366页。

③成仿吾：《长征回忆录》，人民出版社，1977年，第100、103页。

④中国现代史学会：《长征档案（上卷）》，中共党史出版社，2006年，第421页。

追剿，一边令地方势力对当地进行"清乡""清野"，欲断绝红军的可依靠力量。红军人数众多，又有国民党的围追堵截和当地少数民族的误解，粮食问题变得难上加难。

中央红军在长征中，受到自然环境的阻隔的同时，国民政府一面派军队进行追剿，一面对当地少数民族进行宣传，污蔑红军，使少数民族对红军产生误解。而又由于长征所经过的少数民族地区与红军语言不通，且十分闭塞，对红军排斥和不支持以及红军人数众多等诸多因素，对红军的粮食来源产生了很大的消极影响，致使部队战士时常得不到供给而饿死，极大地破坏了红军当初的"大转移"计划。

二、 解决粮食来源措施

在长征中，针对上文所述的困难，红军不得不想方设法解决粮食问题。1935 年 3 月 1 日，红军总司令部发出了《关于红军进入番民地区筹粮问题的指示》："甲、粮食负担主要加在番民富有者的肩上；乙、在粮食较多的地方没收土司反动头人并分一部分给群众；丙、对喇嘛寺严禁私人筹粮，不得在筹粮时乱翻取与破坏经堂与经书；丁、不得杀食耕牛、母羊、小羊、小猪。"[1]在上述的指示当中，我们可以得知红军长征解决粮食问题主要有没收地方土司的粮食、向富有者筹粮、公家向喇嘛寺筹粮等措施。而除以上几种措施外，另有其他措施。下文将探讨红军长征时期解决粮食来源的几个措施。

（一）购买

在长征的时候，红军就已经制定有"三大纪律，八大注意"的部队守则，其中规定有"说话和气，买卖公平"一项，以纪律约束战士，也旨在确保红军在群众心目中有一个良好的形象。对于粮食供应

---

① 姚远、费隽：《我的长征：亲历者口述实录》，三联书店，2006 年，第 244 页。

的危机情况，有报告是这样说的："粮食收集三四十万斤，已经吃完，现在是现买现吃。"①长征路上，红军时常缺粮，就不得不向当地的群众购买粮食。购买粮食在长征时期也成为一种主要的措施。成仿吾回忆说："这时已经是七月初，这一带（藏民区）的青稞麦已经带淡黄色，勉强可以收割了，为了解决粮食问题，我们只好割麦子煮熟吃，同已经回来的藏民研究，按当地的粮价，付给现款，或请他们转给那些尚未回来的藏民。"②在这一回忆录中所提的，红军须与藏民共同研究粮价，按当地价格收买，表现了红军买卖公平的原则。红军的规矩也是最严的，哈里森·索尔兹伯里写道："从老百姓和农民那里买一只鸡，一袋米，从果园里摘一个桃子都必须付钱。"③但由于如前所述军民互不了解，言语不通，少数民族又有排斥心理，购买粮食往往难以进行。丁甘茹回忆说他们在彝人区的时候，就发生过彝人把自己的锅、粮食藏起来，尽管他们愿意用一百银元换一百斤稻米，彝人还是往上跑。④类似的情况也发生在藏民区，在迫不得已的情况下，红军只能起用他们的粮食。聂荣臻在他的回忆录中说："部队有时不得不起用了藏民的粮食，只得留下几块大洋，写下条子，表示歉意。"⑤在这里，我们应该注意的是，红军虽然没有与当地居民正常交易，但红军还是留下了大洋或者条子，以表他们的歉意和诚意。

（二）筹借

红军长征中，除了向当地人购买粮食外，还向当地人筹集粮食，其对象首先是富农以及城市商人。在筹集粮食时一般成立筹粮委员会，

①陈虎：《长征日记：红二、四方面军长征纪实》，中共党史出版社，2007年，第103页。

②成仿吾：《长征回忆录》，人民出版社，1977年，第103~104页。

③④〔美〕哈里森·索尔兹伯里：《长征：前所未闻的故事》，解放军出版社，1986年，第55页。

⑤聂荣臻：《聂荣臻回忆录》，战士出版社，1983年，第280页。

以统一行动，布置具体任务以及筹粮原则。成仿吾说："军委在芦花城设了一个筹粮委员会，担任筹集六十万斤粮食的任务。为此，组织了人力，在几个出产粮食的地区，分头筹粮。"[1]聂荣臻回忆，当时为了掌握政策，团以上都有筹粮委员会，统一筹粮，统一分配。对于收割藏民地里的青稞，总政治部有严格规定："一、各部队只有在其他办法不能得到粮食的时候，才许派人到藏民田中收割已成熟的麦子。二、收割麦子时，首先收割土司头人等的，只有在迫不得已时，才去收割普通藏民的麦子。三、收割普通藏民的麦子，必须将所收数量，为什么收割麦子的原因等，照总政治部所发的条子，用墨笔写在木牌上，插在田中。"[2]至于木牌上写了哪些原因，聂荣臻没有提到，但在《长征行》一书中，笔者查阅到一条红军当年留下的字据。字据写道："红军在这块田里收割了青稞200斤。这块木牌，可作我们购买你们这些青稞XX[证据]XX[你们]归来以后拿住这块木牌，向任何红军部队或苏维埃政府兑取与我们吃你们XXX[青稞相当]的银子、茶叶与你们所需要的东西，在你们还未曾兑得这些东西XXXX[前一定要]保存这块木牌。前敌总政治部麦田第X号"。[3]（方括号内容为《长征行》作者所注）通过字据上的内容，红军确实是在长征路上留下过欠条。而且在新中国成立后，也确实有少数民族地区的人民来要求兑现当年的欠条。丁甘茹说："一九四九年解放以后，一些彝人还拿借条来找我们，我们照样给他们付钱。"[4]也正因为红军诚信，得到当地人的信任，中甸归化寺八大老僧"他们把归化寺所存的数万青稞以及对藏民来说十分珍贵的红糖、食盐卖给红军。在两天中，红军共筹集

① 成仿吾：《长征回忆录》，人民出版社，1977年，第105页。

② 中国现代史学会：《长征档案（上卷）》，中共党史出版社，2006年，第421页。

③ 石仲泉：《长征行》，中共党史出版社，2006年，第250页。

④〔美〕哈里森·索尔兹伯里：《长征：前所未闻的故事》，解放军出版社，1986年，第231页。

粮秣约十万斤”①。红军在迫不得已的情况下，向当地少数人民筹集粮食，并留下借条，才得以解决粮食供应不足的情况。

在一些情况下，红军则在当地宣传他们的主张，并成立人民政府或自治政府，以得到当地人民的支持，以便能筹到粮食。成仿吾说："这样的工作基础上，我们在瓦布梁子筹集了不少的粮食。"②红军得以顺利结束长征，少数民族人民的帮助是一个很重要的原因。

（三）没收地主、豪绅粮食

红军针对筹粮有特别的规定，而对待地主、豪绅也做了相关规定。红军政治部在《没收捐款暂行细则》中规定："对地主反动分子，应没收其家产的全部，并拘捕其主要家人；富农可向其索捐及征集必要的军资材（如洋油、军用品、粮食等），必要时亦可拘捕富农。没收地主物资，枪决反动分子及向富农索捐，均须张贴布告，进行广泛的宣传鼓动"。③成仿吾在他的回忆录中也多次提到没收地主、豪绅的粮食与财务。在湖南境内向西挺进时，"红军进城后，没收了豪绅地主的财物"，"豪绅财东这回倒霉了，他们准备过年的丰盛食品都给了红军与干人们"（"干人们"指被军阀剥削的面黄肌瘦、衣不蔽体的贵州人民——引者注），"突围以来，又由于没收豪绅的粮食、家畜"④，使红军的粮食问题暂时得到了缓解。红军在过雪山时到达达维，李先念与毛泽东领导的一方面军会合，在村外喇嘛寺附近的坡地上举行了盛大集会，还举行了会餐。食物和其他用品都是四方面军从地主手里没收来的。⑤红军在长征路

---

① 王禹军：《浅析红军长征胜利过云南的原因》，《吉林广播电视大学学报》2006 年第 2 期。

② 成仿吾：《长征回忆录》，人民出版社，1977 年，第 105～106 页。

③ 蒋仕民：《征接、没收、缴获与采摘——长征中红军军事经济保障措施》，《军事经济研究》1996 年第 11 期。

④ 成仿吾：《长征回忆录》，人民出版社，1977 年，第 23～51 页。

⑤〔美〕哈里森·索尔兹伯里：《长征：前所未闻的故事》，解放军出版社，1986 年，第 278 页。

上，没收地主、豪绅家财与粮食，除打击地主、富农外，也为部队补充了粮食供给——不失为一个解决粮食来源的好措施。

（四）从敌军中缴获

在长征途中，红军一面面对着千山万水的阻隔，一面又受到国民党军队以及地方军阀的围追堵截。红军经历了许多次大大小小的战役，伤亡惨重。在与敌军交战中，红军也得到了不少的战利品，其中也有不少的粮食，补充了粮食供给，粮缺问题得到了缓解。1935年1月下旬，中央红军一渡赤水时，在贵州打垮黔军3个团，缴获了一批粮食和财物，还有一批茅台酒。1935年10月腊子口战役中，红四团在腊子口不远处的大喇山一带击溃鲁大昌部后卫营，缴获了敌人几十万斤粮食，2000斤食盐，聂荣臻回忆说："这对当时刚出草地不久的部队，真是无价之宝。"①从敌军手中缴获来的粮食尽管能使红军的粮食供应暂时得到缓和，作为红军指战员的聂荣臻也承认，粮食问题"仍未解决"②。这种"仍未解决"的情况也是很普遍的。如1936年1月8日，红二方面军进入黔东的时候，他们报告说，"三十七团在毛牛获得敌人的军米吃了半个月，军直属队只吃了一餐大米稀饭，现在各部队每天一顿馍两顿稀饭，包谷占大部分。小麦差不多已吃尽"③。可见当时粮食问题仍未得到改善，时常困扰着红军。

（五）当地居民筹送

红军在少数民族地区经常做群众工作，也深得群众的信任和支持，故而红军也得到了少数民族人民的帮助。红军经过彝人地区的时候，红军向他们彝人居民担保毫无恶意，绝不停留。彝族人拿来了食

①② 中国现代史学会：《长征档案（上卷）》，中共党史出版社，2006年，第425、422页。

③ 陈虎：《长征日记：红二、四方面军长征纪实》，中共党史出版社，2007年，第103页。

物，这几乎是前所未有的。①也正是由于红军的诚意，担保不伤害当地居民，才能够让彝族居民信任并帮助他们。另外一例是红二方面军进入宁夏后，回民兄弟给红军送水、送茶、送菜，积极筹粮，把黄豆、土豆、牛肉送给红军。少数民族的无私帮助，不仅能解粮食短缺的燃眉之急，也能使红军战士感觉"如同到了家"②。红军在预海县成立了预海县回民自治政府。自治政府成立后，红军的粮食没收委员会积极动员一切人力、物力、财力，保障红军供给，支援红军北上抗日。在回民的帮助下，总共筹粮 60000 余斤，银元 80000 多块，二毛皮大衣 1000 多件。③尽管红军的粮食供给问题得到缓解，但粮食问题常常困扰着红军。

（六）收割、拾捡

在既没有筹借到粮食，而又没有没收、缴获而来的粮食的情况下，红军为生存，不得不收割农民的粮食或者到地里拾捡被遗弃的粮食。五军团的丁甘茹说，为了生存，红军被迫违反自己的纪律。他们捣碎了寺里的菩萨，因为在这些偶像里装满了善男信女多年来供奉的粮食，他们把麦粒狼吞虎咽地吃下去。"这是多年陈粮，吃起来味同嚼蜡"，他说，"但毕竟是粮食"。④红军战士冒着被惩处的风险，违反纪律去破坏寺庙寻找粮食，从中也可知当年长征之艰辛。有时候，这种情况更严重。如哈里森·索尔兹伯里所说的，红军在藏民区，部队要生存下去，不得不见牛就杀，把埋在地下的粮食挖出来。很难说每次都付了钱，这样的影响当

　　①〔美〕哈里森·索尔兹伯里：《长征：前所未闻的故事》，解放军出版社，1986年，第 198 页。

　　②③周瑞海：《论少数民族在红军长征中的地位和作用》，《宁夏大学学报（社会科学版）》1997 年第 1 期。

　　④〔美〕哈里森·索尔兹伯里：《长征：前所未闻的故事》，解放军出版社，1986年，第 312 页。

然不好。①但如前所述，为了生存而不得已而为之。

除了搜取当地人的粮食之外，红军也不得不去拾捡、收割粮食。红军在准备行进到草地时，粮食不足问题又困扰着红军。方槐所在的小分队分了几个组，三四个人一组到地里头去，把老百姓漏掉的青稞，一颗一颗拾起来。童小鹏在他的日记中写道："只有在田中自己动手割，整日里大家摘麦穗、搓打，十分费力。"②红军一路上需要不时停下来，收割农民遗弃在田地里的青稞，据哈里森·索尔兹伯里的记述，收割时朱德总是打头阵。③朱德也要去收割青稞，这是因为每个人都知道筹粮是红军当务之急。红军就是以这些措施来缓解当时粮食紧缺的问题的。

三、解决粮食短缺的非常措施

红军长征途中面临着雪山草地以及国民党军队的追剿等各种困难，虽粮食通过各种途径获取，但仍常常供给不足。在这一过程中，红军战士忍受着各种煎熬，为解决粮食短缺问题，红军被迫采取一些非常措施以节约粮食，避免因饥饿而大面积减员。

（一）实行减餐和节约粮食制度

有法令约束，部队才能够按照预定计划施行。在长征中也如此，特别是在粮食紧缺的时候，法令能将粮食紧缺程度降低，减少粮食损耗，降低人员饥亡数字。1935 年 6 月 20 日，红军在懋功驻扎。红军以"朱（德）、周（恩来）、王（稼祥）"的名义给各团发电："我野战军目前处在地域给养非常困难……戊、每天改为两餐一干一稀；辛、抛弃和浪费粮食者严罚。"此外，对于擅自多吃粮食的红军人员，各部队也采取了严厉的措施，

---

①③〔美〕哈里森·索尔兹伯里：《长征：前所未闻的故事》，解放军出版社，1986 年，第 295 页。

②童小鹏：《童小鹏军中日记：1933 年至 1936 年》，解放军出版社，1986 年，第 151 页。

甚至给予枪决。①在这些法令规定当中，我们可以知道，红军在供给困难的时候除了筹集粮食外，必须以节约粮食来缓解粮食问题带来的压力，违反上述法令者，也常受到严厉的惩罚，乃至以枪决来迫使战士节约粮食。

为达到节约粮食，解供给之不足的目的，红军政治部还另颁布条例以管理所没收来的粮食、军用品等。红军曾以红军政治部代主任李富春名义发出《红军中没收征发委员会暂行组条例》，条例规定，各级没委（即没收征发委员会的简称——引者注）所收入的款项均交上级没委，此外，没委所收之米谷及军用资材，均送同级供给机关处理。②这一规定避免下级浪费粮食的问题，使上级能够统一管理所没收的粮食，也达到了节约粮食的目的，缓解了粮食短缺带来的压力。

（二）煮食野菜

在没有粮食供应的情况下，为了生存，红军战士就不得不寻找野菜来充饥，保全生命，而且在大多情况下，这可能是唯一能解决饥饿的办法。成仿吾在他的回忆录中说朱总司令朱德最善于找野菜。"他先组织一个'野菜调查小组'，亲自带领小组到山上或原野，找出一些认识的，可以吃的野菜，挖出带回来，分类洗干净，煮着吃。"红军战士"各单位每天轮流派一些人去找野菜，这里豌豆种得多，就把叶子当粮食吃"③。而寻找野菜这一办法，早实施已久。《我的长征：亲历者口述实录》中写道：从甘孜出发后，他们每天宿营后，第一件事情就是找野菜，用水煮了之后，像撒胡椒一样撒一些炒面④，对付一顿。

---

① 姚远、费隽：《我的长征：亲历者口述实录》，三联书店，2006年，第244页。

② 力平、余熙山、殷子贤：《中国红军长征史》，中共党史出版社，1997年，第112页。

③ 成仿吾：《长征回忆录》，人民出版社，1977年，第107页。

④ 姚远、费隽：《我的长征：亲历者口述实录》，三联书店，2006年，第91页。

（三）宰杀军队牲口以及其他

宰杀军队牲口这一措施是很极端的措施，在有严重生存危机的情况下才采取。原因是军队里牲口需要驮运军用物资、驮负伤员。但在过草地时出现了这一情况。当时连野菜也找不到，红军不得不另想他法。在部队要断炊的时候，彭德怀让饲养员杀掉剩下的六匹牲口。老饲养员舍不得杀掉牲口，彭德怀说："我也舍不得，现在连野菜都没有吃的，只有杀了牲口，才能出草地。"①在长征中特别困难的时候就是吃雪了，红军战士从雪中扒出一碗，勉强放些糖精进去掺着吃，并且许多人也都这样吃。②吃雪这一办法，在当时实属无奈之举，也是一种极端的措施，吃下去只相当喝水，仍解决不了饥饿问题，然而却不得不这样做。红军就是在这样的困难下走完了二万五千里的长征路，其精神真是可敬可佩。

四、粮食对红军长征胜利的意义

红军长征的胜利确实对中国共产党、红军以及中国革命有重要的意义，但与此同时，我们仍应记住长征时期少数民族对中国共产党和红军的帮助。中央红军在长征之初，虽然携带了大量的军用物资和粮食，然而因为受到国民党军队的围追堵截和自然环境的恶劣，红军不得不丢弃了大量的粮食物资，红军的粮食问题变成了一个突出的问题；另一方面，红军长征所经过的中国西南、西北地区又多是贫穷落后的地区，粮食在当地也较为紧缺，在一些情况下，红军队伍中也发生过战士违反纪律而与民争食的例子。在红军人数众多、少数民族地区资源和粮食物资紧缺等情况下，中央红军在长征途中通过向当地少数民族购买、筹借、没收富户与地主家的粮食和制定制度实行减餐等措施，以及当地的少数民族也给红军筹送了许

---

① 石仲泉：《长征行》，中共党史出版社，2006 年，第 254～255 页。
② 成仿吾：《长征回忆录》，人民出版社，1977 年，第 108 页。

多粮食供给，使粮食问题得到缓解。虽然粮食问题在长征途中常常困扰着中央红军，但红军所筹借到的及少数民族所筹送的粮食减少了饥饿、减员以及伤病等情况，基本能够使党中央和军队生存下来，对红军长征胜利结束具有重要的意义。陈云在总结长征的时候说："当我们需要粮食时，老百姓会卖给我们。"[1]有学者研究过红军在川西北所消耗的粮食，其总量"在 2500 万至 3000 万斤左右"，"在红军过境、驻留的 16 个月里，先后创建的'汉理茂苏区'及'大小金川根据地'其总辖面积不足 6 万平方公里，人口仅有 20 余万，人均年粮不足 300 公斤，牲畜不到两头。在这种条件下，却承担着对 10 万主力红军的支援任务，藏、羌等人民为红军筹集粮食 2000 万~3000 万斤（包括红军收割老百姓麦子，取走家里的粮食、牛羊、留下的借条），大小牲畜 20 万头，熬制土盐 5000 余斤，还有大量的猪膘、干牛肉、油和蔬菜等"[2]。具体数字往往有更强的说服力，查看上述的数据，可知红军当年仅在川西北所消耗的粮食物资数量之巨大，更不要说在红军走完这二万五千里，所消耗的粮食总量会是多大，笔者以为这是很难估算的，也是算不清的。正如毛泽东 1936 年在保安时曾对埃德加·斯诺说的，"这是我们唯一的外债"[3]。

中央红军长征途中采取了许多措施，在少数民族地区成立了自治政府、人民政府，以及与少数民族首领联盟等方式，取得少数民族的援助和信任，进而能够从少数民族手中购买、筹借到粮食，减少红军伤病、饥亡等情况，使红军能够走完这二万五千多里的路途，得以保存了党和革命的有生力量，扭转了党和中国的命运。

---

① 罗庆宏：《陈云：对长征进行宣传和总结》，《世纪桥》2007 年第 3 期。

② 李星：《在川西北苏区，红军欠下了唯一的外债》，《中国老区建设》2008 年第 7 期。

③〔美〕哈里森·索尔兹伯里：《长征：前所未闻的故事》，解放军出版社，1986 年，第 308 页。

被忽略的角落

——环境史的前世今生兼谈《寂静的春天》的启示

◎王小羽　太原师范学院

一

　　随着人类社会的不断发展，历史学走到今天，已经从单一的政治史扩展到包括经济史、计量史、心态史等，从研究范围看，从国别史、地区史扩展到今天的全球史。学科之间的界限越来越模糊，通过不同学科间的互相借鉴学习，为历史学注入了新的活力，历史学家的研究工作获得了多样的思考方式和宽阔的视野。特别是第二次世界大战后，各主要资本主义国家进入了后工业时代，经济发展的同时也带来了诸如人口膨胀、失业率增加、环境污染、资源浪费等一系列社会问题。随着这些问题的严重性不断加剧，人们开始有意识地关注人口、环境、污染、资源等与环境有关的问题，有一些人作为人类的"先知"早已开始了对环境的研究并出版了相关的著作，企图揭示人类与自然的神秘关系，环境史便应运而生了。

二

《寂静的春天》的作者是蕾切尔·卡森（Rachel.Carson），她是美国海洋生物学家，环境保护运动的先驱。正是她的这本书在出版后唤醒了人类的自然意识，因此该书被认为是"现代环境运动"肇始的书，并引起了广泛的影响，"书本身受到了公众的热烈欢迎和广泛支持"。"政府和民众都卷入了这场运动中""哥伦比亚公司为它制作了一个长达一个小时的节目""肯尼迪总统在新闻发布会上讨论了这本书""国会召开听证会并成立了第一批基层保护组织"①。《寂静的春天》是人类史上环境问题的一座重要丰碑，它"犹如旷野中的一声呐喊，以它深切的感受、全面的研究和雄辩的论点改变了历史的进程"②。《寂静的春天》一书是蕾切尔·卡森在收到一封关于控诉滥施滴滴涕导致鸟类死亡的信后，历经四年时间广泛调查掌握大量资料后构思而作。

第一章作为全书的引子，卡森首先为读者描绘了一幅美丽迷人、生机盎然的大自然风景画，借以激发读者的兴趣，之后笔锋直转而下，"鸟儿气息奄奄""小溪也失去了生命""鱼已经死亡""到处是死亡的阴影"③。虽然是一幅虚构的画面，但却是人类真正面临的情境。先后两种对比鲜明强烈，正如鲁迅所言："悲剧就是将美好的东西毁灭给人看。"读者就是在卡森这样的引导下好奇地翻到下一章。

第二章可被视为承上启下的一章，既是对第一章所问问题的解答，也是对后面内容的高度概括。本章主要写了昆虫问题产生的原因以及化学物质主要是杀虫剂对环境造成的污染。

从第三章开始一直到第十一章论述杀虫剂的自身特性和对地表河流、地下水、土壤、植被、动物等一系列大自然成员的破坏与污染。还有一点不容

---

①②③〔美〕蕾切尔·卡森：《寂静的春天·中文版序》，吕瑞兰、李长生译，上海译文出版社，2012年，第7~8、5、7~8页。

忽视的是卡森警告人类说，在适宜条件下，大自然可以成为新型人类未知有毒物质的化学实验室。因为卡森强调"在自然界没有任何孤立存在的东西，为了更清楚地了解我们世界的污染正在怎样发生着……"我们必须有意识地关注与杀虫剂有关联的一切因素，只有如此，环境史研究才能避免走向片面孤立。从这一部分内容可以看出卡森对杀虫剂诞生的意义产生了怀疑，因为随着化学药品的普及，"害虫的抗药性也同步增强，以至于该被杀死的害虫依然活蹦乱跳，不该被杀死的鸟类、鱼类却早已遭殃"[①]。

第十二章讲述有毒物质进入食物链最高端——人体，对人体中枢神经损害产生精神疾病。

第十三章作者着重从微观上描述细胞基因的原理，以及外部化学物质通过破坏细胞组织造成影响体内环境的后果。

第十四章则通过研究癌症原理得出结论：致癌不如防癌，即关注致癌因素——环境。

大自然有其自身法则，每个动物都有其自身的天敌，通过这种方式使自然维持平衡，使用杀虫剂是一种短视行为，只会造成更大麻烦。

以上所述可以看出第十五章到第十七章是一个整体。卡森在书的结尾提出了自己对使用杀虫剂的观点与态度：自然界有其自身运行的规则，再一次申明杀虫剂带来的结果只有抗药性的虫子。科学的方法是生物的而非化学的，要少用药或不用药而不是多用药。为此卡森特意在最后一章详细介绍了一些用生物学手段防虫治虫手段，而且这些手段获得了成功。

除此之外还需要说明的是，第十七章，即全书的最后一章，体现出卡森思想中值得历史学家注意的一点：学科间的知识交汇。卡尔·P. 斯万森教授的一段比喻将这种特点恰到好处地概括了出来："任何一门学科都好像是一条河流。它有着朦胧的、默默无闻的开端；有时在平静地流淌，有时

---

① 冯天瑜、宋瑞之等：《文明的可持续发展之道——东方智慧的历史启示》，人民出版社，1999年，第113页。

湍流疾奔；它既有枯竭的时候，也有涨水的时候。借助于许多研究者的辛勤劳动，或是当其他思想的溪流给它带来补给时，它就获得了前进的势头，它被逐渐发展起来的概念和归纳不断加深和加宽。"①

卡森与其他关心环境的人善于发现并利用其他学科间的贯通才能想出安全环保、经济有效的方法，这个例子不得不引起史学家的注意。环境史作为生态环境与历史学的结合有着重大意义。

三

究竟什么是环境史？环境史学家们根据自己的理解做出了不同的解释。J. 唐纳德·休斯在《什么是环境史》的开篇就定义道："它是一门历史，通过研究作为自然一部分的人类如何随着时间的变迁，在与自然其余部分互动的过程中生活、劳作与思考。"在这里，J. 唐纳德·休斯是以一种谦逊的态度说明人类只是大自然的一员，人类社会和环境相互紧密联系、相互作用，是一个不争的事实。而唐纳德·沃斯特教授认为："环境史就是关于自然在人类生活中所扮演的角色和所处位置的历史。"②从他对环境史的定义就可以明显感到他强调人类在自然中的地位问题。但是与唐纳德·沃斯特观点不同的是，J. 唐纳德·休斯认为"环境史并非像社会史、政治史或城市史一样是一个特殊研究领域或分支学科，而是一种思维方式，是从更广阔的、人与环境的关系的视野来研究历史的工具，是观察我们社会的引人入胜的基本视窗"。它打破了传统史学"以人为中心"的研究方法，强调了自然环境在认识和解读人类社会和环境现象中的重要价值和意义。因此才能满足环境史在"时间、空间与文字资料"三个方面具有同样

①〔美〕蕾切尔·卡森：《寂静的春天》，吕瑞兰、李长生译，上海译文出版社，2012 年，第 276～277 页。

②〔美〕唐纳德·沃斯特、侯文蕙：《环境史研究的三个层面》，《世界历史》2011年第 4 期，第 98 页。

的"史料价值"。另外，约翰·麦克尼尔认为："环境史就是研究人类和自然的其他部分的相互关系的历史。"

综上所述，环境史的概念并没有一个准确、单一的定义，正是由于不同环境史学家研究的关注点不同，所以造成了对环境史定义的大相径庭。但总结归纳后我们可以发现，不管关于环境史的定义有多少种，它们共同出现三个要素：自然、人类、关系。如果过度强调人类在自然界的行为活动，则不免陷于"文化决定论"的误区，但是忽略人类社会活动单纯考虑自然环境就又会走入另一个极端——"地理环境决定论"。因此，研究环境史要辩证地看待二者间的关系，否则，任何认识都是"片面的、不可取的。"①多数现代环境史学家认为"环境史"指的是 20 世纪 60 年代伴随着一系列环保运动在美国兴起的一门新兴学科，它的标志是 S. 海斯的《保护与效率主义》（1959 年）和 R. 纳什的《荒野和美国思想》（1967 年）的出版。前者是偏于强调环境保护的政治史；后者把荒野理想看作是美国精神的体现。在第一辈环境史学家中，除了以上两位，还有艾尔弗雷德·克罗斯比（Alfred Crosby）、克罗琳·麦钱特（Carolyn Merchant）、J. 唐纳德·休斯、约翰·奥佩（John Opie），以及大名鼎鼎的《尘暴：1930 年代美国南部大平原》作者唐纳德·沃斯特（Donald Worster）。他们都曾经受过美国环境史学会的表彰。接下来年轻一辈中比较有名的包括威廉·克罗农（William Cronon）、理查德·怀特（Richard white）、史蒂文·派因（Steven Pyne）等。其中，唐纳德·沃斯特的代表作《尘暴》不仅是美国大学环境史教学和研究的必读参考书，也是被环境史学家们经常引用的一部著作。正如当代著名美国环境史学家威廉·克罗农所说，"所有我们这些从事环境史著述的人都在效仿他（沃斯特）"②。

《尘暴》讲述的是美国南部大平原上人类经历的一场史无前例的尘暴

---

① 梅雪芹：《环境史研究绪论》，中国环境科学出版社，2011 年，第 17 页。
② 侯文蕙：《〈尘暴〉及其对环境史研究的贡献》，《史学月刊》2004 年第 3 期。

灾害，并指出美国的尘暴是"历史上最糟糕的三个人为生态灾难之一"。另外两个是：中国于公元前3000年左右在高原地区的森林砍伐；地中海地区植被因过度放牧而受到破坏。但是相比之下后两者的生态破坏经历了漫长的时间，而美国南部平原的尘暴只用了短短50年就形成了。世事无常，灾难不断，有些事情可能是上天所为的，有些则可能是人为的，但就美国的尘暴灾难而言，沃斯特认为这是美国文化的"不可避免的产物"，是大平原上的人自己酿就了这场灾难。整个20世纪30年代，在这片土地的上空，除了漂浮着因干旱、大风所带来的黄褐色尘土之外，还有无法抹去的经济大萧条的阴影。沃斯特仔细观察和思考了这个"巧合"后认为，两者虽然在表面上一个是生态的，另一个是经济的，但原因是相同的，他们所暴露的都是美国传统文化中的根本弱点。这种文化，就是资本主义的经济文化。此外，沃斯特还将"资本主义精神所教导的生态价值观"概括为三句话：（1）"自然必须被当作资本。这是一笔经济财富，可以成为利益和特权的源泉以及创造更多财富的工具……"（2）"为了自身不断进步，人有一种权利，甚至是义务去利用这个资本。资本主义是一种急于向最大极限发展的文化，总是设法从世界的自然资源中获取比它昨天的所得要多的东西……"（3）"社会制度应该允许和鼓励这种持续不断的个人财富的增长……"[①]在资本主义生态价值观的支配下，美国的农业企业家肆无忌惮地在大平原上大面积开垦，使小麦轮作土地变成了高度机械化的工厂式的农场。美国农业对土地的滥用没有受到任何限制，"在大平原社会中没有任何东西去限制商业性耕作的发展，也没有任何东西去防止商业性耕作为了利润而冒的风险。这就是尘暴怎样和为什么发生的原因"[②]。可以说，对资本主义内在的破坏因素或违反秩序所导致严重后果的描述分析，莫过于沃斯特的《尘暴》。确实，沃斯特在《尘暴》中着重批判了资

①② 〔美〕唐纳德·沃斯特：《尘暴》，侯文蕙译，三联书店，2003年，第6、7页。

本主义文化，但是我们不要忘了环境问题是世界性的，它没有国界、种族的界限，只是"比起其他社会，一个以资本主义为基础的社会对资源的渴求要更强烈，对冒险更急切，并非缺乏约束力"①。在这里，沃斯特真正要表达的是，在环境危机面前，每个民族都应从20世纪30年代美国大平原上所发生的事情当中吸取教训。

另外，从整体上把握《尘暴》的研究特点，我们发现它是一部真正体现环境史跨学科特点的跨学科作品。《尘暴》不仅采用生态学、生物学、动物学、植物学、地质学、地理学、气象学和化学等众多学科的研究方法，还搜集了很多珍贵的新闻照片、新闻报道、采访记录、纪实文学作品以及大量统计数据，细致、真实地反映了尘暴的影响。中国环境史研究者梅雪芹教授认为："可以说，'没有无用的资料，只有不会用的资料'的说法在《尘暴》中得到了极好的体现。"由上所知，环境史涉及的领域十分广泛，它将人类社会与自然界整合起来，历史研究传统方法远远不够了，传统的资料来源也不能充分提供研究所需的材料。因此，环境史需要生态学、生物学、地质学、动植物学、地理学、气象学、化学、人类学、社会学、哲学、政治学、经济学等。自然科学给历史学提供理论和方法的启示，使之精确化、科学化；社会科学给分析人类社会和环境关系提供有益的概念系统、调查和统计资料。关于环境史的跨学科研究方法，中国史学界的论述可参见包茂宏教授的《环境史：历史、理论、和方法》。他说："跨学科研究是环境史的一个基本方法。环境史本身是多学科积累的结果，自然也继承了多学科的研究方法。跨学科研究就是跨人文、社会科学和自然及工程科学的界限，互相借鉴和融合，达到从整体上把握世界史的目的。当然，环境史跨学科研究的落脚点一定是历史学，因为历史学在整合社会、经济、政治和文化，在从整体上

① 〔美〕唐纳德·沃斯特：《尘暴·引言》，侯文蕙译，三联书店，2003年，第7～8页。

认识和变化如何发生时最具优势、困难最少。"①在跨学科研究乃环境史大势所趋的今天，亚当·罗姆的《乡村里的推土机：郊区蔓延和美国环境主义的兴起》也是这方面的杰作，它因"对数量及种类都极为可观的原始与二手资料的应用，特别是对专业科技、建筑、规划文献的解读，呈现了环境史跨学科研究的特色，加强了科学与人文学科之间的对话。"，"在《推土机》的研究中，罗姆发掘了大量的从未被历史学家注意使用过的科学、技术、设计方面的资料，内容涉及生态、土壤、水文、动植物、卫生、能源、景观与城市设计等各个方面。也正是由于对这些材料的应用，罗姆得以关注到被以往环保运动史研究者忽视的更为完整、深邃的画面。《推土机》也以他的成功证明环境史与自然科学对话的必要性和可行性而备受推崇"②。一般说来，美国环境史研究可以将1980年代末和1990年代初划分为前后两个阶段。前一个阶段是以资源保护为开端，大多数是环保主义者，正是这一情况使得他们在其研究和撰述中特别注意环境方面。代表人物有约翰·缪尔、蕾切尔·卡森、约翰·奥佩等。本时期的美国环境史研究具有明显的特点。第一，本时期环境史研究的主题更多地集中于农村自然环境，注重对农业生态史的探讨。唐纳德·沃斯特认为，环境史就是要研究自然在人类生活中的作用和地位。由于农业发展比工业革命更早地改变了生物圈，因而环境史主要研究农业生态史，以此来发现自然的凝聚力、模式和整体性。第二，本时期的环境史研究偏重于政治环境史和文化环境史的研究。第三，本时期的环境史研究在方法论上突出表现了"碎花"分散、地区化的特点。第二阶段，随着美国环境史的不断发展，其自身形成了新的深度交叉的次分支学科，大体上可归纳为五类：城市环境史、环境种族主义史、环境女性主义史、环

---

① 包茂宏：《环境史：历史、理论和方法》，北京大学出版社，2012年，第16页。

② 侯深：《〈乡村里的推土机〉与环境史研究的新视角》，《世界历史》2010年第6期。

境技术史和综合研究。①

除美国之外的国家和地区的环境史的文献浩如烟海，环境史在世界范围内已犹如"星星之火"发展起来。当年沃斯特在谈论环境史家时拘囿在几个固定国家，但现在如若再谈同一主题，不仅仅是美英，更多了欧洲其他国家，以及非洲、亚洲、拉丁美洲和大洋洲的国家。

欧洲的环境史研究首先要从英国开始讲起，因为英国最先走上工业化道路，可想而知英国不得不为它的高速工业化和城市化所付出的代价"买单"——弥补往昔"先污染后治理"的不足，采取更有效的方式研究污染问题并治理污染问题。关于英国环境史著述的概览，可以在 J·唐纳德·休斯的《什么是环境史》中看到。地理学家 I·G·西蒙斯也是一位非常活跃的环境史学家，在英国环境史、世界环境史和环境史理论等方面均有撰述。另外关于讨论英国环境问题的中国著作也可以参考北师大梅雪芹教授的《环境史学与环境问题》。

法国的年鉴学派是 20 世纪新史学的代表，环境史已被简称为"21 世纪新史学"②，同样是新史学年鉴学派的研究方式在某些方面与环境史研究如出一辙，这就是突出了环境因素的新现象。布罗代尔的《菲利普二世时代的地中海和地中海世界》不但关注微观事件，更研究长时段，特别是人类与环境的关系。

对非洲环境史的研究起步晚，难度大，但是即便如此，20 世纪的非洲史研究还是取得了显著成果。非洲史研究不但成为世界史研究中一道亮丽的风景线，而且为冲破历史研究中的"西方话语霸权"贡献出了自己的地方知识，丰富了史料学、理论观点、方法论。

亚洲和拉丁美洲研究相对较少。古代主要涉及环境变迁与两河流域、印度河流域、黄河流域和玛雅古文明的兴衰。哥伦布到美洲后，全球实现

① 包茂宏：《环境史学的起源和发展》，北京大学出版社，2013 年，第 32 页。
② 高国荣：《环境史学与年鉴学派》，《史学理论研究》2005 年第 2 期。

了人口、疾病和物种的跨洲交流。独立后，都处于环境开发、保护与经济发展的两难选择中。由于印度有英国殖民统治的经历，那儿的环境史偏重于森林史。日本有悠久的历史撰述传统，但至今在环境史方面建树不大。中国环境史资料内容非常丰富，可惜研究不够而且分散。

澳大利亚是一个独特的国家，它的环境史研究不仅内容丰富，而且富有特色。澳大利亚环境史研究的是人与自然在历史上的互动关系，研究它们是如何随着时间的流逝而变化的。它包括三个方面的内容：一是澳大利亚的环境史；二是把澳大利亚与其他地方进行比较的环境史；三是在澳大利亚研究的其他地方的环境史。澳大利亚环境史研究不但改变了澳大利亚的传统形象，还对重新认识这个国家的历史提供了新的视角和启发。它把自然作为历史中的一个能动因素来对待，同时也把人作为自然戏剧中的一个角色来认识。这样的新思维必然对重新解构澳大利亚甚至世界历史都会产生积极而深远的影响。

世界不同国家和地区的环境史学尽管发展程度不同、研究主题各有侧重，但都认为除人之外的环境具有历史创造能力，是历史大舞台上的主角之一。美国环境史学具有强大辐射功能，但其他国家和地区的环境史也不无可取之处，它们为美国环境史学的深化和拓展贡献了独特的视角和思路，为美国环境史学的国际化和美国的世界环境史研究提供了无可替代的帮助。为最终实现世界环境史的"各美其美、美人之美、美美与共"迈出了坚实的步伐。

四

中国的环境史是与历史地理学紧密相连的，早一辈历史地理学家史念海等人深入研究了地理环境对中国社会形态及王朝更迭等方面的影响。谭其骧从文化角度分析了地理环境对中国文化的影响，提出了中国文化不仅随时代的演进而变化，而且因地域不同而存在差异。于希贤认为西周至魏晋南北朝文风演变与地理环境的变迁有一定关系。陈国生探讨了地理环境对西汉崇奢尚巫风俗形成的作用。[1]若以历史地理学算作环境史的话，中国的历史地理学传统源远流长，它可以追溯到将近两千年前班固所撰的《汉书·地理志》。真正的西方意义上的中国环境史研究，是从 20 世纪 90 年代后期才开始的，中国学者纷纷撰文介绍海外的环境史研究的理论成果，并逐步形成中国环境史研究的理论和方法的热潮。

因为环境史兴起于美国，所以国内学者十分重视对美国环境史理论研究成果的介绍，批判地吸收国外环境史的理论与方法。其中北大教授包茂宏的贡献甚大，他不仅介绍了非洲、德国、英国等国家和地区环境史研究的状况和最新理论成果，还介绍了伊懋可在中国环境史研究上的理论与方法，给中国环境史研究以许多启发。侯文蕙主要研究美国环境主义史。她不但翻译了多部环境主义的经典著作，而且在 1995 年出版了《征服的挽歌——美国环境意识的变迁》一书，深入分析了美国环境思想的发展历程。中国社会科学院世界历史研究所的许再荣和高国荣以及南开大学的付成双也都致力于美国西部环境史或美国环境保护政策史的研究。北京师范大学历史学院的梅雪芹主要研究英国环境史，尤其是工业化以来污染治理的历史。相对来说，对亚非拉发展中国家和地区的环境史及其环境史学史的研究实属凤毛麟角。对外国环境史的研究开阔了中国环境史研究的视野，为进行国际比较研究提供了可能。

但是目前我们的环境史研究还很薄弱，基本处于引进和介绍阶段，环境史不仅不为一般公众所知，即使专业的史学研究者对此也知之甚少。其中大部分人认为环境史只是时髦玩意儿，不能算是正式史学研究。我国历史学下设的八个二级专业竟然没有环境史的一席之地，全国大学只有北大包茂宏教授设有关于"简明世界环境史"的本科生选修课。这反映出我国环境史研究在历史学界还并没有引起足够的重视，大多数历史学家还没有

---

[1] 陈新立：《中国环境史研究的回顾与展望》，《史学理论研究》2008 年第 2 期。

环境意识，即使正在进行的环境史研究工作也只是停留在描述阶段，理论创新较少。

总之，我国目前的历史环境研究状况还是有待提高的。我们必须加强历史学界对于自然环境的关注，在与其他国家学术交流的同时，既要引进来，又要走出去。突破语言障碍，对国外学术大量引介的同时注意把国内的研究成果传向世界。

五

距离《寂静的春天》出版已经过去了半个多世纪了，但阅读蕾切尔·卡森的《寂静的春天》仍然是一件有价值的事情，因为她的著作激起了全民环境意识觉醒和声势浩大的环境主义运动。的确，她在环境史上的地位并非是通过建立什么博大的理论体系而确立起来的，主要是以她自己的笔触唤起了民众对生态问题的关注，质疑然后否定现代人征服自然、控制自然的观念和狂妄的科学态度，从而为生态伦理的普及或转化为平民意识起到了十分重要的作用。现如今，蕾切尔·卡森的生态哲学观已经成为很多环保组织的指导思想。

为了人类和其他生命在地球上和谐共处，蕾切尔·卡森主张现代人应该有一种更高的发展方式和更谦恭的科学态度。在《寂静的春天》的最后一章"艰难的拯救之路"中，蕾切尔·卡森极力推崇非化学的生物控制。从另外一个角度看，蕾切尔·卡森推崇这种非化学的生物控制的深层意义就是让人们放弃自己的科学狂妄，尊重生态规律，消除人类使用暴力征服自然、控制自然所造成的生态危机，重建包括人类与自然界各种生物的和谐关系。

1964年4月14日，蕾切尔·卡森因乳腺癌与世长辞。有人认为蕾切尔·卡森所患的癌症与她为搜集资料而接触的有毒化学样品有必然联系。从这种意义上说，《寂静的春天》是用生命写就的，蕾切尔·卡森是用生命改变了世界的进程。1980年，美国政府追授她"总统自由奖章"，这是美国对普通公民的最高荣誉。蕾切尔·卡森,这位伟大的女性,用她的生命之火,用人类环境意识的启蒙点燃了一盏明灯,她对于万物生命美丽和活力的发现与描述,激励了一代又一代的人去投身于环境史研究中,去保护这个充满生机的世界。

史论探微

元代固原《重修显灵义勇武安英济王庙三门记》疏证

◎马建民　非物质文化遗产研究所

　　《重修显灵义勇武安英济王庙三门记》①是一篇反映元代固原地区民间重修关羽庙并立碑记述相关情况的文献，这一文献对宁夏地方史研究具有一定的价值。如张鸿智和韩孔乐在《元代开城政区建置及官制》②一文中，对出土石碑碑阴的部分内容进行了整理，并利用碑文对元代开城政区的建置及官制情况进行了论述。薛正昌在《固原道教的生成与变迁》③一文中，引用《嘉靖固原州志》所收录的《重修显灵义勇武安王庙记》，对元代宁夏地区道教的发展及传播情况进行论述，他认为元代固原地区的道教文化

---

　　① 关于该记文的定名，尽管明、清固原方志在收录时使用不同的标题，但《固原历代碑刻选编》所收原碑图录的额题"重修三门之记"和首题"重修显灵义勇武安英济王庙三门记"都非常清晰。为与明、清固原方志收录的记文进行区别，笔者在此直接使用原碑首题作标题。详见下文。

　　② 张鸿智、韩孔乐：《元代开城政区建置及官制》，《固原师专学报》1991年第2期。

　　③ 薛正昌：《固原道教的生成与变迁》，《固原师专学报》2004年第1期。

在民间有较大的影响。但是，由于各种原因，该记文至今还没有一个比较完整的版本，这在某种程度上给学者的研究造成了一定的困难。

2010 年 4 月，宁夏人民出版社出版了宁夏固原博物馆编《固原历代碑刻选编》。该书收录了固原地区从前秦至民国时期的石刻 80 通，其中包括元代《重修显灵义勇武安英济王庙三门记》石碑①。在该书中，编者不仅介绍了《重修显灵义勇武安英济王庙三门记》原碑的基本情况，公布了碑阳、碑阴的图片，还对碑文进行了录文。至此，我们才得以了解《重修显灵义勇武安英济王庙三门记》记文及原碑的全貌，并有可能对记文的流传情况及相关问题进行考察，还可以尝试对碑文进行释读。

一、《重修显灵义勇武安英济王庙三门记》的流传情况

《固原历代碑刻选编》在收录《重修显灵义勇武安英济王庙三门记》时，对原碑的相关情况进行了介绍。关于该碑出土时间及存藏情况，该书标注原碑 1982 年征集于固原县（今固原市原州区）城内，现藏宁夏固原博物馆。但根据张鸿智、韩孔乐介绍，该碑于 1963 年在开城（今原州区开城镇）古城址出土。关于该碑的形制及规格，该书介绍："重修英济王庙碑记 1 件，青石质。碑高长 187 厘米，宽 62 厘米，厚 20 厘米。弧形碑额，正中额题篆字'皇情□□□记'（笔者按：额题应为"重修三门之记"）六字，额题边饰线刻双龙。两首相对，腾空在祥云间。碑文楷书 22 行，行满 48 字。"另外，从图录来看，原碑已经断为两截，且断口处部分碑文已经残缺。

关于碑文的内容，笔者发现《固原历代碑刻选编》的录文与原碑有很大的差异。经过查核文献，笔者查阅到明代固原方志《嘉靖固原州志》收

---

① 宁夏固原博物馆：《固原历代碑刻选编》，宁夏人民出版社，2010 年。

录有《重修显灵义勇武安王庙记》①一文，清代固原方志《宣统固原州志》②收录有《重修英济王庙碑记》③一文。这两篇记文不仅标题相近，而且正文的前半部分内容基本一致。通过进一步比对，笔者发现《固原历代碑刻选编》的录文是直接转录了《宣统固原州志》所收录的《重修英济王庙碑记》。为方便比对及下文论述，笔者在此将两篇记文按以上两部志书整理后的段落结构转录如下。

《嘉靖固原州志》所收录《重修显灵义勇武安王庙记（廉访使梁遗撰）》：

元统甲戌夏四月，六盘山都提举案牍张庸一旦款门告曰：庸古并民籍，延祐庚申季冬，蒙中政院委，充提领所副提领。岁辛酉莅任，职掌催纳粮租，岁办夏税千余石，例投提举司。库使阎文彬收掌验数给付，岁终考较官为凭准。

岁壬戌，朝廷差官陈署丞弛驿，纂计本司上下，计分楮币租税，问庸曰："汝纳税有租契否？"庸赍元给收付为照。丞曰："殊无印符，难为凭准。"遂问库使，阎文彬从而隐匿。丞曰："国朝有何负尔，敢如是耶？"令卒隶囹圄，责监承限逋纳。庸曰："此冤，何地可伸。"

越明日④，庸祷于显灵义勇武安王庙内。跪拜未语，锁自释。监卒见怖，遽告署丞。丞大怒，命执厅下曰："汝罪当何？"刑督责益急。申谕监卒重锁固卫。言未讫，俄空中放矢之声，锁陨于地。丞曰："予告天役敢不卒究？事若信兹而缓于法，恐未宜。"复行监锁。次日，推问官吏咸列左右，有声自空，锁轰于地，碎犹沙砾。闻者莫不震悚，毛发尽竖。

① 杨经、刘敏宽：《嘉靖·万历固原州志》，牛达生、牛春生校勘，宁夏人民出版社，1985年。

② 胡玉冰先生认为该志书当定名为（宣统）《新修固原直隶州志》。见胡玉冰：《宁夏地方志研究》，中国社会科学出版社，2012年，第431页。

③ 王学伊：《宣统固原州志》，陈明猷标点，陕西人民出版社，1992年。

④ 日：原文作"年"。根据上下文内容，此处当为"日"。

官吏更谏丞曰："此幽暗之事不可测度，莫若及库使亦同监锁，自行规兑，丞从之。"

明日，文彬与庸拜誓于王，至祠未矢，忽二雀翔下高空，集文彬首，二爪爬发，两翼击面，鸣声啾啾。众骇，一辞："何不受实？"文彬神思昏聩，如痴醉人耳，良久方苏。叫曰："我等不合欺心，自遭此报。"雀即飞去。既而，从其家求据，得日收历一卷，照与庸附同。官吏以是白丞，丞乃释庸，叹曰："诚透金石，格天地，感鬼神，观此可知。"

泰定改元，庸见王祠门夷垣拔，不足以妥灵，遂捐己财，命匠度材增筑其址。缔构屋三楹，中为通路，以谨出入。告成，宜有文以识其事，今石砮矣，愿有请也。

遗尝观史传：王生能佐其主，毋二厥心，功敌无坚，守城必完；临危蹈难，乘机应会，捷出风响，竭心力供臣子之职，扶汉基于煨烬之末。以能迎天之休（体），炳耀今古，薨即为神，或隐或现；来不可测，去不可度，察物曲直，明证肝胆。又能惊动祸福于天下也，实谓灵也已。由今望之，其英风义气，凛凛然使人畏惧，洋洋然如诚见焉。是故有以感服人心，响慕不已，而庙食于天下也。仆固辞弗获，窃嘉张庸好义之诚，因并记之，以诏后之来者。

《宣统固原州志》所收录《重修英济王庙碑记（元梁遗撰，李诚丹书）》：

……①官吏以是白丞，丞乃释庸，叹曰："诚透金石，格天地，感鬼神，观此可知。"庸追思感召，赫赫明明，若无毫发爽者。爰罄俸钱，茸修祠宇。今将竣工矣，勒石志异，窃愿有请。

遗闻之，悚然曰："孔子云，视之而弗见，听之而弗闻，体物而不可遗者，为鬼神之盛德。"今王之摄文彬也，俨然见，俨然闻，而民视民听系之。体物之功，直有以达于九霄，深于九渊，固洋洋乎如在其上，如在其左右

---

① 该记文前半部分与上文《重修显灵义勇武安王庙记》第一段至第四段内容几乎雷同，此处从略。

矣。此而不志，恶乎用吾志？伏维王河东解人，臣事昭烈，挟其精忠浩气，扶汉鼎于灰烬之余。史册昭垂。焜耀今古。至于威灵显著，觉世牖民，城所谓大而化之之谓圣，圣而不可知之谓神。夫，岂庸与文彬之一言一事，所能赞拟形容于万一哉？神雀乎，神雀乎，其冥使乎？读王之传，拜王之祠，谨薰楮濡毫，为之大书特书，以告后世之为张庸、为阎文彬者。

　　按：此碑在开城岭上。核其年代，为元时故碣。文虽剥落，尚可缀识。伊以事涉灵异，神道设教，录之可以儆顽醒奸。而并为删易数行，以归雅重。至所载英济王封号，当为关圣未晋帝位以前之尊谥。固原迭经兵火，此碑不没尘沙中，殆或有呵护之者。

　　从以上两篇记文的内容来看，两篇记文都属于碑诔文体。碑文的前半部分叙辞是对相关事实的叙述，后半部分铭辞则是对人物行为的颂扬褒美。但是，通过仔细阅读我们就可以发现其中存在的问题：第一，《嘉靖固原州志》刊刻于嘉靖十一年（1532 年），《宣统固原州志》排印于宣统元年（1909 年）。既然两篇记文标题相近，作者相同，叙辞内容雷同，但为什么铭辞内容会不一致呢？第二，从《宣统固原州志》所收录记文最后一段内容来看，这部分内容当是记文收录者的按语。从按语内容我们可以得知，《宣统固原州志》的修志者在收录该记文时亲眼见到了原碑，并且在录文时进行了删改。那么，以上两部志书所收录的两篇记文，哪一篇会更接近原碑内容呢？第三，以上两个问题不解决，就会对后世学者造成一定的误解。如朱洁在《现存固原历史文献篇目》①一文中，认为《重修英济王庙碑记》和《重修显灵义勇武安王庙记》是梁遗所撰写的两篇记文。又如李修生主编的《全元文》在收录梁遗的作品时，收录的是从《宣统固原州志》节录的《重修英济王庙碑记》②。以上几个问题的解决，则需要

---

　　① 朱洁：《现存固原历史文献篇目》，载《固原地区史志资料（第三辑）》（内部资料），1987 年。

　　② 李修生：《全元文·卷一七六五·梁遗（第 58 册）》，凤凰出版社，2007 年。

通过对《重修显灵义勇武安英济王庙三门记》原碑的释读来实现。

二、《重修显灵义勇武安英济王庙三门记》释读

关于《重修显灵义勇武安英济王庙三门记》的释读。笔者在上文指出，张鸿智、韩孔乐二位先生曾整理了出土石碑的部分内容。但可能是由于原碑断裂的原因，他们使用、整理的只是上半段断碑的碑阴部分，而忽略了下半段断碑碑阴及碑阳的全部内容。不仅如此，这部分内容也使他们误认为出土石碑是《嘉靖固原州志》所收的另一篇元代记文《重修朝那湫龙神庙记》的原碑。

由于《嘉靖固原州志》和《宣统固原州志》都收录了相同主题的记文，且《宣统固原州志》修志者已经指出他们在收录记文时见到了原碑并对记文进行了删改。因此，笔者认为利用《嘉靖固原州志》和《宣统固原州志》所收录记文，再结合《固原历代碑刻选编》所公布的图片，《重修显灵义勇武安英济王庙三门记》原碑的内容是有可能释读的。笔者在此不揣浅陋，试将该碑文释读如下，以求教于方家。

碑阳：（略）

碑阴：（略）

三、《重修显灵义勇武安英济王庙三门记》相关问题考述

通过上文论述，笔者对《重修显灵义勇武安英济王庙三门记》一文的收录情况、流传情况进行了考察，并对原碑文进行了尝试释读。但是，关于后人对记文的删改情况、记文的作者情况、原碑的立碑情况等都需要进一步考述。

（一）后人对《重修显灵义勇武安英济王庙三门记》的删改情况

通过对记文的释读，我们基本上可以了解到明清固原方志修纂者对《重修显灵义勇武安英济王庙三门记》记文的删改情况。

比如，尽管《嘉靖固原州志》修志者没有明示在收录《重修显灵义勇武

安王庙记》时是否对原记文进行过删改，但我们通过比对可以看出，《嘉靖固原州志》修志者在收录时，保留了原记文前半部分叙辞和后半部分铭辞的基本内容，而将中间关于关羽的相关经历（即释文的第五段）删除。通过对这部分内容的释读和复原，我们可以发现这段文字应该是出自《三国志·关羽传》①。而《宣统固原州志》修纂者收录记文时，在保留原记文叙辞内容的同时，也将关羽的相关经历删除。此外，他们对记文的铭辞内容也进行了修改。记文的收录者为了使记文变得"雅重"，在铭辞中引入了孔子的相关言论："视之而弗见，听之而弗闻，体物而不可遗。"②

从《嘉靖固原州志》修纂者对记文的删改来看，他们认同了记文作者通过转述史传对关羽事迹的记载，一方面来颂扬关羽"勇""忠""义"等美德，另一方面也赞美张庸"好义之诚意"并昭示后人。他们是从历史和人的角度出发来颂扬褒美关羽的美德及张庸的义行。而《宣统固原州志》修纂者在铭辞内容引用了孔子的相关言论，并通过"神雀"将叙辞内容过分地神化，这在某种意义上给张庸重修关羽庙的行为赋予了更多的神秘色彩。他们是从神的角度来告诫后人。这样的删改，不仅为我们反映了《嘉靖固原州志》《宣统固原州志》修纂者对这一事件的不同看法，某种程度上还反映了明、清两个时代人们对这一事件的不同认识。

（二）关于《重修显灵义勇武安英济王庙三门记》的撰文人、书丹人及刻工情况

关于《重修显灵义勇武安英济王庙三门记》的撰文人。《嘉靖固原州志》记为"廉访使梁遗撰"，《宣统固原州志》也记为"元梁遗撰"。另外，《固原历代碑刻选编》所收录原碑也记为"正议大夫山

---

① 陈寿：《三国志·卷三十六·关张马黄赵传第六》，陈乃乾点校，中华书局，1959 年。

② 朱熹：《四书章句集注》，中华书局，1983 年。

南河北道肃政廉访使梁遗撰"。可见，梁遗是《重修显灵义勇武安英济王庙三门记》的撰文人无疑。关于梁遗的生平，由于正史无载，我们只能通过其他史籍的记载与原碑进行对照，从而了解到部分信息。如清人顾嗣立和席世臣所编《元诗选癸集（上）》有梁遗的简介："遗字□□，汝州人。至元四年，以正议大夫任岭南广西道肃政廉访使。"①另外，清人徐作梅修、李士琨纂《北流县志·卷十四·乔迁》也有专门的条目记载梁遗的任职情况："梁遗元至元四年以正议大夫任广西肃政廉访使。"②关于梁遗的著述情况，除本文所论述的《重修显灵义勇武安英济王庙三门记》外，《全元文》还收录了他的《重修学府记》。另外，《元诗选癸集（上）》还收录了梁遗的诗《宝积山》："松涵云影竹生烟，松竹深藏小洞天。读罢黄庭鹦鹤舞，更于何处觅神仙。"

关于《重修显灵义勇武安英济王庙三门记》的书丹人，《嘉靖固原州志》无载。《宣统固原州志》整理本记作"李诚丹书"。笔者认为这一记录有误，应该是"李诚书丹"，即指"李诚"书丹碑文。另外，《嘉靖固原州志》在记录另一篇记文《重修朝那湫龙神庙记》的作者时，记作"学政李诚撰"。此外，《固原历代碑刻选编》在所收录原碑撰文者之后记作："应理州□学正……六盘山等处怯怜口诸色民匠等户敕授都提举司知事吕项□"。由于此部分碑文残缺，无法释读。但结合"应理州"③"学正"及上文的分析，笔者认为《重修显灵义勇武安英济王庙三门记》的书丹者就是宁夏府路下辖应理州的学正李诚，且此李诚和《重修朝那湫龙神庙记》的作者很可能是同一人。

---

① 顾嗣立、席世臣：《元诗选癸集上·己上》，吴申扬点校，中华书局，2001年。

② 徐作梅修，李士琨纂：《北流县志·卷十四·乔迁·梁遗》，成文出版社，1975年。

③ 应理州：系宁夏府路之下辖州。元史有载："应理州，下。与兰州接境，东阻大河，西据沙山，考之图志，乃唐灵武郡地。其州城未详建立之始，元初仍立州。"见宋濂等撰，《元史·卷六十·地理志三·宁夏府路》，中华书局，1976年，第1451页。

关于《重修显灵义勇武安英济王庙三门记》的刻工。毛远明先生曾指出，关于碑刻撰文人、书丹人、刻工的题名顺序："题名顺序一般是撰文人列前，书丹人次之，镌刻人在末。还有的首尾各题，视其名位尊卑，官爵高下而定，其体甚繁。"①从上文论述的撰文人、书丹人题名顺序情况来看，"六盘山等处怯连口诸色民匠等户敕授都提举司知事吕项□"中的吕项很可能是刻工。同时，这一姓名也出现在了碑阴的立碑人姓名当中。但由于曾毅公《石刻考工录》②和程章灿《石刻刻工研究》③都不载吕项，此处存疑待考。

(三) 关于《重修显灵义勇武安英济王庙三门记》碑的立碑人

从上文笔者对碑阴的释文可以看出，《重修显灵义勇武安英济王庙三门记》碑的碑阴内容全部是立碑人题名。这些立碑人不仅包括中央机构中政院下属的六盘山等处怯怜口民匠都提举司、开城等处长官司、开城等处提领所的公职人员④，也包括地方机构开成州的公职人员⑤，还包括民间的耆老及工匠人员等。关于元代开城地区的机构及其职官情况，张鸿智和韩孔乐⑥、佘贵孝⑦、薛正昌⑧等先生也曾撰文论述，笔者还将有专文对此进行讨论，在此不再赘述。

① 毛远明：《碑刻文献学通论》，中华书局，2009 年。

② 曾毅公：《石刻考工录》，书目文献出版社，1987 年。

③ 程章灿：《石刻刻工研究》，上海古籍出版社，2008 年。

④ 宋濂等：《元史·卷八十八·百官志四·中政院》，中华书局，1976 年。

⑤ 宋濂等：《元史·卷六十·地理志三·开成州》，中华书局，1976 年。

⑥ 张鸿智、韩孔乐：《蒙元时期开城兵制及六盘山军事》，《固原师专学报》1991 年第 4 期。

⑦ 佘贵孝：《元代安西王府及路、州建置与职官》，《固原师专学报》1994 年第 4 期。

⑧ 薛正昌：《元代六盘山与开城安西王府》，《内蒙古社会科学（文史哲版）》1995 年第 2 期。

（四）关于《重修显灵义勇武安英济王庙三门记》碑涉及的时间

我们可以从记文中涉及的时间来推定该碑所反映张庸的任职时间、"张庸张文彬案"发生时间、重修关羽庙时间及立碑时间。即仁宗延祐七年（1320 年），张庸充任六盘山等处怯怜口民匠都提举司开城等处提领所副提领。英宗至治元年（1321 年）到任。英宗至治二年（1322 年）发生了"张庸张文彬案"。"泰定改元"（元泰定帝 1324—1328 年在位）后，张庸见关羽庙破败，便出资重修关羽庙。顺帝元统甲戌夏四月景辰①（元顺帝元统二年，1334 年 5 月 2 日），张庸将自己的任职情况、重修关羽庙的起因及"张庸张文彬案"的经过告诉了梁遗，并请梁遗撰写重修关羽庙记文。顺帝元统乙亥蕤宾望日（元统二年五月十五日，1335 年 6 月 6 日），《重修显灵义勇武安英济王庙三门记》碑落成。

四、余论

笔者在本文对《重修显灵义勇武安英济王庙三门记》的收录及流传情况进行了考察，对原碑碑文进行了尝试释读，对该碑的撰文人、书丹人、立碑人等进行了考述。但是，由于原碑有相当一部分内容残泐，这在某种程度上影响了对原碑内容的复原和对相关问题的考证。同时，限于篇幅，关于碑阴所涉及的元代开城州的中央机构、地方机构及其职官等也没有展开论述，笔者将在它文对相关问题进行讨论。

①景辰：当是"丙辰"。

唐代漕运的沿革

◎何绪军　文史学院 11 级历史学

　　唐代是漕运发展的重要时期，这时漕运形成了它的一套制度，作为封建国家经济部门中的重要组成部分，其体系已趋于形成。"唐都长安，而关中号称沃野，然其地狭，所出不足给京师备水旱。"①因此经常要"转运东南之粟"。在唐高祖和唐太宗的时候因为用物节俭，所以尚且不需要完全仰仗东南漕运的输送，只是"岁不过二十万石"②。但是从高宗以后，情况发生了变化，天子"逐食东都"的现象常见于史书中。因此，出现了漕运"岁益增多，而功利繁兴民亦罹其弊"③的局面。经过唐朝历代明君能臣对于漕运的改革，唐代形成了一套较为完备的漕运制度和漕运体系。对于狭地关中的政权存续起到了不可替代的作用。

---

　　①②③马端临：《文献通考》卷二十五国用考三《漕运》，中华书局，1986 年，第 241 页。

一、 唐代漕运兴起原因

漕运与中国古代的政治密切相关，漕运的主要功能是漕粮的运输，在农业经济为主的古代尤为重要。漕粮的作用首先是京师地区的用粮问题。

（一）京师用粮

1. 皇室的日常用粮

皇室可谓京师的中心，也可以说是皇权的心脏。每一个封建王朝都有一个庞大的皇室，且日益膨胀，这个势力集团需要不断输送来的物质供其享用。"民以食为天"，皇室也概莫能外，皇室用粮首先是指供给皇帝和后宫，历代皇帝及家室的消费都是无度的。同时为皇室服务的宫女和宦官也是宫廷粮食的主要消费者，这更是一个庞大的消费群体。唐中宗神龙年间有"宦官三千余人，超授七品以上的外官者千余人。然衣朱、紫者尚寡"[①]，到了唐玄宗开元、天宝年间，"长安大内、大明、兴庆三宫、皇子十宅院、皇孙百孙院、东都大内、上阳两宫，大率宫女四万人，品官黄衣以上三千人，衣朱、紫者千余人"[②]。由此可见宫内宦官和宫女人数不断增加，品级逐渐上升，食粮有增无减。在关中地狭甚或荒灾饥年的情况下，就难免出现天子率群臣逐食东都的情形。

2. 京官用粮

官吏是国家机器的主要组成部分，京官又处于首脑地位，随着时间的推移，京官的数量也会如皇室和宫廷服务人员一样逐年增加。京官用粮主要是禄米。唐朝初朝政清廉，太宗在位期间文武官吏仅六百四十二人，然而高宗以后各代皇帝任意增选官吏，国家机构日益臃肿，官吏人数与日俱增。到了高宗时期京官已经过千，中宗时期更是出现了"十倍增官"现象。[③]这样多的京官必然导致京师财政开支的庞大。

①② 刘昫：《旧唐书》卷一百八十四·列传第一百三十四，中华书局，1999年，第32、35页。

③ 吴琦：《漕运与中国社会》，华中师范大学出版社，1999年，第28、30页。

3. 驻京兵饷

驻京的军队是保障京师的安全支柱，而维持这支军队首先依靠的就是粮食的供应。由京师直接供养的军队主要是关中禁军，其他地方的驻军则取给当地。

关于中央禁军，史书记载："夫所谓天子禁军者，南、北衙兵也。南衙，请卫兵是也；北衙者，禁军也。"南北衙兵共十万七千人左右，唐代每一兵一年用米是七石二斗，以此推算，南北衙兵一年的用米是七十七万余石。[1]

4. 诸司公粮

在京师的诸多政府部门也是漕粮的主要的消费群体之一。在《唐大诏令集》卷六十九《广德二年南郊赦文》中曾提到，当时诸司人数总计为八万四千五十八人。而这部分人的口粮标准在一升到三升之间不等，如果以二升半为计，那么用粮总数为每年七十余万石。[2]

5. 平粜功能

平粜即所谓的平衡物价。朝廷用漕粮来平衡市场的米价。前文中已经论及关中地区常发生饥荒、旱灾导致米价不定，一次从各地漕运而来的粮食便可以起到稳定市场物价的作用。

除开京师地区的用粮问题外，还有社会环境变化和军事方面的原因。

（二）社会环境变化原因

隋唐两朝长安、洛阳东西两京俱为政治文化中心，而长安为西魏、北周以来关中本位之根据地。当国家积极进行西北开拓政策之时，尤能得形势近便之利，然而其地的经济运输则远不及洛阳优胜，在北周以前军政范围限于关陇巴蜀规模狭小，其经济尚能自给。自周灭北齐后不

---

① 吴琦：《漕运与中国社会》，华中师范大学出版社，1999年，第28、30页。
② 吴琦：《漕运与中国社会》，华中师范大学出版社，1999年，第32页。

久，即营建洛阳为东京，隋唐承之，故长安、洛阳天子往来行幸，诚如李林甫所谓东西两宫者也。帝王由长安迁居洛阳，除另有政治及娱乐等原因，如隋炀帝、武则天等兹不论外，其中尚有一主因为本章所欲论者，即经济供给的原因。盖关中之地农产物虽丰饶，其实不能充分供给帝王宫卫百官俸食之需，而其地水陆交通不甚便利，运转米谷亦颇困难，故自隋唐以降，关中之地若值天灾，农产品不足以供给长安帝王宫卫及百官俸食之需时，则帝王往往移幸洛阳，俟关中农产物丰收，然后复还长安。①

从陈寅恪先生所述中可以分析得出，长安的粮食供给到了唐朝时期已经不能满足当时发展的需要。开拓西北也因为经济条件的原因受到很大限制。要想稳固京师长安在全国政治中的核心地位就必须采取漕运粮食的方式，在交通尚且受限的前提下，唯一的策略就是移驾东都洛阳，等到关中经济条件转好时再回长安。

当然在当时群臣舆论压力之下，移驾东都实在是下下策。"臣以国家帝王业在京师，万国朝宗，百代不易之所。"②

（三）军事需要

唐代北部边患未除，"漕运饷边"仍是唐朝支持边境防守及战事的主要手段。唐代的太宗、玄宗热衷于在边防的功绩。太宗贞观十九年（645年），发动了对高丽的远征。由于战场甚远，军饷供应问题十分突出。太宗因此派太常卿韦挺赴幽州，令其在河北地区征集军饷，并运往辽东前线营州屯驻。韦挺到幽州后，"市木造船"，利用永济渠北段的桑干河水域，将六百艘军粮运至距幽州八百里外的地方。

"贞观开元后，西举高昌、龟兹、焉耆、小勃律，北抵薛延陀故地，缘边数十州戍重兵，营田及地租不足以供军，于是初有和籴。牛仙客为

① 陈寅恪：《隋唐制度渊源略论稿·财政》，三联书店，2001年，第161~162页。
② 杜佑：《通典》卷十《食货十》，中华书局，1988年，第222页。

相，有彭果者献策广关辅之籴，京师粮禀益羡慕。"①

高宗、武则天时期，东北边事趋于紧张。调露元年（679 年），突厥单于大都护府及二十四州酋长同时叛乱，数十万人侵扰定州。唐朝发兵三十万兴讨，边衅大开，永济渠承担了繁忙的军需物资的调运任务。此后又有契丹部落的举兵反唐，朝廷频繁出兵。由于永济渠调运的军事物资的不断增加，永济渠沿岸著名城市清河郡成为江淮物资大量汇集的重要地点，号称"天下北库"。直到天宝末年安史之乱爆发之时，清河郡仍然存有大量的军需物资，当时平原郡太守颜真卿就是凭借这一物资优势，坚守一隅，顽强地抗击安禄山的进攻。②

中唐以后，来自吐蕃、回纥及南诏的外患，对唐王朝也构成了较大的威胁，为此唐王朝在边防水利、漕运上做出了不少努力。安史之乱后，吐蕃尽占河西、陇右，从此西北地区受到吐蕃、回纥的频繁入侵。迫于这种威胁，唐王朝在加紧关内道边缘地带屯田的同时，也加强了这些地区水利工程的修建。③

南诏从天宝九载（750 年）之后就联兵吐蕃，与唐王朝时战时和，懿宗咸通以后，频频入寇剑南与岭南，加强了对唐王朝的战事。于是，岭南一带戍兵的粮饷供应成为唐王朝的当务之急。恰值此时，连接岭南水路的交通——灵渠，因为长期失修致废，加之坡降过大，大量的人力、物力和时间都浪费在这一小段漕路上。宝庆初年，桂管观察使对灵渠进行了全面的治理，效果颇佳。咸通三年（862 年），南诏陷交趾，朝廷征集诸道兵马赶赴岭南，因为灵渠的再次损坏，不得不改道海运转漕广州。咸通八年（867 年）时，更是开通了从海上到安南的运道，最终使得"漕运无滞"。

① 欧阳修、宋祁撰：《新唐书》卷五十三·志第四十三《食货三》，中华书局，1999 年，第 902～903 页。

② 吴琦：《漕运与中国社会》，华中师范大学出版社，1999 年，第 105～106 页。

③ 吴琦：《漕运与中国社会》，华中师范大学出版社，1999 年，第 106、107 页。

因海运风险极大，所以不久后又转向对灵渠的修复。①

上述引用都说明漕运在唐朝军事战略中的重要地位。

（四）自然环境变化原因

自然环境的变化也是导致漕运地位上升的重要原因之一。在《新唐书》卷三十四·志第二十四《五行一》中，对于关中在唐代的自然灾害记载颇多。《常雨》篇中，每逢大雨或久雨，必然附带着"害稼"之说。"十六年九月，关中久雨，害稼。""十三载，大霖雨，害稼。"……虫灾，如鼠灾、蝗灾等，在《鼠妖》《草妖》中均有关于这类灾害对农业的影响。还有如大风、地震对农业的影响也是很大的。

在《新唐书》卷三十五·志第二十五·《五行二》中列数了唐朝的饥荒：

贞观元年（627年），关内饥。

总章二年（669年），诸州四十余饥，关中尤甚。

仪凤四年（679年）春，东都饥。

调露元年（679年）秋，关中饥。

永隆元年（680年）冬，东都饥。

永淳元年（682年），关中及山南州二十六饥，京师人相食。

垂拱三年（688年），天下饥。

大足元年（701年）春，河南诸州饥。

景龙二年（708年）春，饥。三年三月，饥。

先天二年（713年）冬，京师、岐、陇、幽州饥。

开元十六年（728年），河北饥。

乾元三年（760年）春，饥，米斗钱千五百。

广德二年（764年）秋，关辅饥，米斗千钱。

永泰元年（765年），饥，京师米斗千钱。

---

① 吴琦：《漕运与中国社会》，华中师范大学出版社，1999年，第106、107页。

贞元元年（785 年）春，大饥，东都、河南、河北米斗千钱，死者相枕。二年五月，麦将登而雨霖，米斗千钱。十四年，京师及河南饥。十九年秋，关辅饥。

元和七年（812 年）春，饥。八年，广州饥。九年春，关内饥。十一年，东都、陈许州饥。

长庆二年（822 年），江淮饥。

大和四年（830 年），河北及太原饥。六年春，剑南饥。九年春，饥，河北尤甚。

开成四年（839 年），温、台、明等州饥。

大中五年（851 年）冬，湖南饥。六年夏，淮南饥，海陵、高邮民于官河中滤得异米，号"圣米"。九年秋，淮南饥。

咸通三年（862 年）夏，淮南、河南饥。九年秋，江左及关内饥，东都尤甚。

乾符三年（876 年）春，京师饥。

中和二年（882 年），关内大饥。四年，关内大饥，人相食。

光启二年（886 年）二月，荆、襄大饥，米斗三千钱，人相食。三年，扬州大饥，米斗万钱。

大顺二年（891 年）春，淮南大饥。

天祐元年（904 年）十月，京师大饥。

在有记载的唐朝 36 次饥荒中，关于京师地区的饥荒有 25 次之多，达到饥荒数额的 69.4%，而与江淮南方地区相关的饥荒只有 8 次，占总数的 22.2%。显然饥荒发生较少的南方地区成为了解决京师以及全国其他地方的粮食来源地区。这是唐朝中后期仰仗"东南八镇"的主要原因。解决京师地区的用粮问题的办法便是通过水路的漕运。

二、唐代漕运的沿革

唐代漕运是在隋朝基础上发展起来的，隋朝的漕运制度建设成就不甚突出。但是隋朝实施了两项比较重要的措施，对以后的漕运产生了很大的影响。一是京杭大运河的开凿。隋文帝开皇四年（584 年），为通漕运，开广通渠；大业元年（605 年）开通济渠；整理疏浚邗沟。使得海河、黄河、淮河、长江、钱塘江五大水系连接在一起。二是粮仓的设置，广开河渠的同时在各重要河津建设仓廪，以利于转漕。

唐朝的漕运兴盛于高宗以后，"高祖、太宗之时，用物有节而易赡，水陆漕运，岁不过二十万石，故漕事简。自高宗以后，岁益增多，而功利繁兴，民亦罹其弊矣"①。随着时间的推移，京师聚集的人口越来越多，曾经能够供应的粮食在高宗之时已经不能满足需求，需要借助于漕运来解决。而接下来的历代皇帝又针对漕运进行了不遗余力的改革。

因黄河有"三门底柱之险"，因此为了解决三门峡的阻碍，在显庆元年（656 年）时，"苑西监褚朗议凿三门山为梁，可通陆运"②。于是发动人力三千凿山，"功其后，将作大匠杨务廉又凿为栈，以挽漕舟"。但是这种策略不是长久之计，导致一些事故发生，"挽夫坠死，则以逃亡报，因系其父母妻子，人以为苦"③。

裴耀卿是唐前期在漕运方面很有建树的官员，开元十八年（730 年），宣州刺史裴耀卿到京师朝拜，玄宗向他询问漕运方面的对策，耀卿便曰："江南户口多，而无征防之役然送租、庸、调物，以岁二月至扬州入斗门，四月已巳，始渡淮入汴，常苦水浅，六七月乃至河口，而河水方涨，须八九月水落，始得上河入洛，而漕路多梗，船樯阻隘。江南之人，不习河事，转雇河师水手，重为劳费。其得行日少，阻滞日多。今汉、隋漕路，濒河仓廪，遗迹可寻。可于河口置武牢仓，巩县置洛口仓，使江南之舟不入黄

① 马端临：《文献通考》卷二十五国用考三《漕运》，中华书局，1986 年，第241 页。

②③ 马端临：《文献通考》卷二十五国用考三《漕运》，中华书局，1986 年，第241 页。

河，黄河之舟不入洛口。而河阳、柏崖、太原、永丰、渭南诸仓，节级转运，水通则舟行，水浅则寓于仓以待，则舟无停留，而物不耗失。此甚利也。"①本是一个很合理的分段运输方式，可当时却没能打动玄宗。

开元二十一年（733 年），裴耀卿做京兆尹时，恰逢京师赶上雨水，谷物价格上涨，玄宗不得不做出"将幸东都"的准备，此时他再次向裴耀卿咨询漕运之事，于是"耀卿因请罢陕陆运，而置仓河口，使江南漕舟至河口者，输粟于仓而去，县官雇舟以分入河、洛；置仓三门东西，漕舟输其东仓，而陆运以输西仓，复以舟漕，以避三门之水险。玄宗以为然，乃于河阴置河阴仓，河西置柏崖仓，三门东置集津仓，西置盐仓；凿山十八里以陆运。自江淮漕者，皆输河阴仓，自河阴西至太原仓，谓之北运，自太原仓浮渭以实关中。"②当然这次的献策和开元十八年（730 年）是大同小异的，但是这次却得到了玄宗的赞同。"玄宗大悦，拜耀卿为黄门侍郎、同中书门下平章事，兼江淮都转运使，以郑州刺史崔希逸、河南少尹萧炅为副使，益漕晋、绛、魏、濮、邢、贝、济、博之租输诸仓，转而入渭。"③

裴耀卿的奏请，也取得了他预期的效果，"凡三年，运七百万石，省脚三十万贯"④。

等到裴耀卿被免职之后，漕运渐废。但是到了开元二十七年（739年），河南采访使、汴州刺史齐澣江因为江淮漕运经过淮水波浪较大，造成很多事故，遂开广济渠下游，"自泗州虹县至楚州淮阴县北十八里，合于淮，不踰时毕功。继而水流湍急，行旅艰险，旋即停废，欲由旧河"⑤。

① 马端临：《文献通考》卷二十五国用考三《漕运》，中华书局，1986 年，第 241 页。

② 马端临：《文献通考》卷二十五国用考三《漕运》，中华书局，1986 年，第 242 页。

③ 马端临：《文献通考》卷二十五国用考三《漕运》，中华书局，1986 年，第 242 页。

④⑤ 杜佑：《通典》卷十《食货十》，中华书局，1988 年，223 页。

开元二十九年（741年），陕州刺史李齐物避开三门河段的险滩，在其北面凿石渠通运船，但是河流的水流很慢，河道不久便被泥沙淤塞，"不可漕而止"。

天宝二年（743年）的时候，左常侍兼陕州刺史韦坚开漕河，从苑西引渭水，使得永丰仓和三门仓的漕粮得以进入京师，而所开的河渠取名为"广运潭"。"众艘以次辇楼下，天子望见大悦，赐其潭名曰广运潭。"①

这之后天下经历了大的动乱，"其后大盗起，而天下匮矣。肃宗末年，史朝义兵分出宋州，淮运于是阻绝，租庸盐铁溯汉江而上"②。即使是原有漕路受阻，中央王朝也要从长江、汉江一线向京师输送物资，不能放弃漕运，可见此时的漕运对于唐王朝的重要性。

河南尹刘晏为户部侍郎时，他兼任度支、转运、盐铁、铸钱使，江淮的物资源源不断向京师输送。等到代宗离开关中，关中空虚的时候，漕运物资便转向宗室所在的地方，供其享用。广德二年（764年）时，刘晏担任东都、河南、淮西、江南东西转运、租庸、铸钱、盐铁，转运至上都，所有漕运事情都由刘晏决定。"晏即盐利雇佣分利督之，随江、汴、河、渭所宜。故时转运船縻润州陆运至扬子，斗米费钱十九，晏命囊米而载以舟，减钱十五；縻扬州距河阴，斗米费钱百二十，晏为歇艎支江船二千艘，每船受千斛，十船为纲，每纲三百人，篙工五十人，自扬州遣将部送至河阴，上三门，号'上门填阙船'，米斗减钱九十。调巴、蜀、襄、汉麻枲竹条为绹挽舟，以朽索腐材代薪，物无弃者。"③刘晏的改革使得本已经颓废不堪的漕运，重新焕发生机和活力。他的改革使得漕运变成有组织有条理的经济活动，这对于风雨飘摇中的唐王朝可谓一剂良药。

未十年，人人习河险。江船不入汴，汴船不入河，河船不入渭；江南之运积扬州，汴河之运积河阴，河船之运积渭口，渭船之运入太仓。岁转

---

① ② ③ 马端临：《文献通考》卷二十五国用考三《漕运》，中华书局，1986年，第243页。

粟百一十万石，无升斗溺者。轻货自扬子至汴州，每驮费钱二千二百，减九百，岁省十余万缗。又分官吏主丹阳湖，禁引溉，自是河漕不涸。大历八年（773年），以关内丰穰，减漕十万石，度支和籴以优农。晏自天宝末掌出纳，监岁运，知左右藏，主财谷三十余年矣。[1]刘晏也成为继裴耀卿之外的另一个在唐朝漕运史上有建树的官员。

但是好景不长，杨炎做丞相时，因为旧恶罢免了刘晏，已经进行的一些改革也被恢复到最初的状态。而这种背弃原来改革的行为，不久便招来了麻烦。"及田悦、李惟岳、李纳、梁崇义拒命，举天下兵讨之，诸军仰给京师。而李纳、田悦兵守涡口，梁崇义扼襄、邓，南北漕引皆绝，京师大恐"[2]。

贞元初，关中及附近官兵境遇不佳，"米斗千钱，太仓供天子六宫之膳不及十日，禁中不能酿酒，以飞龙驮负永丰仓米给禁军，陆运牛死殆尽"[3]。在这种形势之下，德宗任用给事中崔造为相，"增江淮之运，浙江东、西岁运米七十五万石，复以两税易米百万石，江西、湖南、鄂岳、福建、岭南米亦百二十万石"[4]。大大缓解了京师的压力。其后为了保障漕运的稳定性，还制定了苛刻严格的漕运条例，"万斛亡三百斛者偿之，千七百斛者流塞下，过者死；盗十斛者流，三十斛者死"[5]。虽然制定了这样严酷的制度，但是取得的成效不大，"覆船败辖，至者不得十之四五"。"人不畏法，运米至者十亡七八"。

到了唐后期，统治者对于漕运也是颇感信心不足。有人进言说要疏通秦汉时期的漕路，文宗回答道："苟利于人，阴阳拘忌，非朕所顾也"[6]。

唐后期因为政局动荡，尤其是藩镇割据，导致全国政令不畅，漕运作

---

① 马端临：《文献通考》卷二十五国用考三《漕运》，中华书局，1986年，第243页。
②③④⑤⑥ 欧阳修、宋祁撰：《新唐书》卷五十三·志第四十三《食货三》，中华书局，1999年，第899、900、900、901、901页。

为一个需要发动数省之力来完成的事情，在这个时期也显得力不从心了。漕运经常被阻断，漕运的粮食数额不稳定。

漕运的兴衰可谓唐王朝政治兴衰在社会经济层面的一个缩影，中央政府强大的时候能够集中人力物力兴修漕渠，疏通旧路，但是王室衰微之际只能求助于地方豪强势力的"施舍"，至于牛仙客进言在西北地区进行屯田之策，一则是立足西北发展的长远考虑，一则也是漕运受限，为摆脱漕运的不得已之举。王朝命已至此，岂不痛哉。

漕运与中国古代农业社会的延续关系密切。首先，漕运加强了集权政治的稳定性，是封建中央政权不断强化的物质基础。唐朝能够历经安史之乱并且在这之后能够继续维持王朝的局面，是和漕运对南方物资的转运有很大关系的。其次，漕运的掠夺性也极大地遏制了经济的发展，尤其是延缓了经济发达地区的发展。国家垄断漕运，以无偿的方式掠夺地方财物，使得全国经济发展后劲不足。最后，使小农经济更加稳固，强化了保守意识。漕运的主要是粮食，而这正是农业社会的主要产出物，农民被强征到漕运路途上服役，更使得自身牢牢禁锢在统治者构造的封建体系内。

金庸武侠之三教杂读

◎张国强　文史学院07级历史班

甲：儒

一、正统观

金庸小说射雕三部曲中，男一号主人公分别是郭靖、杨过、张无忌，他们都经历一个艰苦的少年时代，经过传奇的奋斗，后来都成为武林领袖。乍看来，三人身世卑微，但是细细考究，这三人都是出身名门，或是忠良之后，如郭靖是梁山好汉郭盛之后，杨过是杨家将的后裔，张无忌则是武当七侠之一张翠山之子，武林泰斗张三丰的徒孙，亦是渊源自有。甚而在《笑傲江湖》里面，男一号令狐冲是出身华山派，《书剑恩仇录》中陈家洛与乾隆是兄弟，《碧血剑》中袁承志是袁崇焕之子，等等不一而足（至于《鹿鼎记》中的韦小宝，是金庸晚年的反思之作，不在此列）。而这些人，日后都成为武林的栋梁，从中可以看出，中国历史上的正统论，在即使是仅供娱乐消遣的武侠作品中，也是大有市场。

自班固撰写《汉书》提倡正统之后，以后中国历代王朝都自命正统嫡室，莫不攀仰先圣前贤。三国的曹操，本是宦官养子之后，还要自言是汉相曹参之后。刘备靠着皇叔的金字招牌，愣是创建了蜀汉。匈奴人刘渊，也要自称是刘汉之后，建国后也叫作汉。东晋和南宋都偏安江南，却均以中原正朔自居。李唐大概是有胡人血统的，也要尊太上老君李耳为老祖宗，甚而至于近代，蒋介石非得娶宋美龄，进而与孙中山有连襟亲属关系，从而以总理的忠实信徒和接班人自居。

这样看来，原本儒家所倡导的以血缘为主要依据的正统观念，在中国社会中无处不在，其思想影响我国人之深可见一斑。

二、 家国之忧

金庸家族世代书香，其父在 20 世纪 50 年代初土改时被杀，他本人也因为参加进步学生政治活动而被国民党当局开除学籍。故而，在小说中与他的本人身上，无处不有一种家国忧患的思想。

郭靖崇拜诸葛亮鞠躬尽瘁死而后已的精神，自己也殉难襄阳城。大英雄萧峰为了宋辽的和平，以身自裁，劝退辽兵。王重阳矢志抗金，张无忌率明教揭反元大旗，袁承志协助李自成义军，陈家洛红花会反清复明等等，无一不是儒家忠君报国，为国家民族献力的体现。金庸本人也热衷政治，指点江山，激扬文字，为大陆与香港的政治文化经济交流亦颇有贡献。

金庸的小说，在一定程度上可以说是对儒家文化的最好解读。郭靖、张无忌等人都是不断地艰苦奋斗，才取得非凡的成就，他们重视个人的品德修养，将个人成就、武功修为与品德相联系，也是遵循了儒家所主张的修齐治平的人生理想。

乙：道

一、武学

金庸《射雕英雄传》里面，有一门武功绝学叫"九阴真经"，开头几句说：

天之道，损有余而补不足，是故虚胜实，不足胜有余，人但知……

老子《道德经》第七十七章讲：

天之道，其犹张弓欤？高者抑之，抑者高之。天之道，损有余而补不足。人之道则不然，损不足以奉有余。

《道德经》第七十六章讲：

人之生也柔弱，其死也坚强。草木之生也柔脆，其死也枯槁。故坚强者死之徒，柔弱者生之徒。是以兵强则灭，木强则折。强大处下，柔弱处上。

金庸小说描写的各类武功，在老子和庄子的书中都能找到名词来源，以及其武学理念。比如气功，张三丰的太极拳，这些都是源于道家。而小说中的逍遥派、北冥神功等等，显然是源于庄子的《逍遥游》，也有许多是源于佛家，像少林寺的七十二绝技，大多数来源于佛经。

二、名士风流

金庸武侠中塑造了多个晋式人物，《射雕》中东邪黄药师就是典型的代表，完全一副名士派头，因为受到朝廷不公正的待遇，做事不循礼数，隐居山林，琴棋书画，自我逍遥。魏晋的风气是尚老庄薄周孔，任性情而非礼数，这一点在黄药师以及令狐冲等人的身上得到体现。

魏晋时期，曹氏与司马氏斗争激烈，残酷的政治斗争，使得名教成为了一把杀人的利刃。再加上不当的选官制度，虚伪礼教而沽名钓誉欺世盗名，成为士人为了求得仕途的手段。许多正直不苟的人被无端阴谋构罪甚至惨遭杀戮，因而纷纷起来反对名教，提倡自然真性情。《笑傲江湖》里，君子剑岳不群原来是个伪君子。号称名门正派的左冷禅为了争夺权力，卑鄙无耻，不择手段，逼死了刘正风和曲洋，却假借着名教正义的旗帜。反倒是所谓的魔教中人，向问天确是光明磊落的汉子，正反两派形成鲜明对比。

又《道德经》第九章讲：

持而盈之不知其已；揣而锐之不可长保；金玉满堂莫之能守；富贵而骄，自遗其咎。功遂身退，天之道。

在反对名利这一点上，金庸是赞同老庄主张的，并且向往一种自由自在的生活，许多成名人物功成身退，这都是老庄思想的体现。

丙：佛

一、禅宗

金庸晚年丧了，心情痛苦之下笃信佛教，故而在其后期作品中，佛家的影响很大。《天龙八部》的书名，就取自于佛经，而且在该书中，无人不怨，而又因果反复，瓜葛重重，最后萧远山和慕容博双双皈依佛门，几十年的恩怨从此勾销，这都是佛法的力量。金庸小说中的佛教，主要是以禅宗为宗，讲求顿悟，见性成佛，直指人心。

《坛经》记载，五祖宏忍欲传衣钵，令弟子作偈，大弟子神秀作一偈曰：

身是菩提镜，心如明镜台。

时时勤拂拭，勿使惹尘埃。

五祖以为尚未见性，烧火僧慧能口诵一偈：

菩提本无树，明镜亦非台。

本来无一物，何处惹尘埃。

于是付慧能法衣，以为六代祖，遂开禅宗一派。

二、 祸福之辨

金庸的武侠，大体上还算是美满结局，有情人终成眷属，郭靖与黄蓉，杨过与小龙女，张无忌与赵敏，令狐冲与任盈盈，段誉与王语嫣等等，这些人都是心地善良，历经艰难，最后走到一起。

恶人大都也有其应有的下场，不过也不算是太坏，报应之外，又有一点道家以德报怨的味道，老毒物欧阳锋先是发疯，后来与洪七公比武和解以后，双双长眠华山。金轮法王被杨过打死了，成昆被谢逊打瞎双眼，鸠摩智武功被段誉废掉，公孙止和裘千仞夫妇坠崖而亡，李莫愁自焚而亡。

另外，对于人生祸福的看法，金庸又持道家观点：

《道德经》第五十八章讲：

祸兮福之所倚。福兮祸之所伏。孰知其极，其无证。正复为奇，善复为妖。人之迷其固久。

所以在金庸的小说中，主人公往往因祸得福，化险而为夷，杨过断臂而遇神雕，张无忌、令狐冲受重伤而得以习成绝世武功，所受的苦难越大，成就也越大，最能让人感慨。

三、佛家流变

《连城诀》里金庸特地用了一首诗：

乘船过江陵，两岸闻泣声。

不见梁元帝，但听佛诵经。

从中略可体会六朝时期，江南佛教之盛状。其时帝王凡夫，都好佛教，梁武帝萧衍曾多次要削发到寺里当和尚。唐杜牧《江南春》诗也可以作为一个佐证：

千里莺啼绿映红，水村山郭酒旗风。

南朝四百八十寺，多少楼台烟雨中。

金庸对少林寺也着墨很多，其中多次提到达摩祖师的事迹，读者从中也可以对佛教的发展流变稍有一点了解，可以对一些佛教的基本知识有所获得。

丁、名字趣谈

金庸武侠不仅以三教汇入，而且在文史各个方面，都巧妙地融汇其中。郭靖与杨康，命名的寓意在于不忘靖康之耻。陈家洛、袁承志的名字也很考究，都有恢复故国、继承先志的意思。最有意思的当属令狐冲和任盈盈的名字。

《说文解字》说：冲，水之中也，空也。盈，满器也。

《道德经》第四章讲：道冲而用之，或不盈。

故而道家多用冲字命名，比如武当掌门冲虚道长，昆仑派掌门何太冲，华山派大弟子令狐冲。

而妙就妙在，令狐冲和任盈盈又恰好是一对恋人，从冲和盈的字面意思来看，两者正好相对应，看起来这是天造地设的一对，然而岂不知，这是金庸的妙计啊。

总之，读金庸的著作，在历史文化许多方面，会给我们一点启迪，固然作者的史实基本上是不可靠的，但是可以从中探寻一些思潮，以及激发初学历史者的兴趣，在这点上，还是有裨益的。

世界民族志之我见

——精读《西太平洋上的航海者》

◎马　嫄　中山大学社会学与人类学学院

一、前言

（一）写作背景

第一次世界大战后，英帝国在全世界的殖民地受到了民族运动浪潮的剧烈冲击，开始摇摇欲坠。因此，英国政府希望人类学家能提出适合各地情况的办法以维持其殖民统治。19世纪末和20世纪初，西方的实地调查研究开始流行，科学界和思想界都开始重视比较的方法和事物的功能研究。功能学派就是在这样的历史背景下产生的。功能学派认为，任何一种文化现象，不论是抽象的社会现象，如社会制度、思想意识、风俗习惯等，还是具体的物质现象，如手杖、工具、器皿等，都有满足人类实际生活需要的作用，即都有一定的功能。它们中的每一个与其他现象都互相关联、互相作用，都是整体中不可分的一部分。马林诺夫斯基便是英国功能学派的代表人物之一。

布罗尼斯拉夫·马林诺夫斯基，现代社会人类学家，功能学派的创始人之一。1884年生于波兰克拉科夫市，后加入英国国籍，卒于美国。1908

年以最优成绩在克拉科夫大学获得物理学和数学博士学位。后来在一次患病疗养期间，读到弗雷泽的《金枝》，引起了他对人类学的兴趣。1910 年，因慕韦斯泰尔马尔克和塞利格曼之名，进英国伦敦经济学院读人类学，获得博士学位。1914—1918 年，在新几内亚地区从事实地调查，在特罗布里恩德群岛进行过三次调查。其中 1914 年 8 月到 1915 年 3 月的第一次调查他请了翻译作为他与土著的话筒，帮助他理解当地的社会经济文化状况，而 1915 年 5 月—1916 年 5 月以及 1917 年 10 月—1918 年 10 月为期两年的调查研究都是直接使用基里维纳语①与当地人沟通交流的。1924—1927 年任伦敦经济学院社会人类学讲师，1927 年升任教授。1926 年，又对美国印第安人进行调查。他在伦敦经济学院所从事的研究工作，使他在社会人类学领域内著称于世。他还带了很多学生，使他们接受专业的田野训练。1934 年还曾到南非和东非进行调查。1938 年前往美国，不久第二次世界大战爆发，遂留美定居，1939 年任耶鲁大学客座教授。在 1940—1941 年还曾到墨西哥进行调查。他的学术思想，尤其是关于实地调查的方法论，对西方人类学和民族学产生了重大影响，他和另一位英国人类学家拉德克里夫-布朗一起创立了英国功能学派。他去世后，美国人类学、民族学界专门设立了以他的名字命名的马林诺夫斯基奖。其著作除了《西太平洋上的航海者》，还有《澳洲土著居民的家庭》《原始社会的犯罪与习俗》《野蛮社会中的犯罪与习俗》《野蛮人的性生活》《文化论》等。

民族志是基于参与与观察之上的关于文化的描述，是人类学特有的研究方法。很容易看出来，民族志一开始是为殖民主义服务的产物，但是随着民族解放运动的发展，现在的民族志的写作范围已经从原始部落扩大到人类社会了。并且现在很多学科，例如民俗学、社会学、民族学等学科都开始运用民族志写作到他们的研究之中。马林诺夫斯基认为民族志的写作

---

① 基里维纳语，即生活在特罗布里恩德群岛上的土著人的语言。

必须包容三大类的素材：有关制度和风俗的整体概观，对观察到的社会行动的现实情况的记录以及对民族志的说明。

（二）基本观点

关于库拉，在《西太平洋上的航海者》的第三章马林诺夫斯基就给出了库拉的定义。库拉是一种大范围的、具有跨部落性质的交换形式。它施行于居住在一大圈岛屿上的居民群体之间，这些岛屿正好组成了一个封闭的循环圈。这可以在《库拉圈》上看到，图中的路线把散布于东新几内亚东部和北部岛屿连接在一起。沿着这两条路线，有两种且只有这两种物品在不断地相向流动。顺时针流动的叫作"索巫拉伐"，是长长的红贝壳项圈，而按相反方向流动的物品叫作"姆瓦利"，是一种白贝壳臂镯。这两种物品在各自行进的方向中彼此相遇、不断交换。这些库拉物品的流动及交易受到一套传统习惯和规则的约束，某些库拉行为也伴随着十分复杂的巫术仪式和公共庆舞。

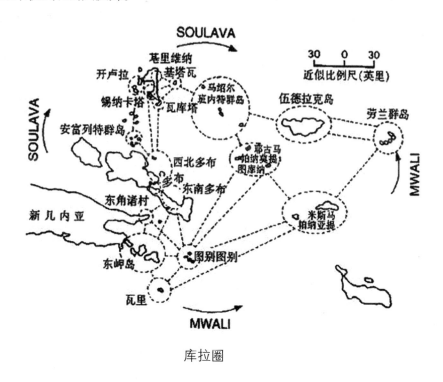

库拉圈

与库拉密切相关的就是土著人的巫术信仰。马林诺夫斯基在第十七章提到系统性巫术的概念，即包含一套既相互关联又具有连续性的咒语和伴随的仪式，他们不可能脱离这个序列而单独施行。这种系统性巫术不同于独立性巫术，它们必须按照一个既定次序一个接一个地进行，而且一旦这个序列开始进行了，至少其中较为重要的部分是不能被省略的。这样一个序列巫术总是跟一些活动密切相关，例如独木舟建造、海外库拉航行、一次远航捕捞、园圃开垦与收获等。在土著人眼里，巫术和工作是分不开的，都是为了同一个目的，为了建造一艘轻便而稳定的独木舟、为了获得库拉的好收获、为了确保安全不会淹死等等。

二、方法

（一）经典案例

在第十七章里，主要写巫术与库拉，并且有着详细的概要表格，总结了前几章的实质内容，可以让我们从建造独木舟的第一个活动开始，到船队返回故乡为止，对其中连续的库拉活动，以及它们跟巫术的关系，做一个快速的浏览。这个表格说明"系统性巫术"这一词语的含义，并且它还在库拉的本质、巫术、礼仪和实践的精髓方面，提供了一个清晰的纲要。

季节和大约持续时间	地　点	活　动		巫　术
开始：6—8 月	赖布瓦格	伐树（由建造者及其助手来做）	开工礼	"伐布西·图科鬼"（献祭和咒语），目的在于将树精从树上驱逐出去（由船主或建造者施行），没有巫术
随后不久	同一地点	修整造船用原木（由建造者和村民来做）		
几天后	路上	拖原木（全体村民来做）	辅助巫术期限直至	两个使木头轻便的仪式（凯盲姆瓦巫和嘎嘎比勒）
抵达村庄的早晨	村内主广场	原木被按照实际情况放置		正式启动建造独木舟工作的仪式（卡皮土内纳·杜库）
同一天傍晚	村内主广场	对独木舟的外部进行加工		没有伴随的巫术活动
几周或几天后前面时期快要结束	主广场	挖凿船舱	开工礼	对着有活动把手的扁斧"卡维拉利"念诵"利勾古"咒语，没有巫术
所有工作完工之后	村内造船者家前面	建造者及其帮助者建造船的组件		结束仪式：卡皮土内纳·纳诺拉·瓦加

1. 独木舟建造的最初阶段（第五章第 2 节）

2. 独木舟建造的第二阶段（第五章第三节）（表格略）

3. 独木舟下水仪式（第六章第一节）（表格略）

4. 出发前的巫术期及准备（第七章）时间：出发前 3 天到 7 天（表格略）

5. 海外航行最后出发时所施行的独木舟巫术（第七章第 3 节）（表格略）

6. 在抵达最终目的地所施行的"姆瓦希拉"（表格略）

（1）美容巫术（第十三章第 1 节）（表格略）

（2）接近最终目的地的巫术（第十三章第 2 节）（表格略）

（3）安全巫术（第十三章第 3 节）（表格略）

（4）说服巫术（第十四章第 3 节）（表格略）

7. 返航时念诵的独木舟巫术（第十四章第 3 节）（表格略）

由库拉巫术及其相应活动表我们可以看出来将巫术和库拉的一系列活动通过概要表格的形式可以让读者一目了然。因此，马林诺夫斯基建议田野工作者将资料转化成一览表或概要的形式。所有类型的经济事物，该社会习俗中的一切大小礼品和赠礼、巫术体系及相关的礼仪体系、各种法律行为等等，这些都可以通过列表的方式来展示给读者。这完全可以体现表格在民族志写作中的重要性。在马林诺夫斯基看来，这些概要表格可以充当民族志研究的更为基本的文献。而笔者认为这些表格可以给田野工作者一个更清晰的写作思路，提高处理繁杂资料的效率。

（二）研究方法

1. 重要文化报道人

在马林诺夫斯基初到新几内亚的时候，还不会当地的基里维纳语，因此只能通过当地的白人官员以及会一些不标准英语的土著人来了解他想要研究的对象。但是这些人并不能做到公正客观的评断，有时甚至不自知，完全是下意识地带有偏见或是成见，这会使马林诺夫斯基的研究出现偏差。

2. 绘制系谱和地图

在马林诺夫斯基研究停滞的时候，他选择做了一个全村的人口普查，写下家族谱系，画下了村落格局，搜集了亲属称谓。虽然这些对民族志的写作有帮助，但毕竟是死的材料，不能够引导作者进入现实生活中土著人的心理和行为去理解当地文化。

3. 参与观察法

在进行民族志工作的时候，马林诺夫斯基使自己与其他白人同伴隔离开来，并尽可能地与土著人亲密接触。因为偶然和土著人的交往和真正的接触是不同的，作为一个民族志学者就必须使自己置身于当地的环境中才能够理解他们的心理、行为、信仰等。但是有一个民族志工作者不得不面对的问题，就是当地人怎么接纳一个充满好奇又不断问东问西的外人呢？马林诺夫斯基在《西太平洋上的航海者》中提到当地土著人认为他是一种无法避免的邪恶或者令人讨厌的东西，只有在作者送给他们烟草时，这种情况才有所缓和。因此，对于初入田野工作者来说，必须有足够的心理能力去面对当地人的不解甚至厌恶。

4. 田野调查

民族志学者必须积极主动地去寻找文化人类学的证据。绝对不能有先入为主的成见，这在任何科学研究中都是有害的，因此一定要把握好主位与客位的关系。在田野调查中，要记录当地人生活中的每一个细节，包括社会结构、文化习俗，以及精神活动——当地人的看法、舆论与说法。主要有以下三方面内容：首先，习俗与传统所限定的常例；其次，活动开展的方式；最后，对该活动的评价，这只存在于土著人的心中。在田野调查中，民族志工作者要具有敏锐的观察力。

5. 当地语言

这是很重要的一个调查条件，如果能够学会并运用当地人的语言，可以减少融入当地人的障碍，还能使民族志工作者得到第一手材料，更好地理解当地人的想法。

（三）指导意义

民族志有着其他研究方法所不能替代的优越性，它能使研究者零距离地走近当地人的生活，更真实全面地反映当地的社会经济文化。不知道是谁说"民族志虽为人类学一旁支，但并非光只是人类学的附庸"，笔者非常赞同这句话。时至今日，民族志不仅仅被人类学作为田野调查的工具，也成为其他科目研究的得力助手。在民俗学、民族学以及社会学、社会工作之中都可以运用得到民族志写作。

三、反思

（一）局限与不足

在民族志写作的过程中，很容易忽略历史文献的查阅。马林诺夫斯基就认为田野调查才是科学的，通过田野调查可以得到最真实最前沿的资料，而没有必要进行历史文献的搜集与参考。当然，这一点历史上已经有人提出反对的声音了。

（二）可替代方式

历史是一脉相承的，因此查阅历史文献无疑是有必要的。历史文献资料与民族志写作相结合可以使田野工作者更全面认识到研究区域的社会框架，拥有宏观的角度去思考问题，会使研究工作事半功倍。

四、小结

阅读了这本经典的人类学著作，让笔者受益匪浅。马林诺夫斯基在《西太平洋上的航海者》中为我们描绘了一幅关于新几内亚东部马辛地区的社会经济全景图。书中提到的方法对民族志写作大有裨益。作者详细地介绍了民族志学研究方法、田野工作、沟通技巧、概要表格、参与式观察等调查方法在研究中的运用。对于要到田野中去的人类学学者，马林诺夫斯基的《西太平洋上的航海者》无疑是一本必读宝典。此书可以给初入田野的学者一些学术范式，让下田野的学者们可以一步一步按计划进行整体全面的细致观察。本书缺陷是作者没有在书中提到他本人在特罗布里恩德岛上困窘的现实生活，虽然他在特罗布里恩德群岛上的田野调查十分成功，并持续到1918年才返回墨尔本，但他的妻子在他去世后曝光的日记与其他笔记却显示其生活充满了矛盾，当地官员当他是怪人，而土著觉得他的行为愚蠢可笑。而他自己在当地没有朋友，成天面对乡愁与对工作的厌倦（他十分痛恨土著的现实与无知）。即使接获母亲去世的噩耗，也必须强忍哀痛，仍然继续着自己的研究工作。笔者觉得在田野工作既是孤独寂寞的，又是新鲜刺激的。这就意味着做田野工作不仅仅是通过专业培养就可以出色地完成研究任务的，还要有耐得住寂寞的心理素质，如果没有过硬的心理素质，不能坚持在田野待个一年半载，那么是不可能清晰准确地抓住当地人的社会组织、经济生活等一些生活细节，更不可能有敏锐的观察能力去洞悉深层次的理论。

只有民族志写作的资料是不够全面的，为求更加严谨的科学研究方法，研究者应该利用历史文献参考与民族志写作相结合的方法去做田野调查。同时还需要运用整体观、文化相对论以及跨文化比较的理论去做田野实践调查。

参考文献

[1]〔英〕布罗尼斯拉夫·马林诺夫斯基：《西太平洋上的航海者》，中国社会科学出版社，2009年。

[2]周大铭：《文化人类学概论》，中山大学出版社，2009年。

[3]〔美〕玛格丽特·米德：《萨摩亚人的成年》，商务印书馆，2010年。

[4]〔法〕马塞尔·莫斯：《礼物》，上海人民出版社，2005年。

[5]王祖望：《马林诺夫斯基的生平和学说》，《国外社会科学》1980年第6期。

[6]张文生：《民族学田野调查方法的启示——读〈西太平洋的航海者〉》，《思茅师范高等专科学校学报》2009年第1期。

[7]何赟：《浅谈马林诺夫斯基的情境理论及其理论贡献》，《现代语文（语言研究版)》2009年第6期。

[8]尹洪禄：《他域的文化与秩序——〈西太平洋的航海者〉中的他域生活续写》，《社会工作》2010年第8期。

[9]林贵梅：《田野里面的守望者——〈西太平洋的航海者〉读后》，《青年文学家》2010年第9期。

[10]邓文婷：《民族志教学中的范本——读〈西太平洋的航海者〉引发的思考》，《科教导刊》2010年第10期。

[11]谢燕清：《马林诺夫斯基与现代人类学工作方式》，《民俗研究》2011年第1期。

[12]陈兴贵、李虎：《〈西太平洋的航海者〉对人类田野调查的启示》，《湖北民族学院学报》2011年01期。

[13] 张掬婴、王学川：《马林诺夫斯基的田野调查及其当代启示》，《浙江社会科学》2011 年第 4 期。

[14] 乌林花：《从文本到田野——评马林诺夫斯基的〈西太平洋上的航海者〉》，《华章》2011 年第 8 期。

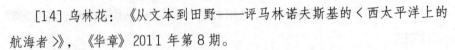

新中国成立初期对《武训传》的批判

◎单茗禹　南京大学 11 级历史系

作为清末义丐的武训，以乞讨兴办义学，从清末到民国，知识阶层对其都不乏溢美之词。而导演孙瑜在 1950 年摄制完成的《武训传》，一经公映，知识阶层同样赞誉有加，称赞"武训精神"。而在人民日报 1951 年 5 月 20 日，主要由毛泽东撰写的社论《应当重视〈武训传〉的讨论》发表后，对《武训传》的口风旋即变为批判，这也成为了新中国历史上的第一次大批判运动。

一、对《武训传》批判之前知识分子的态度

新中国成立之前社会对武训的评价极高，从当政者、军政要员到知识分子概莫能外，而其中最为典型的当属民国时期的著名教育家蔡元培及陶行知。

蔡元培先生在《临清武训学校募捐启》中提及："堂邑武训行乞兴学，为举世所信仰景慕者，垂数十年，其盛德懿行，载在清史。独行传及国立各级学校教科书，又散见于当代文豪之撰著集录，近则学童唱歌于校，伶人演剧于场，虽妇人孺子，几无不知武训为空前之义人者。其

感人之深如此，势必使其遗徽余泽，王显于全国，以完成普及之盛业，方符乎崇贤乐善之旨。"①而作为平民教育家的陶行知先生更是对武训与武训精神赞誉有加。

陶行知在《普及教育与武训》中提出："武训是山东人，是一个有义气的叫花子。他一心一意要修义学。修义学是他唯一的大事。他讨饭与众不同，为的是讨些钱来办义学。我们要想普及教育，必得学武训。"②而在《〈武训先生画传〉再版跋》中，陶行知提到："我常说武训先生的精神，可以用三个无、四个有来表现它。他一无钱，二无靠山，三无学校教育。但他所以能办三个学校，是因为他的四个有：一、他有合于大众需要的宏愿；二、他有合于自己能力的办法；三、他有公私分明的廉洁；四、他有尽其在我、坚持到底的决心。因为他有这四个法宝，他不但以一个乞丐的身份办了三个学校，而且他的三个学校经过千灾万难还一直存在到现在，而且还会存在于无限之将来，而且还会于不知不觉之中影响改变千千万万有志之士，跳出自己之小圈而致力于大群之幸福。"③

正因为这样，在《武训传》公映后，知识分子评价颇高。戴白韬在《看了〈武训传〉之后的意见》中表示："我们更应该学习武训那样赤诚的始终如一不避任何困难为人民服务的精神，把全国的工农都教育起来，使他们都具有近代进步的科学知识与文化修养。"④王鼎成在《从〈武训传〉谈起》中讲："为了使穷孩子们有书读，不惜舍己为人，只身奋斗，宁愿自己给人侮辱玩弄、给人当马骑、讨饭、当乞丐、做苦工来挣得一砖一瓦。武训先生之所以伟大，之所以值得我们后人的崇仰，其理由也就在此。"⑤董渭川在《由教育观点评〈武训传〉》中说："武训这个名字，应该是中国历史上，伟大

---

① 蔡元培：《蔡元培全集·第五卷》，中华书局，1984年，第280页。
② 陶行知：《陶行知全集·第二卷》，湖南教育出版社，1984年，第661页。
③ 陶行知：《陶行知全集·第三卷》，湖南教育出版社，1985年，第518页。
④ 戴白韬：《看了〈武训传〉之后的意见》，载《大众电影》，1951年第14期。
⑤ 王鼎成：《从〈武训传〉谈起》，载《新闻日报》，1951年1月27日。

的劳动人民，企图本阶级从文化上翻身的一面旗帜。"①

而导演孙瑜在《编导〈武训传〉记》也提到："武训行乞兴学是只有在旧社会制度里才能产生的一个奇迹，虽然武训本身并不是一个所谓奇人或圣人，他对本阶级的热爱使他终身劳动，忍受艰苦，坚韧地，百折不挠地，为穷孩子们兴办义学。'鞠躬尽瘁，死而后已'，他是心甘情愿地为人民大众服务，做到了鲁迅名句，'俯首甘为孺子牛'。他典型地表现了我们中华民族的勤劳、勇敢、智慧的崇高品质。热爱他也可以热爱我们的民族，提高了民族的自信和自豪。"②

同样，尽管对《武训传》不乏溢美之词，知识分子在新中国的新意识形态下也做了一定的妥协，使用了辩证唯物主义和历史唯物主义对武训对《武训传》进行了一定的批评，并且对于毛泽东的新民主主义革命和新的意识形态也大唱赞美诗：

"影剧的作者与导演，很明朗的说明像饱受封建统治阶级拷打囚禁的周大那样，结果上山痛杀地主恶霸既不能解救苦难的人民，但像武训一心以为读了书就不会被人欺骗侮辱也是幻想。只有到了近代中国史上有了无产阶级与无产阶级的政党共产党及其领袖毛主席来领导农民革命，才结束了三十多年来中国农民阶级的灾难史，全国人民才得到解放。"③

"编导对于太平天国的历史的概括，是值得商榷的。虽然从整个影片来说，对于太平天国这一课题，是用侧面描写的方法来处理的。但是我们应该注意的是，编导者把全部故事的进行，都是纳入这个'叛逆'的时代的，太平天国的时代潜力成为全篇的主流，成为影响每个人的力量。但是太平天国这一革命运动，在这片上是怎样处理的呢？周大的行为，和女教师的叙述，都肯定了他们是烧杀，所以不行，而并不是历史的发展规律来

① 董渭川：《由教育观点评〈武训传〉》，载《光明日报》，1951 年 2 月 28 日。

② 孙瑜：《编导〈武训传〉记》，载《光明日报》，1951 年 2 月 26 日。

③ 戴白韬：《看了〈武训传〉之后的意见》，《大众电影》1951 年 1 月 1 日。

看问题的，而把这革命的实质和它的失败，就用烧杀两个字代替了，这样的大胆地概括，我们实在没有方法不说他是违反历史的真实的。"①

而这个时候知识分子中也有反对意见，如晴簃的《武训不是我们的好传统》中称："这个人物不是我们要继承发扬的好传统，他是一个歪曲中国人民斗争，反现实主义的人物。因为他（在影片中）消极到极点，没有一点反抗性，到处给人下跪，请人踢打，趴在地上任人骑，这样一个软弱的人物跟今天我们站起来的中国人民是多么不相衬？他能在我们要培养的新英雄气概上起点什么作用呢？"

这个时候的讨论固然有反对意见，然而实际上还只是对电影和电影反映的历史的讨论，和电影可能确实存在的不正统思想，以及确实存在的应当商榷之处的批评，并没有上升到完全的政治性批判的程度。

二、对《武训传》的政治性批判与最终定性

贾霁在《不足为训的武训》中声称："武训的认识并不是当时现实的正确反映；识字，只是他自己的主观要求，并不是当时广大农民生活中的本质的要求。……武训的认识只看形式，不看内容，只看动机，不看效果，只有盲目的片面的方法，没有任何在当时是真正革命意义的目的，无原则无立场无是非观念。……武训对于太平军的伟大革命行动，是这样的缺乏应该具有的正确的深刻认识，以及关怀同情，这就说明了作者所处理的武训的思想是怎样的状态了。"②而在后文："在我们伟大祖国现实生活斗争面前，我们应该充分发扬的是新爱国主义精神，新英雄主义精神，光辉的革命传统精神，而反对与这些精神相对立的武训精神。而这，正是我们的责任，正是人民电影为人民服务应该做到的。可以了解：以武训精神来教育劳动人民，降低和腐蚀群众的文化和政治上的战斗力，是完全不应

----

① 杨雨明、端木蕻良：《论〈武训传〉》，《北京文艺》1951年第1期。
② 贾霁：《不足为训的武训》，《文艺报》1951年4月25日。

该的。因此，可以了解，电影《武训传》是一部缺乏思想性，有严重思想错误的作品。"①直接给《武训传》扣上了思想错误的大帽子，吹响了对《武训传》大批评的号角。

而杨耳在《陶行知先生表扬"武训精神"有积极作用吗?》宣称："武训的时代，是封建社会内在矛盾十分锐化的时代，太平天国运动是这一矛盾火山的大爆发。在这样一个具体的历史条件下，武训的'行乞兴学'，不仅不能解决推倒农民头上的封建大山的根本问题，而且，也不能有其他什么推进社会发展的作用，因此，武训的道路是错误的。这样来衡量武训，并不是什么'不从历史观点出发'，也并不是用什么革命成就的大小来要求他。他的道路错了，也谈不到什么属于革命性的成就的大小了。这一点，凡是承认历史唯物主义的基本观点的人，都会认识与承认它的。"②同样，给《武训传》扣上了不符合历史唯物主义这样的思想错误的帽子。

正因为这样，1951年5月20日的人民日报头版刊登了《应当重视电影〈武训传〉的讨论》这一主要由毛泽东撰写的社论。

"《武训传》所提出的问题带有根本的性质。像武训那样的人，处在清末中国人民反对外国侵略者和反对国内的反动封建统治者的伟大斗争的时代，根本不去触动封建经济基础及上层建筑的一根毫毛，反而狂热地宣传封建文化，并为了取得自己所没有的宣传封建文化的地位，就对反动的封建统治者竭尽奴颜婢膝的能事，这种丑恶的行为，难道是我们应当歌颂的吗? 向着人民群众歌颂这种丑恶的行为，甚至打出'为人民服务'的革命口号来歌颂，甚至用革命的农民斗争的失败作为反衬来歌颂，这难道是我们所能够容忍的吗? 承认或者容忍这种歌颂，就是承认或者容忍污蔑农民革命斗争，污蔑中国历史，污蔑中国民族的反动宣传，就是把反动宣传认

---

① 贾霁:《不足为训的武训》,《文艺报》1951年4月25日。

② 杨耳:《陶行知先生表扬"武训精神"有积极作用吗?》,《人民日报》1951年5月16日。

为正当的宣传。

电影《武训传》的出现，特别是对于武训和电影《武训传》的歌颂竟至如此之多，说明了我国文化界的思想混乱到达了何等的程度！……

在许多作者看来。历史的发展不是以新事物代替旧事物，而是以种种努力去保持旧事物使它得免于死亡，不是以阶级斗争去推翻应当推翻的反动的封建统治者，而是像武训那样否定压迫人民的阶级斗争，向反动的封建统治者投降。我们的作者们不去研究过去历史中压迫中国人民的敌人是些什么人，向这些敌人投降并为他们服务的人是否有值得称赞的地方。我们的作者们也不去研究自从 1840 年鸦片战争以来的一百多年中，中国发生了一些什么向着旧社会经济形态及其上层建筑（政治、文化等等）做斗争的新的社会经济形态，新的阶级力量，新的人物和新的思想，而去决定什么东西是应当称赞和歌颂的，什么东西是应当反对的。

特别值得注意的，是一些号称学得了马克思主义的共产党员。他们学得了社会发展史——历史唯物论，但是一遇到具体的历史事件，具体的历史人物（如像武训），具体的反动历史的思想（如像电影《武训传》及其他关于武训的著作），就丧失了批判的能力，有些人则竟至向这种反动思想投降。资产阶级的反动思想侵入了战斗的共产党，这难道不是事实吗？一些共产党员自称已经学得的马克思主义，究竟跑到什么地方去了呢？"[1]

尽管头版社论说的是"电影《武训传》的讨论"，然而同日人民日报也刊登了《共产党员应当参加关于〈武训传〉的批判》文中称："《武训传》放映及其所引起的评论，不但证明了我国文化界思想混乱的严重情况，而且证明了资产阶级的反动思想侵入了战斗共产党的严重事实。每个看过这部电影或看过歌颂武训的论文的共产党员都不应对这样重要的思想政治问题保持沉默，都应该积极起来自觉地同错误思想进行斗争。

---

[1] 人民日报社论：《应当重视电影〈武训传〉的讨论》，《人民日报》1951 年 5 月 20 日。

如果自己犯过歌颂武训的错误，就应该做严肃的公开的自我批评。……通过这一原则性的讨论，将使每个共产党员懂得了革命者与封建统治拥护者的原则区别，人民民主主义和改良主义的区别，民族传统中落后的、消极的、反动的东西和进步的、积极的、革命的东西的区别。……对于受到《武训传》影响相当大的一部分观众或读者，每个共产党员在弄清楚《武训传》所犯的错误内容和实质之后，都有责任向群众进行教育，帮助群众从各种有害的歪曲的思想中解放出来，正确地认识自己的民族的光荣的革命传统，认识到毛主席、中国共产党党员所领导的中华民族解放道路，认识到中国政治、经济、文化生活的发展和未来的环境，这些教育应当同真正爱国主义的教育结合起来，成为其中生动而又具体的一部分。"①

从社论上所说的形式上的"讨论"到已经是既成事实、并且要落实到每个党员身上具体执行的"批判"，共产党员对于《武训传》的政治性已经完成，也就是"封建拥护者""改良主义""落后的、消极的、反动的东西"。在这种政治定性下，无论多么失真虚假的宣传也不显得奇怪了。也正因为中共对其政治定性，所以接下来就是一边倒的批判，不复有反对意见的存在了。

三、对《武训传》政治定性后的一边倒批判

在对武训与《武训传》有了确定的负面政治定性之后，接下来的批判就不再是之前互有攻防的讨论，而只是单纯的一边倒的批判。

杨耳在《评武训和关于武训的宣传》的开头声称："电影《武训传》以及由它引起的关于武训、《武训传》的许多评论，错误地把巩固封建统治的丑行说成'为人民服务'的革命事业，把奴才说成了民族英雄，因而

---

① 《共产党员应当参加关于〈武训传〉的批判》，《人民日报》1951年5月20日。

它们就像《人民日报》所指出的，污蔑了中国农民革命战争，污蔑了中国历史，污蔑了中华民族。"①同样，行文大量引用马克思、恩格斯、列宁和毛泽东这样的当时的革命导师的言论，成功地使自己站在正确的道德制高点上，并定性称："武训在伟大的农民革命浪潮中竖起降旗""武训为巩固封建制度而鞠躬尽瘁""万劫不复的奴才""武训向革命的新中国挑战"②，而对电影的定性就是"公开的反动宣传，和掩盖在'似是而非'的马列主义的外衣下的非无产阶级思想"③。

何其芳作为文化方面的主要高层管理者，也发表了《驳对于武训和〈武训传〉的种种歌颂》，文中直接定性武训为"流氓无产阶级"，关于这部影片，何其芳则称："旧日的那些有关武训的记载，虽然也难免有一些粉饰，但仍然看得出来他是为地主阶级所衷心欢迎并积极支持的人物，仍然看得出来他的从游民到高利贷者，从高利贷者到大地主的道路。孙瑜先生编导的电影却首先掩盖了这个真相。"④在后文中，何其芳也提到："武训本来是一个保守的封建统治的拥护者，孙瑜先生却说他的保守主义是'改良主义'。"⑤

而电影中与武训对照地塑造了太平军流寇周大，何其芳则忽略了史料，称："农民暴动和农民战争正是封建社会里面农民最革命的表现。像武训那样刚好走着相反的道路，刚好处于另一个极端的人，怎样能够和太平军的战士相提并论呢？把这样两种根本不同的人相提并论，对于太平军的革命战士就是一种莫大的侮辱。而对于武训却是一种粉饰到极点的抬高。何况电影里面把武训写得更令人同情，而周大却成了只知道烧杀的'响马'。根据历史材料，太平军的纪律是很好的，并不乱烧乱杀。而且像电影里面所描述的张举人那样的恶霸地主，那完全是应该杀

---

①②③ 杨耳：《评武训和关于武训的宣传》，《中国青年》1951 年 6 月 16 日。

④⑤ 何其芳：《驳对于武训和〈武训传〉的种种歌颂》，《学习》1951 年 6 月 16 日。

的，周大杀了他又有什么可非难的呢？这实在是对于中国农民暴动和农民战争横加污蔑！"①

最后，何其芳一锤定音地宣告："在对于武训和《武训传》的歌颂中，暴露出来了有些作者改良主义的思想。""在对于武训和《武训传》的歌颂中，又暴露出来了有些作者的抽象地看问题的思想方法。""在对于武训和《武训传》的歌颂中，还暴露出来了有些作者对于事物看不见它主要的东西，根本的东西，'只见树木，不见森林'。"②最后更是表示："所有这些思想，都是资产阶级和小资产阶级所共有的。值得注意的是，这些反动思想或错误思想都是以马克思列宁主义、毛泽东思想的词句出现。尤其令人吃惊的是有些共产党员也积极地参加了歌颂。"③

之后，党中央组织了武训历史调查团，前往堂邑等地进行调查，从而在人民日报上发表了仓促炮制的《武训历史调查记》，将武训定性为"有势力的流氓头子""勾结官僚，地位特殊，居心贪残，手段苛刻的高利贷者""凶恶的具有特权的大债主和大地主"④。

在《武训历史调查记》之后，就是诸如"电影《武训传》污蔑了中国人民历史的道路，宣传了资产阶级的反动思想，用改良主义来代替革命，用个人奋斗来代替群众斗争，用卑躬屈节的投降主义来代替革命的英雄主义。电影中武训的形象是丑恶的，虚伪的，在他身上反映了我国封建社会的黑暗和卑鄙，歌颂他就是歌颂黑暗和卑鄙，就是反人民的，反爱国主义的。"⑤这就是单纯的政治宣传口号式的言论了。值得注意的是，为了

---

①②③ 何其芳：《驳对于武训和〈武训传〉的种种歌颂》，《学习》1951 年 6 月 16 日。

④ 武训历史调查团：《武训历史调查记》，载《中国电影研究资料 1949—1979》，第 120～160 页。

⑤ 周扬：《反人民、反历史的思想和反现实主义的艺术——电影〈武训传〉批判》，《人民日报》1951 年 8 月 8 日。

批判武训，竖起了宋景诗这样一个新的偶像，将之塑造为山东的农民起义领袖，这一形象经过电影《宋景诗》得到了相当的强化，然而在"文化大革命"之后，这尊偶像却因为新的历史调查而被推翻，反而是当年被否定的偶像武训得到了平反。

面对一边倒的批判，《武训传》的几个主要负责人也出面检讨了："《武训传》犯了绝大的思想上和艺术上的错误。无论编导者主观意愿如何，客观地实践却证明了《武训传》对观众起了模糊革命思想的反作用，是一部于人民有害的电影。"①

而作为当时上海文化界主管的夏衍在检讨中也表示："《武训传》电影将武训这样一个封建社会中最丑恶最反动的奴才，作为一个革命战士来描写、来歌颂，甚至用革命的农民斗争的失败作为反衬来歌颂，这种对于我国封建社会中黑暗、卑鄙、丑恶的形象的歌颂，和对于农民革命斗争的污蔑，无疑地是反人民、反爱国主义的。"②

夏衍晚年回忆说："陈毅从南京回到上海后还约我去谈话，在座的还有市教育局长戴伯韬（他因为写文章捧过《武训传》，也受到了批评和做了公开检讨）。陈毅说：这是一个思想问题，而不是政治问题，你们不要紧张。本来有不同意见各自写文章商讨就可以了，现在《人民日报》发了社论，文化部发了通知（指文化部电影局 5 月 23 日的通知），这对文化、教育界就造成了一种压力，特别是对留用人员，所以你们要掌握分寸，开一些小型座谈会，不要开大会，更不要搞群众运动。"③然而即使这样，"当然，批评《武训传》对电影界，对知识分子，影响还

① 孙瑜：《我对〈武训传〉所犯错误的初步认识》，《人民日报》1951 年 5 月 26 日。

② 夏衍：《从〈武训传〉的批判检讨我在上海文化艺术界的工作》，《人民日报》1951 年 8 月 26 日。

③ 夏衍：《〈武训传〉事件始末》，《文汇电影时报》1994 年 7 月 16 日。

是很大的。"①

四、由《武训传》的批评管窥知识分子思想改造运动

新成立的中华人民共和国，对于大部分知识分子来讲是新鲜的事物，而这些知识分子长期接受的都是所谓的资本主义教育，对于共产党的意识形态并不算得上是熟悉。面对这样的知识界现实，中共提出知识分子思想改造就顺理成章了，将原来知识分子秉持的不同意识形态统一为符合共产党期许的社会主义无产阶级意识形态。

然而新中国成立之时，对于思想界管理比较宽松，知识分子已经习惯了自由的环境。这是中共不愿意看到的，迫切地需要整顿思想界以至于统一思想界，而《武训传》的讨论和批判正好成为了这一运动的楔子。正如《人民日报》的社论中提到的："电影《武训传》的出现，特别是对于武训和电影《武训传》的歌颂竟至如此之多，说明了我国文化界的思想混乱达到了何等的程度！"②胡乔木在《文艺工作者为什么要改造思想——11月24日在北京文艺界整风学习动员大会上的演讲》中直言不讳地提到："大家知道对于《武训传》的批评，并不是任何一个文艺团体发起的，而是中共中央发起的。"③

而对于《武训传》从上映到批判全过程，也是知识分子思想改造运动的通例：文艺作品推出、展开讨论、中共中央表态、政治定性、主要责任人出面检讨。而责任人的检讨，往往是竭力丑化自己之前的行为，从而显示自己悔悟，思想得到了改造和革新，就如夏衍在《从〈武训

---

① 夏衍：《〈武训传〉事件始末》，《文汇电影时报》1994 年 7 月 16 日。

② 人民日报社论：《应当重视电影〈武训传〉的讨论》，《人民日报》1951 年 5 月 20 日。

③ 胡乔木：《文艺工作者为什么要改造思想——11 月 24 日在北京文艺界整风学习动员大会的演讲》，《文艺报》1951 年第 4 期。

传〉的批判检讨我在上海文化艺术界的工作》中所检讨的："从《武训传》的教训中……首先，暴露了我们的思想工作薄弱的严重程度，暴露了我们不能坚决地贯彻毛泽东同志的文艺路线，不善于站稳无产阶级的立场，用马克思列宁主义的观点方法，来对一切不利于人民事业、有害于革命的错误思想进行严肃的思想斗争……其次，这种思想工作薄弱的毛病，是和我们上海革命文艺界中多年存留着的、小资产阶级的自由主义作风和庸俗习气分不开的……再次，我们工作中的这许多毛病，又是和我们的严重的事务主义作风分不开的。"①同样，当时赞美武训的知识分子，也相应地做了检讨。

不过，对于《武训传》的批判并不仅仅是针对武训和这部反映武训生平的电影，另外一方面则在于破除陶行知在教育方面的权威，而陶行知先生长期提倡武训精神："武训精神可以三无与四有来回答。一无钱，二无靠山，三无学校教育。有此三无，照一般想法，那能做什么事？可是他有四有，即是：一有合于大众需要的宏愿，二有合于自己能力的办法，三有公私分明的廉洁，四有尽其在我、坚持到底的决心。所以，他结果是成功了。"②反对武训正好可以成为打破陶行知这尊偶像的切入点。

即使是吹响批判《武训传》号角的《不足为训的武训》，也在文中承认："至于说到陶行知先生为什么表扬过武训，那是因为武训处在当时的环境中，于'一无钱，二无靠山，三无学校教育'等等条件下，而能够三十年如一日地进行为谋取穷孩子识字而坚持的精神是很好的。而这，与陶行知先生当时所处的环境与条件有着极有意义的联系。那时候，国民党万恶统治下的白色恐怖的环境与条件，对于人民教育家的为人民服务的理想是百般破坏和阻挠；这样，提出武训精神来，有着积极的作用。陶行知先

---

① 夏衍：《从〈武训传〉的批判检讨我在上海文化艺术界的工作》，《人民日报》1951年8月26日。

② 陶行知：《陶行知全集·第三卷》，湖南教育出版社，1985年，第521页。

生当时是对的，他的苦心是完全可以理解的。"①并不敢直接批评陶行知的教育思想。

然而接下来就是对陶行知本人的批判了："中国资产阶级改良主义者，从梁启超到陶行知，也许看不清武训这个封建主义的奴才面目，把他当成改良主义的老师，这是反映了中国资产阶级改良主义者政治资本贫乏的状况。"②范文澜更是称："教育界改良主义人士，自以为'教育'可以'救国'，在反动统治时期，募款办学，困难很多，当伸手要钱以前，不免低声下气向大腹便便者说许多好话，因此借武训'行乞'来比自己的募款，借武训'兴学'来比自己的'救国'，捧武训就是捧自己，至少是给自己解嘲打气。还有一些进步教育家，被武训'为穷孩子办义学'的把戏所迷惑，更要高捧武训用来比自己在办进步教育。这一类人对武训的真实情况，大概也只是略知一般，并未深入研究。"③不点名地讽刺了陶行知当年的筹款办学。由此，《人民教育》便在多期上连篇累牍地否定陶行知的教育立场，同当年毛泽东评价的"伟大的人民教育家"构成了讽刺的对比。毕竟，陶行知只是国统区的一位教育工作者，延安时期极高的评价有笼络人心之效，而大陆初定，自然要树立毛泽东的绝对权威，教育立场也不例外。

自然，对《武训传》的批判牵扯的程度，远非一部单纯的电影，还涉及了知识分子的不同意见，这些知识分子的不恭顺以及不够恭顺都可以顺理成章地成为接受思想改造的前提。而知识分子单纯因为不同意见而遭到打击，主动或者被动地成为思想改造运动的一个齿轮，从而使得这一阶层最终土崩瓦解。

---

① 贾霁：《不足为训的武训》，《文艺报》1951 年 4 月 25 日。

② 丁曼公：《武训的真面目》，《人民日报》1951 年 5 月 29 日。

③ 范文澜：《武训是个什么人？为什么有人歌颂武训？》，《人民日报》1951 年 7 月 6 日。

夏衍在《〈武训传〉事件始末》的结尾不无感慨地说："中国知识分子这样真心地拥护和支持中国共产党，而 40 多年来，中国知识分子的遭遇又如何呢？众所周知，1957 年的反右派，1959 年的反右倾、拔白旗，1964 年的文化部整风，以及'史无前例'的'文化大革命'，首当其冲的恰恰是知识分子。这个问题，我想了很久，但找不到顺理成章的回答，只能说这是民族的悲剧吧。"①

---

① 夏衍：《〈武训传〉事件始末》，《文汇电影时报》1994 年 7 月 16 日。

《中国在梁庄》

——现实中的中国农村

◎杨赐玫　文史学院 11 级历史学

读《中国在梁庄》的时候我想到了赵本山的《乡村爱情》，那是一部反映中国农村生活，带有一丝东北乡土气的轻喜剧。喜剧自然以幽默为基调，可是当我在看同样反映农村生活的《中国在梁庄》时却怎么也幽默不起来。

艺术与现实本来就是两码事。何况这样的现实又那样令人夜不能寐。

20 世纪最后十年，数以百计的中国农民掀起的"民工潮"成为世界上一道引人注目的奇异风景。"越来越多的农民，放弃了曾视为生命的土地，远离了曾经日夜厮守的村落和熟悉的农事，宁可忍受寂寞、屈辱和歧视，也要涌进各地城市。"《中国农民调查》开篇不久便提到了这样的"中国特色"。对于这样的现象背后，《中国农民调查》没有做过多讲述。那么，在这样的现象之后，到底还有些什么呢？所谓农村，自然以农业为主业，有农业，自然少不了务农的农民。然而 20 世纪末出现，且至今还在愈演愈烈的"民工潮"，却导致农村大量的劳动力流失。没有劳动力会有农业吗？失去支柱产业农业的农村，又鲜有工业、服务业等等的农村，会变成什么样子呢?

《中国在梁庄》告诉人们,"民工潮"背后是这样的农村!

书的作者梁鸿,是一名常年远离家乡的青年学者。《中国在梁庄》一书,是梁鸿为自己故乡立的小传。书名里所提到的"梁庄",是作者阔别十余年的故乡,同时也是现在中国"民工潮"背景下的一个农村缩影。书的前言中这样发问:"什么时候,农村成了民族的累赘,成了改革、发展与现代化追求的负担?从什么时候起,乡村成为底层、边缘、病症的代名词?又是从什么时候起,一想起那日渐荒凉、寂寞的农村,想起那在黑暗边缘忙碌,在火车站奋力拼挤的无数的农民工,就有悲怆欲哭的感觉?这一切都是在什么时候发生的?又是如何发生的?它包含着多少历史的矛盾与错误?包含着多少个生命的痛苦与呼喊?"①

对于上述问题,作者没有给定答案,然而书中描绘的四类人却很好地做出了回答。梁庄,作为中国千万个村庄中的一个普通个体,却早已失去了费孝通先生在《乡土中国》里描绘的那份属于中国乡村独有的传统和静谧。熟人社会依然存在,但是熟人之间的人际关系却早已有了质的变化。宋代范成大的《四时田园杂兴》里这样写道:"昼出耘田夜绩麻,村庄儿女各当家。童孙未解供耕织,也傍桑阴学种瓜。"这样的镜头在 20 世纪末之前还存在,面对周围的日新月异,农村也在随着时代做出它的改变,然而它的改变却是那样的被动、盲目,甚至手足无措,乱象丛生。

梁庄人分为四类:坚守土地的农民、留守儿童、留守老人、进城的打工者。

划分的依据很简单:"去"与"留"、家庭角色。那么,"民工潮"背景之下的他们是什么样子的呢?

坚守土地的农民:

---

① 梁鸿:《中国在梁庄·前言》,江苏人民出版社,2010 年,第 2 页。

一年到头，他们面朝黄土背朝天，却仍然只能混个温饱——"种地虽然免税了，但是肥料、种子、人工在不停地涨价。种一年地下来，也只是落个'原地转'。"

留守儿童：

教育的缺失、父母的缺失，留守儿童在这里过着缺乏爱的"寂寞"生活——"我就是要玩游戏，读书有啥用，将来还不是出去打工！"

留守老人：

年迈的身体还要照顾幼小的孙儿，他们浑浊的双眼里饱含着希望——"六七十岁的老两口，既当爹妈，又当老师、校长，能当好吗？"

进城的农民工：

虽然身在城市，他们却永远都是异乡人——"城市不是我的家，我们终归还是要回去的。"

这就是当今社会背景下的农村人的状态。与人相伴的则是空空荡荡的新房，基础设施较差的村落环境，脆弱的文化生态。正如书中提到的，"就内部结构而言，村庄不再是一个有机的生命体，或者，它的生命，如果它曾经有过的话，也已经到了老年，正在逐渐失去生命力与活力"①。

对于"民工潮"现象，德国学者洛伊宁格尔认为有三个因素会使得中国流民问题暗藏凶险，在著名的《第三只眼看中国》中他写道："农民的庞大数量与经济建设的发展速度不成比例，不是城市经济需要吸引农民劳动力，而是农民劳动力需要挤入城市；农民的综合素质远远达不到城市经济生活对他们提出的要求，因此，农民与法律的冲突将更为激烈、经常；中国城市居民生活水平提高的速度几乎与经济增长速度持平，而与农民的收入水平形成巨大反差。因此，农民在进城伊始就会产生嫉妒、自卑、急迫甚至仇恨心理。这种心理不仅妨碍他们逐渐成为城市人，而且会以犯罪

---

① 梁鸿：《中国在梁庄》，江苏人民出版社，2010年，第21页。

形式表现出来。"

时代在变，农民也会变。然而以这样的变化应对社会变迁却也让社会措手不及。我们曾经骄傲地宣称，"我们是以世界 7% 的耕地，养活世界上 21% 的人口"。我们的农民为 13 亿人口提供了足够的粮食，这不能不是一个世纪性的伟大贡献，可是，我们却往往很少想到，我们是在以占世界 40% 的农民才养活了这 21% 的人口的。农业本身就已然落后，何况又是今天这样的处境！今天，这占世界 40% 的农民将何去何从呢？今天，这供养起世界 21% 的人口的土地又将何去何从呢？

有些中国在北京！

有些中国在重庆！

有些中国在西北！

有些中国在沿海！

但，更多的中国在梁庄！

书目推荐

SHUMU TUIJIAN

先秦部分

苏秉琦：《中国文明起源新探》，生活·读书·新知三联书店，1999 年。

谢维扬：《中国早期国家》，浙江人民出版社，1995 年。

李学勤：《中国古代文明与国家形成研究》，云南人民出版社，1997 年。

郭沫若：《中国古代社会研究》，人民出版社，1977 年。

孙淼：《夏商史稿》，文物出版社，1987 年。

杨宽：《西周史》，上海人民出版社，1999 年。

许倬云：《西周史》，生活·读书·新知三联书店，1994 年。

徐中舒：《先秦史论稿》，巴蜀书社，1992 年。

金景芳：《中国奴隶社会史》，上海人民出版社，1983 年。

童书业：《春秋史》，山东大学出版社，1987 年。

杨宽：《战国史》，上海人民出版社，1980 年。

杨宽：《古史新探》，中华书局，1965 年。

吴荣曾：《先秦两汉史研究》，中华书局，1995 年。

张光直：《中国青铜时代》，生活·读书·新知三联书店，1999 年。

杜正胜：《编户齐民：传统政治社会结构之形成》，联经出版事业公司，1990 年。

秦汉部分

吕思勉：《秦汉史》，上海古籍出版社，1983 年。

林剑鸣：《秦汉史》，上海人民出版社，1989 年。

翦伯赞：《秦汉史》，北京大学出版社，1983 年。

〔英〕崔瑞德、〔英〕鲁惟一：《剑桥中国秦汉史》，杨品泉等译，中国社会科学出版社，1992 年。

田余庆：《秦汉魏晋史探微》，中华书局，1993 年。

吴荣曾：《先秦两汉史研究》，中华书局，1995 年。

张传玺：《秦汉问题研究》，北京大学出版社，1985 年。

阎步克：《士大夫政治演生史稿》，北京大学出版社，1996 年。

高敏：《秦汉史论集》，中州书画社，1982 年。

韩连琪：《先秦两汉史论丛》，齐鲁书社，1986 年。

魏晋南北朝部分

王仲荦：《魏晋南北朝史》（上下册），上海人民出版社，1979 年。

吕思勉：《两晋南北朝史》（上下册），上海古籍出版社，1983 年。

陈寅恪：《金明馆丛稿初编》，上海古籍出版社，1980 年。

陈寅恪：《隋唐制度渊源略论稿》，生活·读书·新知三联书店，
1954 年。

周一良：《魏晋南北朝史论集》，北京大学出版社，1997 年。

周一良：《魏晋南北朝札记》，中华书局，1985 年。

唐长孺：《魏晋南北朝论丛》，生活·读书·新知三联书店，1955 年。

唐长孺：《魏晋南北朝史论丛续编》，中华书局，1983 年。

唐长孺：《魏晋南北朝隋唐史三论》，武汉大学出版社，1992 年。

何兹全：《读史集》，上海人民出版社，1982 年。

田余庆：《拓跋史探》，生活·读书·新知三联书店，2003 年。

田余庆：《东晋门阀政治》，北京大学出版社，1989 年。

隋唐部分

陈寅恪：《金明馆丛稿》，上海古籍出版社，1980 年。

陈寅恪：《隋唐制度渊源略论稿》，生活·读书·新知三联书店，

1954 年。

陈寅恪：《唐代政治史述论稿》，上海古籍出版社，1982 年。

岑仲勉：《隋唐史》，中华书局，1982 年。

王仲荦：《隋唐五代史》，上海人民出版社，2003 年。

吴宗国：《隋唐五代简史》，福建人民出版社，1998 年。

宋辽金部分

邓广铭：《辽宋西夏金史》，中国大百科全书出版社，1988 年。

邓广铭：《邓广铭治史丛稿》，北京大学出版社，1997 年。

陈振：《宋史》，上海人民出版社，2003 年。

张邦炜：《中国封建王朝兴亡史·两宋卷》，广西人民出版社，1996 年。

聂崇岐：《宋史丛考》，中华书局，1980 年。

王曾瑜：《宋朝阶级结构》，河北教育出版社，1996 年。

刘子健：《中国转向内在》，江苏人民出版社，2002 年。

余英时：《朱熹的历史世界：宋代士大夫的政治文化》，生活·读书·新知三联书店，2004 年。

谢和耐：《蒙元入侵前夜的中国日常生活》，江苏人民出版社，1999 年。

邓小南：《祖宗之法——北宋前期政治述略》，生活·读书·新知三联书店，2006 年。

李桂芝：《辽金简史》，福建人民出版社，1996 年。

刘浦江：《辽金史论》，辽宁大学出版社，1999 年。

翦伯赞、邓天挺：《中国通史参考资料》古代部分第五册，中华书局，1986 年。

元明清部分

韩儒林：《元史》（《中国大百科全书·中国历史卷》分册），中国大百科全书出版社，1986年。

韩儒林：《元朝史》上下册，人民出版社，1986年。

周良宵、顾菊英：《元代史》，上海人民出版社，1993年。

姚大力：《漠北来去》，长春出版社，1997年。

杨志玖：《元史三论》，人民出版社，1985年。

余大钧：《一代天骄成吉思汗——传记与研究》，内蒙古人民出版社，2002年。

蒙思明：《元代社会阶级制度》中华书局，1980年。

李治安：《行省制度研究》，南开大学出版社，2000年。

孟森：《明清史讲义》（上下册），中华书局，1981年。

汤纲、南炳文：《明史》（上下册），上海人民出版社，1985年。

王戎笙等：《清代全史》，辽宁人民出版社，1995年。

吴晗：《朱元璋传》，生活·读书·新知三联书店，1965年。

王天有：《明代国家机构研究》，北京大学出版社，1992年。

〔美〕黄仁宇：《万历十五年》，中华书局，1982年。

谢国桢：《明清之际党社运动考》，中华书局，1982年。

刘小萌：《满族的部落与国家》，吉林文史出版社，1995年。

陈生玺：《明清易代史独见》，中州古籍出版社，1991年。

顾诚：《南明史》，中国青年出版社，1997年。

高翔：《康雍乾三帝统治思想研究》，中国人民大学出版社，1995年。

杨珍：《清代皇位继承制度》，学苑出版社，2001年。

袁森坡：《康雍乾经营与开发北疆》，中国社会科学出版社，

1991 年。

戴逸：《乾隆帝及其时代》中国人民大学出版社，1992 年。

〔美〕孔飞力：《叫魂——1768 年中国妖术大恐慌》，生活·读书·新知三联书店，1999 年。

专题部分

白钢主编：《中国政治制度史》，天津人民出版社，1991 年。

钱穆：《中国历代政治得失》，生活·读书·新知三联书店，2001 年。

祝总斌：《两汉魏晋南北朝宰相制度研究》，中国社会科学出版社，1998 年。

阎步克：《察举制变迁史稿》，辽宁大学出版社，1998 年。

阎步克：《品位与职位：秦汉魏晋南北朝官阶制度研究》，中华书局，2002 年。

安作璋、熊铁基：《秦汉官制史稿》（上下册），齐鲁书社，1984 年。

严耕望：《中国地方行政制度史》甲部、乙部，中研院历史语言研究所，1990 年。

西嶋定生：《二十等爵制》，国际文化出版公司，1992 年。

瞿同祖：《中国法律与中国社会》，中华书局，1991 年。

高敏：《魏晋南北朝经济史》，上海人民出版社，1957 年。

葛兆光：《七世纪前中国的知识、思想与信仰世界》，复旦大学出版社，1998 年。

郭沫若：《十批判书》，人民出版社，1954 年。

余英时：《士与中国文化》，上海人民出版社，1987 年。

金春峰：《汉代思想史》，中国社会科学出版社，1987 年。

陈苏镇：《汉代政治与春秋学》，中国广播电视出版社，2001 年。

汤用彤：《理学·佛学·玄学》，北京大学出版社，1991 年。

汤一介：《郭象与魏晋玄学》，北京大学出版社，2002 年。

王瑶：《中古文学史论》，北京大学出版社，1986 年。

袁行霈：《中国文学史》，高等教育出版社，1999 年。

吴宗国：《中国古代官僚政治制度研究》，北京大学出版社，2004 年。

李斌城：《隋唐社会生活史》，中国社会科学出版社，1998 年。

郑学檬：《中国古代经济重心南移和唐宋江南经济研究》，岳麓书社，
2003 年。

漆侠：《宋代经济史》，上海人民出版社，1987 年。

漆侠：《宋学的发展和演变》，河北人民出版社，2002 年。

朱瑞熙：《辽宋西夏金社会生活史》，中国社会科学出版社，1998 年。

陈高华、史卫民：《中国经济通史·元代经济卷》，经济日报出版社，
2000 年。

李伯重：《多角度看江南经济史（1250—1850）》，生活·读书·新知三联
书店，2003 年。

傅衣凌：《明清社会经济史论文集》，人民出版社，1982 年。

张仲礼：《中国绅士——关于其在 19 世纪中国社会中作用的研究》，
上海社会科学出版社，1991 年。

容肇祖：《明代思想史》，齐鲁书社，1992 年。

姜广辉：《走出科学：清代思想发展的内在理路》，辽宁教育出版社，
1997 年。

梁启超：《梁启超论清学史二种》，复旦大学出版社，1985 年。

林金水：《利玛窦与中国》，中国社会科学出版社，1996 年。

近代史

费正清：《剑桥中国晚清史》，中国社会科学出版社，1993 年，中译本。

费正清：《剑桥中华民国史》，上海人民出版社，1991 年，中译本。

陈旭麓：《近代中国社会的新陈代谢》，上海人民出版社，1992 年。

马士：《中华帝国对外关系史》，上海书店，2000 年，中译本。

茅海建：《天朝的崩溃》，生活·读书·新知三联书店，1995 年。

王庆成：《太平天国的历史和思想》，中华书局，1985 年。

李时岳、胡滨：《从闭关到开放》，人民出版社，1988 年。

戚其章：《甲午中日战争史》，人民出版社，1990 年。

黄彰健：《戊戌变法史研究》，上海书店出版社，2007 年。

〔美〕周锡瑞：《义和团运动的起源》，江苏人民出版社，1995 年。

章开沅等：《辛亥革命史》，人民出版社，1980 年。

历史学社编辑部

后记

　　让本科生多练笔、多练手是 30 多年来北方民族大学文史学院办学过程中积累的宝贵经验和优良传统。目前，文史学院为学生创办的刊物有《新绿》《传统与变革》《白鹭诗刊》《民大新闻报》《民大青年报》，同时利用现代传媒技术创办了手机报、手机微信等，与时俱进，以适应学生实践与教学的需要。本丛书是从上述刊物中遴选出一些学生代表性的作品结集而成，集中展现了北方民族大学文史学院学生的精神风貌与创新实践能力。我们希望通过搭建这样一个平台，进一步激发学生的创作热情，提升学生的综合素养与实践能力，为学生更好地适应社会打下坚实的基础。

　　在本丛书的筹划、编排和出版离不开文史学院的全体教师的关心和支持；中文系的祁国宏老师，历史系的汪津生老师、李军老师，新闻系的姜文姬老师，传播广告系的陶萌萌老师、金龙老师具体负责各册的文章遴选、校对等工作；文史学院的一些老师长期担负上述学生实践平台的指导工作，不计个人得失，兢兢业业；宁夏人民出版社的编辑也为本丛书的出版付出了辛勤的劳动，在此一并致谢。

编　者

2016 年 5 月